安全生产新做法与新经验丛书

企业应急救援与应急处置管理新做法与新经验

“安全生产新做法与新经验丛书”编委会　编

中国劳动社会保障出版社

图书在版编目(CIP)数据

企业应急救援与应急处置管理新做法与新经验/“安全生产新做法与新经验丛书”编委会编. —北京：中国劳动社会保障出版社，2012

（安全生产新做法与新经验丛书）

ISBN 978-7-5167-0098-3

Ⅰ.①企… Ⅱ.①安… Ⅲ.①企业管理-安全生产-应急系统 Ⅳ.①X931

中国版本图书馆 CIP 数据核字(2012)第 315294 号

中国劳动社会保障出版社出版发行

（北京市惠新东街 1 号 邮政编码：100029）

出 版 人：张梦欣

*

北京金明盛印刷有限公司印刷装订 新华书店经销

880 毫米×1230 毫米 32 开本 8.75 印张 213 千字

2013 年 1 月第 1 版 2013 年 1 月第 1 次印刷

定价：22.00 元

读者服务部电话：(010) 64929211/64921644/84643933

发行部电话：(010) 64961894

出版社网址：http://www.class.com.cn

版权专有 侵权必究

如有印装差错，请与本社联系调换：(010) 80497374

我社将与版权执法机关配合，大力打击盗印、销售和使用盗版图书活动，敬请广大读者协助举报，经查实将给予举报者重奖。

举报电话：(010) 64954652

编委会

主　编：郑希文

副主编：张力娜

编写人员：张力娜　张立军　张　平　张　滇　张开文
张金保　王建平　李　康　赵钰波　赵霁春
刘丽华　袁　晖　袁东旭　袁济东　曹　军
曹永坤　舒江华　闫　炜　陈国恩　高海燕
林　文　谭　英　乔文传　吴志娟　杨晓淞
杨　敏　司建中　李金国　孙　群　尹之山
徐晋青　丁　盛　秦　芳　于晓薇　郑　煜
郑文芸　曾启勇　侯静霞　冯寿亭　冯荣兰

内容提要

应急救援和应急处置管理工作，是企业应对自然灾害、事故灾害等突发事件的一项重要工作，也是企业安全生产管理工作的一个组成部分。突发事件的发生、发展、演变，一般都呈现出一个过程，这个过程从本质上看是可控的，只要措施得力、应对有方，完全可以预防和减少突发事件的发生，也可以减轻或者消除突发事件引起的人员伤害和财产损失，以及对社会的危害。因此，《中华人民共和国突发事件应对法》以及其他相关法律法规和部门规章，把预防和减少突发事件的发生，作为立法的重要目的和出发点，对突发事件的预防、应急准备、监测、预警等制度作了详细规定。2009 年 5 月 1 日起施行的《生产安全事故应急预案管理办法》，对应急预案的编制基本要求做了规定，要求生产经营单位应当根据有关法律法规和《生产经营单位安全生产事故应急预案编制导则》（AQ/T9002—2006），结合本单位的危险源状况、危险性分析情况和可能发生的事故特点，制定相应的应急预案。生产经营单位的应急预案按照针对情况的不同，可分为综合应急预案、专项应急预案和现场处置方案。

本书依据国家新近出台的有关法律法规，根据国家安全监管总局新的管理思路、新的政策规章，比较详细地介绍相关政策法规，介绍石油石化企业、矿山企业、冶金企业、机械制造企业等，在开展应急处置管理和应急救援方面的新的做法、新的经验，用以指导各类企业的应急管理和应急救援工作。

前　言

近几年，在科学发展观思想指导下，党和国家采取了一系列重大措施加强安全生产工作。这些重大政策干预措施对促进安全生产形势稳定好转发挥了重要作用，并且表现出强劲和持久的后续推动力。在连续多年工伤事故死亡人数持续下降后，国家政策干预并没有出现减弱趋势，反而更为增强，安全生产法律法规体系、安全生产政策体系逐步完善，政府安全生产监管工作更为加强。

对于许多企业来讲，在安全生产管理工作中都取得了一定的成绩，同时也遇到许多新情况、新问题，亟待有新的方式方法予以解决。例如，一些企业随着青年工人的大量增加，人员流动性很大，安全生产的严格管理与人员的自由流动形成突出矛盾；再如，一些企业安全生产管理方式日益固定化，缺乏应有的变化和新鲜感，造成人员安全意识的麻木与淡薄，也造成管理者与被管理者矛盾冲突增多，致使安全管理走下坡路。企业安全生产管理工作的实质，是职工广泛参与的自我教育、自我改进的活动，离开了广大职工的积极参与，安全生产管理工作就很难取得实质性的效果。因此，在企业安全生产管理上，需要不断地根据新情况、新问题，学习借鉴其他企业的实用做法、新鲜经验，采取有针对性的措施，从而缓和管理者与被管理者之间的矛盾，不断提高职工对安全生产的认识，促进本企业安全管理水平的提高。

这套丛书，在对大量不同类型企业调研的基础上，从企业的实际情况和实际需要出发，确定相应的选题和内容，主要的读者对象是企业安全生产管理人员和班组职工。

本套丛书共有 10 本：

1.《企业开展安全生产标准化建设新做法与新经验》

2.《企业推进安全文化建设新做法与新经验》

3.《企业强化班组安全建设新做法与新经验》

4.《企业落实职业危害防治责任新做法与新经验》

5.《企业加强安全生产管理工作新做法与新经验》

6.《企业应急救援与应急处置管理新做法与新经验》

7.《企业开展事故隐患排查工作新做法与新经验》

8.《企业开展宣传教育工作新做法与新经验》

9.《企业生产班组自主安全管理新做法与新经验》

10.《企业培养遵章守纪优秀员工新做法与新经验》

每本书都分为三个部分，即相关政策法规要点、企业做法与经验、相关问题解答与探讨。在相关政策法规要点中，对相关政策法规的要点进行提示；在企业做法与经验中，对企业做法与经验进行评述，即对相关做法与经验的适用范围、内在价值、未来改进之处等进行分析，以利于其他企业能够更好地参考借鉴。

本套丛书主要围绕近几年来国家新近颁布实施的安全生产方面的相关法律法规、国家安全生产监督管理总局制定并实施的相关部门规章、企业安全管理人员和班组职工的迫切需要，系统全面地介绍先进企业的新做法、新经验，为企业及班组提供可以参考借鉴的知识，供不同企业直接运用，以利推进实际工作。

编　者

2012年10月

目　录

一、企业应急救援与应急处置管理相关政策法规要点

加强应急处置管理，建立健全应急管理体系，编制应急救援预案，进行应急救援演练，是企业应对自然灾害、事故灾害的重要措施，也是减轻灾害损失的有效办法。《中华人民共和国突发事件应对法》规定：所有单位应当建立健全安全管理制度，定期检查本单位各项安全防范措施的落实情况，及时消除事故隐患；对本单位可能发生的突发事件和采取安全防范措施的情况，应当按照规定及时向所在地人民政府或者人民政府有关部门报告。该法还规定：矿山、建筑施工单位和易燃易爆物品、危险化学品、放射性物品等危险物品的生产、经营、储运、使用单位，应当制定具体应急预案，并对生产经营场所、有危险物品的建筑物、构筑物及周边环境开展隐患排查，及时采取措施消除隐患，防止发生突发事件。

2010年7月19日，国务院印发的《国务院关于进一步加强企业安全生产工作的通知》，专门在第五部分建设更加高效的应急救援体系中，要求企业要建立完善的安全生产动态监控及预警预报体系，每月进行一次安全生产风险分析；发现事故征兆要立即发布预警信息，落实防范和应急处置措施；企业应急预案要与当地政府应急预案保持衔接，并定期进行演练。

1.《中华人民共和国突发事件应对法》相关要点

2007年8月30日，《中华人民共和国突发事件应对法》已由第十届全国人民代表大会常务委员会第二十九次会议通过，自2007年11月1日起施行。

《中华人民共和国突发事件应对法》（以下简称《突发事件应对法》）分为七章七十条，各章内容为：第一章总则，第二章预防与应急准备，第三章监测与预警，第四章应急处置与救援，第五章事后

恢复与重建，第六章法律责任，第七章附则。制定本法的目的是预防和减少突发事件的发生，控制、减轻和消除突发事件引起的严重社会危害，规范突发事件应对活动，保护人民生命财产安全，维护国家安全、公共安全、环境安全和社会秩序。本法适用于突发事件的预防与应急准备、监测与预警、应急处置与救援、事后恢复与重建等应对活动。

《突发事件应对法》所称突发事件，是指突然发生，造成或者可能造成严重社会危害，需要采取应急处置措施予以应对的自然灾害、事故灾难、公共卫生事件和社会安全事件。按照社会危害程度、影响范围等因素，自然灾害、事故灾难、公共卫生事件分为特别重大、重大、较大和一般四级。

(1) 总则中有关原则性的规定

在第一章总则中，对相关原则性问题做了规定。

《突发事件应对法》规定：突发事件应对工作实行预防为主、预防与应急相结合的原则。国家建立重大突发事件风险评估体系，对可能发生的突发事件进行综合性评估，减少重大突发事件的发生，最大限度地减轻重大突发事件的影响。国家建立有效的社会动员机制，增强全民的公共安全和防范风险的意识，提高全社会的避险救助能力。

《突发事件应对法》规定：有关人民政府及其部门采取的应对突发事件的措施，应当与突发事件可能造成的社会危害的性质、程度和范围相适应；有多种措施可供选择的，应当选择有利于最大程度地保护公民、法人和其他组织权益的措施。公民、法人和其他组织有义务参与突发事件应对工作。

有关人民政府及其部门为应对突发事件，可以征用单位和个人的财产。被征用的财产在使用完毕或者突发事件应急处置工作结束后，应当及时返还。财产被征用或者征用后毁损、灭失的，应当给予补偿。

(2) 预防与应急准备的有关规定

在第二章预防与应急准备中，对相关事项做了规定。

所有单位应当建立健全安全管理制度，定期检查本单位各项安全防范措施的落实情况，及时消除事故隐患；掌握并及时处理本单位存在的可能引发社会安全事件的问题，防止矛盾激化和事态扩大；对本单位可能发生的突发事件和采取安全防范措施的情况，应当按照规定及时向所在地人民政府或者人民政府有关部门报告。

矿山、建筑施工单位和易燃易爆物品、危险化学品、放射性物品等危险物品的生产、经营、储运、使用单位，应当制定具体应急预案，并对生产经营场所、有危险物品的建筑物、构筑物及周边环境开展隐患排查，及时采取措施消除隐患，防止发生突发事件。

公共交通工具、公共场所和其他人员密集场所的经营单位或者管理单位应当制定具体应急预案，为交通工具和有关场所配备报警装置和必要的应急救援设备、设施，注明其使用方法，并显著标明安全撤离的通道、路线，保证安全通道、出口的畅通。有关单位应当定期检测、维护其报警装置和应急救援设备、设施，使其处于良好状态，确保正常使用。

各级各类学校应当把应急知识教育纳入教学内容，对学生进行应急知识教育，培养学生的安全意识和自救与互救能力。

(3) 监测与预警的有关规定

在第三章监测与预警中，对相关事项做了规定。

国务院建立全国统一的突发事件信息系统。县级以上地方各级人民政府应当建立或者确定本地区统一的突发事件信息系统，汇集、储存、分析、传输有关突发事件的信息，并与上级人民政府及其有关部门、下级人民政府及其有关部门、专业机构和监测网点的突发事件信息系统实现互联互通，加强跨部门、跨地区的信息交流与情报合作。

国家建立健全突发事件监测制度。县级以上人民政府及其有关部门应当根据自然灾害、事故灾难和公共卫生事件的种类和特点，建立健全基础信息数据库，完善监测网络，划分监测区域，确定监测点，明确监测项目，提供必要的设备、设施，配备专职或者兼职人员，对可能发生的突发事件进行监测。

国家建立健全突发事件预警制度。可以预警的自然灾害、事故灾难和公共卫生事件的预警级别，按照突发事件发生的紧急程度、发展势态和可能造成的危害程度分为一级、二级、三级和四级，分别用红色、橙色、黄色和蓝色标示，一级为最高级别。

《突发事件应对法》规定：发布三级、四级警报，宣布进入预警期后，县级以上地方各级人民政府应当根据即将发生的突发事件的特点和可能造成的危害，采取下列措施：

● 启动应急预案；

● 责令有关部门、专业机构、监测网点和负有特定职责的人员及时收集、报告有关信息，向社会公布反映突发事件信息的渠道，加强对突发事件发生、发展情况的监测、预报和预警工作；

● 组织有关部门和机构、专业技术人员、有关专家学者，随时对突发事件信息进行分析评估，预测发生突发事件可能性的大小、影响范围和强度以及可能发生的突发事件的级别；

● 定时向社会发布与公众有关的突发事件预测信息和分析评估结果，并对相关信息的报道工作进行管理；

● 及时按照有关规定向社会发布可能受到突发事件危害的警告，宣传避免、减轻危害的常识，公布咨询电话。

发布一级、二级警报，宣布进入预警期后，县级以上地方各级人民政府除采取本法规定的措施外，还应当针对即将发生的突发事件的特点和可能造成的危害，采取下列一项或者多项措施：

● 责令应急救援队伍、负有特定职责的人员进入待命状态，并动员后备人员做好参加应急救援和处置工作的准备；

● 调集应急救援所需物资、设备、工具，准备应急设施和避难场所，并确保其处于良好状态、随时可以投入正常使用；

● 加强对重点单位、重要部位和重要基础设施的安全保卫，维护社会治安秩序；

● 采取必要措施，确保交通、通信、供水、排水、供电、供气、供热等公共设施的安全和正常运行；

● 及时向社会发布有关采取特定措施避免或者减轻危害的建议、劝告；

● 转移、疏散或者撤离易受突发事件危害的人员并予以妥善安置，转移重要财产；

● 关闭或者限制使用易受突发事件危害的场所，控制或者限制容易导致危害扩大的公共场所的活动；

● 法律、法规、规章规定的其他必要的防范性、保护性措施。

(4) 应急处置与救援的有关规定

在第四章应急处置与救援中，对相关事项做了规定。

自然灾害、事故灾难或者公共卫生事件发生后，履行统一领导职责的人民政府可以采取下列一项或者多项应急处置措施：

● 组织营救和救治受害人员，疏散、撤离并妥善安置受到威胁的人员以及采取其他救助措施；

● 迅速控制危险源，标明危险区域，封锁危险场所，划定警戒区，实行交通管制以及其他控制措施；

● 立即抢修被损坏的交通、通信、供水、排水、供电、供气、供热等公共设施，向受到危害的人员提供避难场所和生活必需品，实施医疗救护和卫生防疫以及其他保障措施；

● 禁止或者限制使用有关设备、设施，关闭或者限制使用有关场所，中止人员密集的活动或者可能导致危害扩大的生产经营活动以及采取其他保护措施；

● 启用本级人民政府设置的财政预备费和储备的应急救援物资，必要时调用其他急需物资、设备、设施、工具；

● 组织公民参加应急救援和处置工作，要求具有特定专长的人员提供服务；

● 保障食品、饮用水、燃料等基本生活必需品的供应；

● 依法从严惩处囤积居奇、哄抬物价、制假售假等扰乱市场秩序的行为，稳定市场价格，维护市场秩序；

● 依法从严惩处哄抢财物、干扰破坏应急处置工作等扰乱社会秩序的行为，维护社会治安；

● 采取防止发生次生、衍生事件的必要措施。

《突发事件应对法》规定：履行统一领导职责或者组织处置突发事件的人民政府，必要时可以向单位和个人征用应急救援所需设备、设施、场地、交通工具和其他物资，请求其他地方人民政府提供人力、物力、财力或者技术支援，要求生产、供应生活必需品和应急救援物资的企业组织生产、保证供给，要求提供医疗、交通等公共服务的组织提供相应的服务。

履行统一领导职责或者组织处置突发事件的人民政府，应当组织协调运输经营单位，优先运送处置突发事件所需物资、设备、工具、应急救援人员和受到突发事件危害的人员。

任何单位和个人不得编造、传播有关突发事件事态发展或者应急处置工作的虚假信息。

突发事件发生地的公民应当服从人民政府、居民委员会、村民委员会或者所属单位的指挥和安排，配合人民政府采取的应急处置措施，积极参加应急救援工作，协助维护社会秩序。

(5) 事后恢复与重建的有关规定

在第五章事后恢复与重建中，对相关事项做了规定。

突发事件应急处置工作结束后，履行统一领导职责的人民政府应当立即组织对突发事件造成的损失进行评估，组织受影响地区尽快恢复生产、生活、工作和社会秩序，制订恢复重建计划，并向上一级人民政府报告。受突发事件影响地区的人民政府应当及时组织和协调公安、交通、铁路、民航、邮电、建设等有关部门恢复社会治安秩序，尽快修复被损坏的交通、通信、供水、排水、供电、供气、供热等公共设施。

公民参加应急救援工作或者协助维护社会秩序期间，其在本单位的工资待遇和福利不变；表现突出、成绩显著的，由县级以上人民政府给予表彰或者奖励。县级以上人民政府对在应急救援工作中伤亡的人员依法给予抚恤。

履行统一领导职责的人民政府应当及时查明突发事件的发生经过和原因，总结突发事件应急处置工作的经验教训，制定改进措施，并向上一级人民政府提出报告。

(6) 法律责任的有关规定

在第六章法律责任中，对相关事项做了规定。

有关单位有下列情形之一的，由所在地履行统一领导职责的人民政府责令停产停业，暂扣或者吊销许可证或者营业执照，并处五万元以上二十万元以下的罚款；构成违反治安管理行为的，由公安机关依法给予处罚：

● 未按规定采取预防措施，导致发生严重突发事件的；

● 未及时消除已发现的可能引发突发事件的隐患，导致发生严重突发事件的；

● 未做好应急设备、设施日常维护、检测工作，导致发生严重突发事件或者突发事件危害扩大的；

● 突发事件发生后，不及时组织开展应急救援工作，造成严重后果的。

违反本法规定，编造并传播有关突发事件事态发展或者应急处置工作的虚假信息，或者明知是有关突发事件事态发展或者应急处置工作的虚假信息而进行传播的，责令改正，给予警告；造成严重后果的，依法暂停其业务活动或者吊销其执业许可证；负有直接责任的人员是国家工作人员的，还应当对其依法给予处分；构成违反治安管理行为的，由公安机关依法给予处罚。

单位或者个人违反本法规定，不服从所在地人民政府及其有关部门发布的决定、命令或者不配合其依法采取的措施，构成违反治安管理行为的，由公安机关依法给予处罚。

单位或者个人违反本法规定，导致突发事件发生或者危害扩大，给他人人身、财产造成损害的，应当依法承担民事责任。

违反本法规定，构成犯罪的，依法追究刑事责任。

2.《中华人民共和国突发事件应对法》有关问题解答

(1) 为什么要制定《突发事件应对法》?

我国是一个自然灾害、事故灾难等突发事件较多的国家。各种突发事件的频繁发生，给人民群众的生命财产造成了巨大损失。党和国家历来高度重视突发事件应对工作，采取了一系列措施，建立了许多应急管理制度。改革开放特别是近些年来，国家高度重视突发事件应对法制建设，取得了显著成绩。据统计，我国目前已经制定涉及突发事件应对的法律 35 部、行政法规 37 部、部门规章 55 部，有关文件 111 份。国务院和地方人民政府制定了有关自然灾害、事故灾难、公共卫生事件和社会安全事件的应急预案，突发事件应急预案体系初步建立。同时，应急管理机构和应急保障能力建设得到进一步加强。但是，突发事件应对工作还存在一些突出问题：一是应对突发事件的责任不够明确，统一、协调、灵敏的应对体制尚未形成。二是一些行政机关应对突发事件的能力不够强，危机意识不够高，采取的应急处置措施不够充分、有力。三是突发事件的预防与应急准备、监测与预警、应急处置与救援等制度和机制不够完善，导致一些突发事件未能得到有效预防，有的突发事件引起的社会危害未能及时得到控制。四是社会广泛参与应对工作的机制还不够健全，公众的自救与互救能力不够强、危机意识有待提高。

为了提高社会各方面依法应对突发事件的能力，及时有效控制、减轻和消除突发事件引起的严重社会危害，保护人民生命财产安全，维护国家安全、公共安全、环境安全和社会秩序，迫切需要在认真总结我国应对突发事件经验教训、借鉴其他国家成功做法的基础上，根据宪法，制定一部规范应对各类突发事件共同行为的法律。制定《突发事件应对法》、提高依法应对突发事件的能力，是政府全面履行职能、建设服务型政府的迫切需要；是贯彻落实依法治国方略、全面推进依法行政的客观要求；是构建社会主义和谐社会的重要举措。

(2) 制定《突发事件应对法》体现了什么样的基本思路?

一是重在预防，关口前移，防患于未然，从制度上预防突发事件的发生，及时消除风险隐患。突发事件的演变一般都有一个过程，这个过程从本质上看是可控的，只要措施得力、应对有方，预防和减少突发事件发生，减轻和消除突发事件引起的严重社会危害，是完全可能的。因此，《突发事件应对法》把预防和减少突发事件发生，作为立法的重要目的和出发点，对突发事件的预防、应急准备、监测、预警等制度作了详细规定。

二是既授予政府充分的应急权力，又对其权力行使进行规范。突发事件往往严重威胁、危害社会的整体利益。为了及时有效处置突发事件，控制、减轻和消除突发事件引起的严重社会危害，需要赋予政府必要的处置权力，坚持效率优先，充分发挥政府的主导作用，以有效整合各种资源，协调指挥各种社会力量。因此，《突发事件应对法》规定了政府应对突发事件可以采取的各种必要措施。同时，为了防止权力滥用，把应对突发事件的代价降到最低限度，《突发事件应对法》在对突发事件进行分类、分级、分期的基础上，明确了权力行使的规则和程序。

三是对公民权利的限制和保护相统一。突发事件往往具有社会危害性，政府固然负有统一领导、组织处置突发事件应对的主要职责，同时社会公众也负有义不容辞的责任。在应对突发事件中，为了维护公共利益和社会秩序，不仅需要公民、法人和其他组织积极参与有关突发事件应对工作，还需要其履行特定义务。因此，《突发事件应对法》对有关单位和个人在突发事件预防和应急准备、监测和预警、应急处置和救援等方面服从指挥、提供协助、给予配合、必要时采取先行处置措施的法定义务作了规定。同时，为了保护公民的权利，《突发事件应对法》确立了比例原则，并规定了征用补偿等制度。

四是建立统一领导、综合协调、分级负责的突发事件应对机制。实行统一的领导体制，整合各种力量，是提高突发事件处置工作效率的根本举措。借鉴世界各国的成功经验，结合我国的具体国情，《突发事件应对法》规定，国家建立统一领导、综合协调、分类管理、分级负责、属地管理为主的应急管理体制。

(3) 对突发事件的预防和应急准备规定了哪些制度?

建立健全有效的突发事件预防和应急准备制度，是做好突发事件应急处置工作的基础。对此，《突发事件应对法》从 4 个方面作了明确规定。

一是各级政府和政府有关部门应当制定、适时修订应急预案，并严格予以执行；城乡规划应当符合预防、处置突发事件的需要，统筹安排应对突发事件所必需的设备和基础设施建设，合理确定应急避难场所；县级人民政府应当加强对本行政区域内危险源、危险区域的监控，并责令有关单位采取安全防范措施；省级和设区的市级人民政府应当加强对本行政区域内容易引发特别重大、重大突发事件的危险源、危险区域的监控，并责令有关单位采取安全防范措施；县级以上地方各级人民政府应当及时向社会公布危险源、危险区域；所有单位应当建立健全安全管理制度，定期检查本单位各项安全防范措施的落实情况，及时消除事故隐患，掌握并及时处理本单位可能引发社会安全事件的问题；县级人民政府及其有关部门、乡级人民政府、街道办事处、居民委员会、村民委员会应当及时调解处理可能引发社会安全事件的矛盾纠纷。

二是县级以上人民政府应当建立健全突发事件应急管理培训制度，整合应急资源，建立或者确定综合性应急救援队伍，加强专业应急救援队伍与非专业应急救援队伍的合作，联合培训、联合演练，提高合成应急、协同应急的能力；国务院有关部门、县级以上地方各级人民政府及其有关部门、有关单位应当为专业应急救援队伍购买人身意外伤害保险，配备必要的防护设备和器材；中国人民解放军、中国人民武装警察部队和民兵组织应当有计划地组织开展应急救援的专门训练。

三是县级人民政府及其有关部门、乡级人民政府、街道办事处应当组织开展应急知识的宣传普及活动和必要的应急演练；居民委员会、村民委员会、企业事业单位应当根据所在地人民政府的要求，结合自身的实际情况，开展有关突发事件应急知识的宣传普及活动和必要的应急演练；新闻媒体应当无偿开展突发事件预防与应急、自救与互救知识的公益宣传；各级各类学校应当把应急知识教育纳入教学内容。

四是国务院和县级以上地方各级人民政府应当采取财政支持措施，保障突发事件应对工作所需经费；国家建立健全应急物资储备保障制度，完善重要应急物资的监管、生产、储备、调拨和紧急配送体系；建立健全应急通信保障体系；国家鼓励公民、法人和其他组织为人民政府应对突发事件工作提供物资、资金、技术支持和捐赠；国家发展保险事业，建立财政支持的巨灾风险保险体系，并鼓励单位和公民参加保险；国家鼓励、扶持具备相应条件的教学科研机构培养应急管理人才，研究开发突发事件预防、监测、预警、应急处置和救援的新技术、新设备和新工具。

(4) 对突发事件的监测和预警规定了哪些制度?

突发事件的早发现、早报告、早预警，是及时做好应急准备、有效处置突发事件、减少人员伤亡和财产损失的前提。对此，《突发事件应对法》规定：国务院建立全国统一的突发事件信息系统，县级以上地方人民政府应当建立或者确定本地区统一的突发事件信息系统，并与上下级人民政府及其有关部门、专业机构和监测网点的突发事件信息系统实现互联互通；县级以上人民政府及其有关部门、专业机构应当通过多种途径收集突发事件信息；县级人民政府应当在居民委员会、村民委员会和有关单位建立专职或者兼职信息报告员制度；获悉突发事件信息的公民、法人或者其他组织应当立即向所在地政府、有关主管部门或者指定的专业机构报告；国家建立健全突发事件监测制度，县级以上人民政府及其有关部门应当建立健全基础信息数据库，完善监测网络，划分监测区域，确定监测点，明确监测项目，提供必要的设备设施，配备专职或者兼职人员。

预警机制不够健全，是导致突发事件发生后处置不及时、人员财产损失比较严重的一个重要原因。为了从制度上解决这个问题，《突发事件应对法》规定：国家建立健全突发事件预警制度；县级以上地方政府应当及时发布相应级别的警报，决定并宣布有关地区进入预警期，并及时上报；发布三级、四级警报，宣布进入预警期后，县级以上地方各级人民政府应当采取措施，启动应急预案，加强监测、预报和预警工作，加强对突发事件信息的分析评估，定时向社会发布与公众有关的突发事件预测信息和分析评估结果，并对相关信息的报道工作进行管理，及时向社会发布警告，宣传避免、减轻危害的常识，公布咨询电话；发布一级、二级警报，宣布进入预警期后，县级以上地方各级人民政府还应当责令应急救援队伍和有关人员进入待命状态，调集应急救援所需物资、设备、工具，准备应急设施和避难场所，加强对重点单位、重要部位和重要基础设施的安全保卫，及时向社会发布有关避免或者减轻损害的建议、劝告，转移、疏散或者撤离易受危害的人员并予以妥善安置，转移重要财产，关闭或者限制使用易受危害的场所，控制或者限制容易导致危害扩大的公共场所的活动；发布警报的人民政府应当根据事态发展，适时调整预警级别并重新发布，有事实证明不可能发生突发事件或者危险已经解除的，应当立即宣布解除警报、终止预警期并解除已采取的有关措施。

(5) 对突发事件的应急处置与救援有哪些规定?

突发事件发生后，政府必须在第一时间组织各方面力量，依法及时采取有力措施控制事态发展，开展应急救援工作，避免其发展为特别严重的事件，努力减轻和消除其对人民生命财产造成的损害。对此，《突发事件应对法》与现行有关突发事件应急的法律、行政法规作了衔接，同时根据应急处置工作的实际需要并参考借鉴国外一些应急法律的规定，规定了一些必要措施：

一是突发事件发生后，有关人民政府应当针对其性质、特点和危害程度，依照本法的规定和有关法律、法规、规章的规定采取应急处置措施。

二是自然灾害、事故灾难或者公共卫生事件发生后，有关人民政府可以有针对性地采取人员救助、事态控制、公共设施和公众基本生活保障等方面的措施。

三是社会安全事件发生后，有关人民政府应当立即组织有关部门，依法采取强制隔离当事人、封锁有关场所和道路、控制有关区域和设施、加强对核心机关和单位的警卫等措施；发生严重危害社会治安秩序的事件时，公安机关还可以根据现场情况依法采取相应的强制性措施。

四是发生严重影响国民经济正常运行的突发事件后，国务院或者国务院授权的有关主管部门可以采取保障、控制等必要的应急措施。

(6) 对事后恢复与重建有哪些规定?

突发事件的威胁和危害基本得到控制或者消除后，应当及时组织开展事后恢复与重建工作，减轻突发事件造成的损失和影响，尽快恢复生产、生活、工作和社会秩序，妥善解决处置突发事件过程中引发的矛盾和纠纷。对此，《突发事件应对法》规定：履行统一领导职责或者组织处置突发事件的人民政府应当及时停止执行依照本法规定采取的应急处置措施，同时采取或者继续实施必要措施，防止发生次生、衍生事件或者重新引发社会安全事件；立即对突发事件造成的损失进行评估，组织受影响的地区尽快恢复生产、生活、工作和社会秩序，制订恢复重建计划，修复被损坏的公共设施；上级人民政府应当根据受影响地区遭受的损失和实际情况，提供资金、物资支持和技术指导，组织其他地区提供资金、物资和人力支援；国务院制定扶持受突发事件影响地区有关行业发展的优惠政策；受影响地区的人民政府应当制订并实施善后工作计划；及时总结应急处置工作的经验教训，制定改进措施，并向上一级人民政府提出报告。

3.《国务院关于进一步加强企业安全生产工作的通知》相关要点

2010 年 7 月 19 日，国务院印发《关于进一步加强企业安全生产工作的通知》(国发〔2010〕23 号)。《通知》的制定出台，是党和国家在全国深入贯彻落实科学发展观、转变经济发展方式、调整产业结构、推进经济平稳较快发展和建设和谐社会的重要时期，对安全生产工作作出的重大决策和部署，充分体现了党中央、国务院对安全生产工作的高度重视，对人民群众的深切关怀。在《通知》的第五部分，专门对建设更加高效的应急救援体系提出要求。相关要点如下：

(1) 总体要求

● 工作要求。深入贯彻落实科学发展观，坚持以人为本，牢固树立安全发展的理念，切实转变经济发展方式，调整产业结构，提高经济发展的质量和效益，把经济发展建立在安全生产有可靠保障的基础上；坚持“安全第一、预防为主、综合治理”的方针，全面加强企业安全管理，健全规章制度，完善安全标准，提高企业技术水平，夯实安全生产基础；坚持依法依规生产经营，切实加强安全监管，强化企业安全生产主体责任落实和责任追究，促进我国安全生产形势实现根本好转。

● 主要任务。以煤矿、非煤矿山、交通运输、建筑施工、危险化学品、烟花爆竹、民用爆炸物品、冶金等行业（领域）为重点，全面加强企业安全生产工作。要通过更加严格的目标考核和责任追究，采取更加有效的管理手段和政策措施，集中整治非法违法生产行为，坚决遏制重特大事故发生；要尽快建成完善的国家安全生产应急救援体系，在高危行业强制推行一批安全适用的技术装备和防护设施，最大程度减少事故造成的损失；要建立更加完善的技术标准体系，促进企业安全生产技术装备全面达到国家和行业标准，实现我国安全生产技术水平的提高；要进一步调整产业结构，积极推进重点行业的企业重组和矿产资源开发整合，彻底淘汰安全性能低下、危及安全生产的落后产能；以更加有力的政策引导，形成安全生产长效机制。

(2) 严格企业安全管理

● 进一步规范企业生产经营行为。企业要健全完善严格的安全生产规章制度，坚持不安全不生产。加强对生产现场监督检查，严格查处违章指挥、违规作业、违反劳动纪律的“三违”行为。凡超能力、超强度、超定员组织生产的，要责令停产停工整顿，并对企业和企业主要负责人依法给予规定上限的经济处罚。对以整合、技改名义违规组织生产，以及规定期限内未实施改造或故意拖延工期的矿井，由地方政府依法予以关闭。要加强对境外中资企业安全生产工作的指导和管理，严格落实境内投资主体和派出企业的安全生产监督责任。

● 及时排查治理安全隐患。企业要经常性开展安全隐患排查，并切实做到整改措施、责任、资金、时限和预案“五到位”。建立以安全生产专业人员为主导的隐患整改效果评价制度，确保整改到位。对隐患整改不力造成事故的，要依法追究企业和企业相关负责人的责任。停产整改逾期未完成的不得复产。

● 强化生产过程管理的领导责任。企业主要负责人和领导班子成员要轮流现场带班。煤矿、非煤矿山要有矿领导带班并与工人同时下井、同时升井，对无企业负责人带班下井或该带班而未带班的，对有关责任人按擅离职守处理，同时给予规定上限的经济处罚。发生事故而没有领导现场带班的，对企业给予规定上限的经济处罚，并依法从重追究企业主要负责人的责任。

● 强化职工安全培训。企业主要负责人和安全生产管理人员、特殊工种人员一律严格考核，按国家有关规定持职业资格证书上岗；职工必须全部经过培训合格后上岗。企业用工要严格依照劳动合同法与职工签订劳动合同。凡存在不经培训上岗、无证上岗的企业，依法停产整顿。没有对井下作业人员进行安全培训教育，或存在特种作业人员无证上岗的企业，情节严重的要依法予以关闭。

● 全面开展安全达标。深入开展以岗位达标、专业达标和企业达标为内容的安全生产标准化建设，凡在规定时间内未实现达标的企业要依法暂扣其生产许可证、安全生产许可证，责令停产整顿；对整改逾期未达标的，地方政府要依法予以关闭。

(3) 建设更加高效的应急救援体系

● 加快国家安全生产应急救援基地建设。按行业类型和区域分布，依托大型企业，在中央预算内基建投资支持下，先期抓紧建设7个国家矿山应急救援队，配备性能可靠、机动性强的装备和设备，保障必要的运行维护费用。推进公路交通、铁路运输、水上搜救、船舶溢油、油气田、危险化学品等行业（领域）国家救援基地和队伍建设。鼓励和支持各地区、各部门、各行业依托大型企业和专业救援力量，加强服务周边的区域性应急救援能力建设。

● 建立完善企业安全生产预警机制。企业要建立完善安全生产动态监控及预警预报体系，每月进行一次安全生产风险分析。发现事故征兆要立即发布预警信息，落实防范和应急处置措施。对重大危险源和重大隐患要报当地安全生产监管监察部门、负有安全生产监管职责的有关部门和行业管理部门备案。涉及国家秘密的，按有关规定执行。

● 完善企业应急预案。企业应急预案要与当地政府应急预案保持衔接，并定期进行演练。赋予企业生产现场带班人员、班组长和调度人员在遇到险情时第一时间下达停产撤人命令的直接决策权和指挥权。因撤离不及时导致人身伤亡事故的，要从重追究相关人员的法律责任。

4.《国务院关于坚持科学发展安全发展促进安全生产形势持续稳定好转的意见》相关要点

2011年11月26日，国务院印发《国务院关于坚持科学发展安全发展促进安全生产形势持续稳定好转的意见》（国发〔2011〕40号）。《意见》指出：安全生产事关人民群众生命财产安全，事关改革开放、经济发展和社会稳定大局，事关党和政府形象和声誉。为深入贯彻落实科学发展观，实现安全发展，促进全国安全生产形势持续稳定好转，提出指导性意见。其中，对建设更加高效的应急救援体系，专门提出要求。其相关内容主要有：

(1) 充分认识坚持科学发展安全发展的重大意义

● 坚持科学发展安全发展是对安全生产实践经验的科学总结。多年来，各地区、各部门、各单位深入贯彻落实科学发展观，按照党中央、国务院的决策部署，大力推进安全发展，全国安全生产工作取得了积极进展和明显成效。“十一五”期间，事故总量和重特大事故量大幅度下降，全国各类事故死亡人数年均减少约1万人，反映安全生产状况的各项指标显著改善，安全生产形势持续稳定好转。实践表明，坚持科学发展安全发展，是对新时期安全生产客观规律的科学认识和准确把握，是保障人民群众生命财产安全的必然选择。

● 坚持科学发展安全发展是解决安全生产问题的根本途径。我国正处于工业化、城镇化快速发展进程中，处于生产安全事故易发多发的高峰期，安全基础仍然比较薄弱，重特大事故尚未得到有效遏制，非法违法生产经营建设行为屡禁不止，安全责任不落实、防范和监督管理不到位等问题在一些地方和企业还比较突出。安全生产工作既要解决长期积累的深层次、结构性和区域性问题，又要应对不断出现的新情况、新问题，根本出路在于坚持科学发展安全发展。要把这一重要思想和理念落实到生产经营建设的每一个环节，使之成为衡量各行业领域、各生产经营单位安全生产工作的基本标准，自觉做到不安全不生产，实现安全与发展的有机统一。

● 坚持科学发展安全发展是经济发展社会进步的必然要求。随着经济发展和社会进步，全社会对安全生产的期待不断提高，广大从业人员“体面劳动”意识不断增强，对加强安全监管监察、改善作业环境、保障职业安全健康权益等方面的要求越来越高。这就要求各地区、各部门、各单位必须始终把安全生产摆在经济社会发展重中之重的位置，自觉坚持科学发展安全发展，把安全真正作为发展的前提和基础，使经济社会发展切实建立在安全保障能力不断增强、劳动者生命安全和身体健康得到切实保障的基础之上，确保人民群众平安幸福地享有经济发展和社会进步的成果。

(2) 指导思想和基本原则

● 指导思想。坚持以邓小平理论和“三个代表”重要思想为指导，深入贯彻落实科学发展观，牢固树立以人为本、安全发展的理念，始终把保障人民群众生命财产安全放在首位，大力实施安全发展战略，紧紧围绕科学发展主题和加快转变经济发展方式主线，自觉坚持“安全第一、预防为主、综合治理”方针，坚持速度、质量、效益与安全的有机统一，以强化和落实企业主体责任为重点，以事故预防为主攻方向，以规范生产为保障，以科技进步为支撑，认真落实安全生产各项措施，标本兼治、综合治理，有效防范和坚决遏制重特大事故，促进安全生产与经济社会同步协调发展。

● 基本原则。

——统筹兼顾，协调发展。正确处理安全生产与经济社会发展、与速度质量效益的关系，坚持把安全生产放在首要位置，促进区域、行业领域的科学、安全、可持续发展。

——依法治安，综合治理。健全完善安全生产法律法规、制度标准体系，严格安全生产执法，严厉打击非法违法行为，综合运用法律、行政、经济等手段，推动安全生产工作规范、有序、高效开展。

——突出预防，落实责任。加大安全投入，严格安全准入，深化隐患排查治理，筑牢安全生产基础，全面落实企业安全生产主体责任、政府及部门监管责任和属地管理责任。

——依靠科技，创新管理。加快安全科技研发应用，加强专业技术人才队伍和高素质的职工队伍培养，创新安全管理体制机制和方式方法，不断提升安全保障能力和安全管理水平。

(3) 建设更加高效的应急救援体系

● 加强应急救援队伍和基地建设。抓紧 7 个国家级、14 个区域性矿山应急救援基地建设，加快推进重点行业领域的专业应急救援队伍建设。县级以上地方人民政府要结合实际，整合应急资源，依托大型企业、公安消防等救援力量，加强本地区应急救援队伍建设。建立紧急医学救援体系，提升事故医疗救治能力。建立救援队伍社会化服务补偿机制，鼓励和引导社会力量参与应急救援。

● 完善应急救援机制和基础条件。健全省、市、县及中央企业安全生产应急管理体系，加快建设应急平台，完善应急救援协调联动机制。建立健全自然灾害预报预警联合处置机制，加强安监、气象、地震、海洋等部门的协调配合，严防自然灾害引发事故灾难。建立完善企业安全生产动态监控及预警预报体系。加强应急救援装备建设，强化应急物资和紧急运输能力储备，提高应急处置效率。

● 加强预案管理和应急演练。建立健全安全生产应急预案体系，加强动态修订完善。落实省、市、县三级安全生产预案报备制度，加强企业预案与政府相关应急预案的衔接。定期开展应急预案演练，切实提高事故救援实战能力。企业生产现场带班人员、班组长和调度人员在遇到险情时，要按照预案规定，立即组织停产撤人。

5.《安全生产应急管理“十二五”规划》相关要点

2011 年 11 月 1 日，国家安全生产监督管理总局下发《国家安全监管总局关于印发安全生产应急管理“十二五”规划的通知》（安监总应急〔2011〕186 号）。《通知》指出：编制和实施《安全生产应急管理“十二五”规划》（以下简称《规划》），是建设更加高效的风险管理和应急救援体系的重要举措，是提高应对生产安全事故灾难能力的迫切需要，对于保障人民群众生命财产安全、促进安全生产形势持续稳定好转具有重要意义。各有关单位要高度重视，加强领导，明确责任，做好相关规划的编制和衔接工作，制定有关保障政策措施，建立健全考核评估机制，强化组织协调和监督检查，确保《规划》明确的各项任务圆满完成。

制定《安全生产应急管理“十二五”规划》，是依据《中华人民共和国国民经济和社会发展第十二个五年规划纲要》《安全生产“十二五”规划》《国务院关于进一步加强企业安全生产工作的通知》（国发〔2010〕23 号）精神，目的是加强安全生产应急管理工作，促进全国安全生产形势持续稳定好转。《规划》主要内容如下：

(1) 现状与形势

●“十一五”期间安全生产应急管理工作取得的成效。“十一五”期间，在党中央、国务院的高度重视和正确领导下，各地区、各有关部门和单位牢固确立安全发展的理念，始终坚持“安全第一、预防为主、综合治理”的方针，安全生产应急管理工作取得了长足进步。一是应急管理体系初步建立。全国 31 个省（区、市）、新疆生产建设兵团和 215 个市（地）、部分县（市、区），以及安全生产任务较重的 54 家中央企业建立了安全生产应急管理机构。建立了国家和区域安全生产应急救援协调机制。二是应急管理规章标准建设稳步推进。制定颁布了《矿山救护规程》（AQ 1008—2007）、《生产经营单位安全生产事故应急预案编制导则》（AQ/T 9002—2006）、《生产安全事故应急预案管理办法》（国家安全监管总局令第 17 号）和《生产安全事故应急演练指南》（AQ/T 9007—2011），以及应急救援队伍建设、应急平台体系建设、宣传教育培训等一系列规章、标准和指导性文件，为加强安全生产应急管理提供了依据。各省（区、市）制定的部分地方性法规和规章也对安全生产应急管理工作进行了规范。三是应急救援队伍体系建设成效明显。各地区、有关高危行业企业加强了应急救援队伍建设，救援人员增加了 40%，初步形成了国家（区域）、骨干、基层救援队伍相结合的应急救援队伍体系。通过开展培训演练和技能比武等工作，应急救援队伍素质不断提高，救援能力明显加强，在 3.68 万余起矿山和危险化学品事故灾难的应急救援中，以及汶川、玉树地震等重大自然灾害救援中发挥了重要作用。四是应急救援装备水平不断提高。国家级矿山和危险化学品救援队伍增配各类救援车辆 700 余台，配备个体防护、救援、侦检、通信等装备 8000 余台（套）。骨干队伍和基层队伍所在地方政府和依托单位加大了救援装备投入力度，部分省（区、市）建立了安全生产应急物资装备储备库。五是应急预案和演练工作进一步加强。在国家层面，制定颁布了事故灾难应急预案 42 个。地方各级政府、中央企业以及煤矿、非煤矿山、危险化学品、烟花爆竹等高危行业（领域）企业实现了应急预案全覆盖。各级地方政府和高危行业企业经常举行应急预案培训和演练。六是应急平台建设全面启动。制定了国家安全生产应急平台体系建设指导意见。国家安全生产应急平台已经开始建设，部分省（区、市）、市（地）和中央企业安全生产应急平台基本建成并投入运行。七是应急管理培训和宣教工作深入开展。修订完善了安全生产应急管理培训和宣教工作制度，制定了应急管理和指挥人员培训大纲，全国每年培训 30 多万人次。宣教工作内容日益丰富，宣教形式不断创新，应急知识普及面不断扩大。八是应急科技支撑不断增强。各地区均成立了安全生产应急救援专家组。安全生产应急救援科研项目投入明显加大，科技部下达的19个应急救援重点项目研究已经完成，在煤矿瓦斯、危险化学品等事故灾难的应急救援和预测预警方面形成了一批新技术、新装备。九是国际交流合作不断深入。通过组织救援指战员及应急管理人员赴发达国家学习交流、参加国际矿山救援技术竞赛以及举办国际性安全生产应急管理论坛和展会等方式，加强了安全生产应急管理领域国际交流与合作。

●“十二五”期间安全生产应急管理工作面临的形势。“十二五”时期，是全面建设小康社会的重要战略机遇期，工业化、信息化、城镇化、市场化、国际化深入发展，经济发展方式加快转变，产业结构不断优化，科技自主创新能力进一步增强，安全生产应急管理工作面临难得的发展机遇。同时，“十二五”期间随着工业化、城镇化进程加快，国内经济形势进一步回升向好，能源原材料市场需求旺盛，煤矿不断向深部延伸，危险化学品领域进一步扩大产能，交通运输量增大，人流、物流和车流还将持续增长，发生重特大事故的可能性仍然存在，这些都给安全生产应急管理工作提出了新的更高的要求。

目前，由于安全生产应急救援体系初步建立，基础相对薄弱，还存在一些制约安全生产应急管理工作进一步发展的因素。主要是：《安全生产应急管理条例》尚未出台；许多市（地）和大部分重点县没有建立安全生产应急管理机构，已经建立的应急管理机构人员、经费等没有落实到位；救援队伍布局已经不能满足经济社会发展的需要，缺乏处置重特大和复杂事故灾难的救援装备；应急预案的针对性和可操作性不强；应急救援经费保障困难，救援人员待遇、奖励、抚恤等政策措施缺失；重大危险源普查工作尚未全面展开，监控、预警体系建设相对滞后；缺乏高效的科技支撑，应急救援技术装备研发、应用和推广的产业链尚未形成，装备的机动性、成套性、可靠性还亟待提高；应急培训演练与实际需求还有较大差距。总体来说，应对重大、复杂事故的能力不足，与党中央、国务院的要求以及人民群众的期盼还有很大差距。安全生产应急管理工作长期性、艰巨性、复杂性和紧迫性的特点十分明显。必须采取切实有效措施，全面提升应急能力，为实现安全生产形势根本好转的目标提供有力保障。

(2) 指导思想、基本原则和规划目标

● 指导思想。以邓小平理论和“三个代表”重要思想为指导，深入贯彻落实科学发展观，牢固树立以人为本、安全发展的理念，坚持“安全第一、预防为主、综合治理”的方针，以建设更加高效的风险管理和应急救援体系为主线，以国家（区域）安全生产应急救援队伍建设为抓手，加强体系建设、健全“一案三制”、强化科技支撑、完善保障措施、落实主体责任、夯实工作基础，不断推动安全生产应急管理事业的发展。

● 基本原则。一是统筹规划、突出重点。统筹规划各区域、各行业（领域）应急体系建设，兼顾近期需求与长远目标，突出矿山、危险化学品等高危行业，突出安全生产应急管理工作的薄弱环节。二是政府主导、落实责任。充分发挥政策导向作用和重点项目的示范带动作用，调动各方面加强安全生产应急管理工作的积极性，落实企业主体责任，提高社会化程度。三是分级负责、分步实施。按照事权合理划分各级政府及相关部门的工作任务，各司其职、各负其责。充分考虑现实需要和实际能力，科学确定建设项目，分级分步组织实施。四是依靠科技，提升能力。充分发挥科技支撑和引领作用，加强应急救援技术装备研发与应用，提高应急管理和应急救援工作效率，推动应急能力发展。

● 规划目标。到 2015 年，基本建成符合我国国情的安全生产应急管理体系，完善分类管理、分级负责、条块结合、属地为主的应急管理体制和统一指挥、反应灵敏、协调有序、运转高效的应急管理机制，应急能力全面加强，适应有效应对各类生产安全事故灾难的需要，并为其他灾害的应急救援提供有力支持。一是在法制建设方面，颁布实施《安全生产应急管理条例》及与之配套的规章、标准和政策措施，形成基本完善的安全生产应急管理法规体系。二是在机构、机制建设方面，建立完善国家、省、市、重点县以及高危行业（领域）大中型企业应急管理机构，形成完善的应急管理机制。三是在应急救援队伍建设方面，按照“国内领先、国际一流”的标准完成国家级应急救援队建设任务，骨干应急救援队伍救援能力大幅提升，基层队伍专业水平显著提高，形成完善的国家（区域）、骨干和基层三级安全生产应急救援队伍体系。四是在应急预案与演练方面，高危行业（领域）中央企业应急预案覆盖率、备案率、培训演练率达到100%，其他达到80%以上。五是在应急管理培训方面，各级安全生产应急管理人员、应急救援指战员培训率达到100%，高危行业企业从业人员应急知识培训全覆盖，应急知识普及进社区、进学校。六是在应急平台体系建设方面，国家、省、市、高危行业（领域）中央企业应急平台建设率达100%，重点县（市、区）、高危行业地方大中型企业应急平台建设率达80%以上，基本实现互联互通和信息共享。

(3) 主要任务

● 完善安全生产应急管理法规、政策、标准体系。推动《安全生产应急管理条例》颁布实施，制定修订与其配套的安全生产应急预案管理、资源管理、信息管理、科技管理、队伍建设与管理以及培训教育、运行保障等规章和标准。建设安全生产应急管理统计指标体系。完善应急救援队伍经费保障、装备器材征用补偿、装备购置税费减免以及表彰奖励等政策措施。形成国家、地方、企业及社会多元化的应急体系建设保障制度。研究探索社会捐助、保险等支持安全生产应急救援的途径。

● 建立健全安全生产应急管理机构。建立完善省、市和重点县三级安全生产应急管理机构，加强人员、装备配置，强化技术培训，落实运行经费，制定工作制度和协调指挥程序，提高应急管理能力和救援决策水平。加强高危行业企业应急管理机构建设，落实应急管理与救援责任。

● 理顺和完善应急管理与指挥协调机制。完善国家、省级相关部门安全生产应急救援联动机制和联络员制度，健全各级应急管理机构之间、应急管理机构与救援队伍之间的工作机制和应急值守、信息报告制度，建立健全区域间协同应对重特大生产安全事故的应急联动机制，建立完善事故现场救援队伍协调指挥制度。

● 加强应急救援队伍体系建设。建设国家（区域）矿山、国家（区域）危险化学品应急救援队和部分中央企业应急救援队，以及矿山、危险化学品骨干应急救援队伍，建立健全高危行业企业应急救援队伍，完善队伍体系，形成区域救援能力。注重培养“一专多能”的各级救援队伍，实施社会化服务，发挥救援队伍在预防性检查、预案演练、应急培训等方面的作用。鼓励和引导各类社会力量参与应急救援。将应急救援队伍建设纳入各级经济和社会发展规划，加大资金、政策扶持力度。将矿山医疗救护体系纳入各地区医疗卫生应急救援体系和安全生产应急救援体系，同步规划、同步建设。开展化工园区、矿山企业聚集区应急救援队伍一体化示范建设。加强安全生产应急救援队伍资质管理，促进队伍素质提高。积极配合有关部门推进公路交通、铁路交通、水上搜救、船舶溢油、建筑施工、电力、旅游等行业国家级救援基地和队伍建设，配合各地公安消防部队加强综合应急救援队伍建设。

● 完善应急预案体系。建立完善政府部门、重点行业企业应急预案体系，实现政府部门与企业应急预案有效衔接。规范预案编制内容，提高预案编制质量，加强预案审查，建立健全预案数据库。编制应急演练评估标准，完善应急预案演练制度，规范应急预案演练，提高演练效果。

● 加快安全生产应急管理宣教和培训体系建设。将安全生产应急管理培训纳入安全生产教育培训总体规划，统一部署，充分利用各级政府和有关部门、大型企业现有的应急培训资源，完善培训设施，加强师资队伍建设，健全安全生产应急培训体系。制定培训规划和考核标准。加强各级安全生产应急管理人员和救援队伍指战员培训。充分利用各种新闻媒体和网络等，面向从业人员和社会公众开展安全生产应急管理宣传教育，普及防灾避险、自救互救知识，增强全民应对事故灾难的意识和能力。

● 推动应急救援科技进步。坚持以应急救援需求为导向，自主创新和引进消化吸收相结合，形成安全生产应急救援科技原始研发、创造创新、成果转化的能力和机制。鼓励应急装备和物资生产企业、教学科研机构搞好产学研结合，加强应急救援新技术、新装备的研发。扶持和培育应急救援技术装备研发机构和制造产业。积极推广应用先进适用的应急救援技术和装备，以煤矿、金属非金属矿山、危险化学品、烟花爆竹等高危行业（领域）为重点，优先推广应用紧急避险、应急救援、逃生、报警等先进适用技术和装备。强制淘汰不适应救援需要、不符合相关标准、性能不高的救援技术装备。

● 加强应急救援支撑保障能力建设。在矿山、危险化学品等重点行业（领域）选择优势科研机构，重点建设一批安全生产应急救援技术支持保障机构，加强应急救援技术装备科技研发、检测检验等能力建设。加快国家（区域）应急救援队伍大型救援装备储备，依托有关企业、单位储备必要的物资装备和生产能力，建立安全生产应急物资储备制度和调运机制，形成布局合理、多层次、多形式的应急救援物资储备体系。支持有关大专院校加强安全生产应急管理学科建设，培养专业人才。建立和完善各类应急专家库，为应急管理和应急救援工作提供智力支持。

● 深化应急平台体系建设和应用。加快省、市和重点县以及高危行业（领域）大中型企业应急平台建设，完善安全生产应急平台体系，强化各级平台间的互联互通，加强物联网等新技术的应用。

深化应急平台在救援指挥、资源管理、重大危险源监管监控等方面的应用，注重通过应急平台体系，动态掌握各类应急资源的分布情况。

● 加快建立重大危险源监管体系。落实企业主体责任，明确监控重点目标，建立健全企业重大危险源安全监控系统，提升重大危险源监控能力。开展重大危险源普查登记、分级分类、检测检验和安全评估。建立国家、省、市、县四级重大危险源动态数据库和分级监管系统，构建重大危险源监测预警机制。

(4) 重点工程

● 国家（区域）矿山应急救援队建设工程。依托开滦集团、大同煤矿、龙煤集团、淮南矿业、中平能化、川煤集团、靖远煤业等企业建设国家矿山应急救援开滦、大同、鹤岗、淮南、平顶山、芙蓉、靖远队，建设14个区域矿山应急救援队，承担服务区域内重特大、复杂矿山事故灾难应急救援及实训演练任务。在配备运输吊装、侦测搜寻、灭火与有害气体排放、排水、钻掘与支护、仿真模拟演练、通信指挥等大型、特殊救援装备的同时，进一步充实救援力量、完善指挥系统、加强装备建设、配套基础设施、健全规章制度、优化应急预案、强化培训演练、培养过硬作风、抓好综合保障，使其成为力量雄厚、装备精良、技术精湛、训练有素、能打硬仗，关键时刻拉得动、动得快、打得赢的矿山应急救援队伍。

● 高危行业中央企业重点救援队伍建设工程。依托高危行业中央企业重点建设60支矿山、危险化学品、油气田开采、水上搜救、隧道坍塌、旅游等应急救援队伍，配置大型、特殊专业救援装备器材，补助装备运行维护费用及演练经费，加强应急救援培训与实训能力建设，与国家安全生产应急救援队共同形成应急救援的中坚力量，提高整体应对重特大事故的能力。其中，依托中国石油、中国石化等中央企业，建设国家危险化学品应急救援北京、吉林、南京、广州、重庆、兰州队。同时建立14个区域危险化学品应急救援队和

1个危险化学品应急救援技术指导中心。重点加强大型、特殊装备建设及机动能力建设，主要包括工程抢险装备、化学火灾扑救装备、有毒有害物质处置装备、危险化学品侦检装备、通信指挥装备、培训演练装备等。

● 矿山医疗救护队伍建设工程。依托大型矿区医院或地方卫生医疗机构，分别在国家（区域）矿山救援队服务区建立21个矿山医疗救护队，并建立矿山医疗救护队与国家（区域）矿山应急救援队联动机制，配置符合矿山事故院前急救需要的先进医疗救护设备，加强培训演练，提高矿山应急医疗救援人员能力素质，建设一批适应矿山医疗急救特点的专业医疗救护队伍。

● 矿山与危险化学品应急救援骨干队伍建设工程。地方各级政府和依托单位根据本地区经济社会发展实际，进一步整合资源、加大投入，加强矿山、危险化学品应急救援骨干队伍建设，配备必要的装备器材，强化基础设施建设，开展队伍培训演练，全面提升骨干队伍应急救援能力。

● 重大应急救援技术与装备研发工程。依托高等院校、科研院所和大型高危行业企业，结合应急救援工作实际，开展井下灾区侦测装备、井下救援机器人、矿井智能化快速救援钻机成套装备、有毒气体泄漏事故现场监测技术装备等重大应急救援技术装备研发，提升事故灾难应对能力，提高应急救援工作的科学性和主动性。

● 安全生产应急平台体系建设工程。建设国家、省、市三级安全生产应急平台，完善网络系统、应用系统、应急指挥大厅和模拟推演室等相关系统及配套标准规范和安全体系，实现安全生产应急管理和协调指挥的信息化、科学化和智能化，并与有关部门、高危行业中央企业、国家级安全生产应急救援队伍应急平台相衔接。依托国家安全生产应急平台体系，建立各类应急资源数据库，实现动态管理，建设重点企业终端，建立完善重大危险源数据采集处理、信息传输、风险评估、预测预警、模拟仿真、统计分析系统，实现对重大危险源的分级管理。

● 应急救援装备产业示范园区建设工程。选择在地理位置、基础设施、人力资源、资金和政策保障条件等方面具有一定优势的地区，开展应急救援装备产业示范园区建设工程，形成以应急救援高新技术研发为引导、研发与生产相结合的应急救援装备研发、制造多行业企业集成群体。

(5) 规划实施与评估

● 加强组织领导。加强对安全生产应急管理工作领导，理顺管理体制，落实相关责任，完善工作机制。结合各地区、各企业应急管理工作特点和实际需求，制定应急管理规划和实施方案，将主要任务和建设项目纳入本地区国民经济与社会发展规划以及安全生产专项规划和本单位发展规划，并加强监督检查，及时发现和解决问题，推进规划落实。

● 加强安全生产应急管理的国际交流与合作。加强与各国政府、国际组织和国外民间团体在安全生产应急救援领域的交流与合作，跟踪国际应急管理与应急救援科技发展前沿动向，开展技术交流与合作，学习借鉴国外先进经验，提高我国应急管理水平。

● 加强规划实施评估。加强对规划实施情况的动态监测和监督检查，在规划实施中期阶段开展考核评估，经中期评估需要对规划进行调整时，由规划编制部门提出调整方案，报规划发布部门批准。规划编制部门要对规划最终实施总体情况进行评估，以适当形式向社会发布。

6.《生产安全事故应急预案管理办法》相关要点

2009 年 3 月 20 日，国家安全生产监督管理总局局长办公会议审议通过《生产安全事故应急预案管理办法》（国家安全生产监督管理总局令第 17 号），自 2009 年 5 月 1 日起施行。

《生产安全事故应急预案管理办法》分为七章三十九条，各章内容为：第一章总则，第二章应急预案的编制，第三章应急预案的评审，第四章应急预案的备案，第五章应急预案的实施，第六章奖励与处罚，第七章附则。制定本办法的目的是依据《中华人民共和国突发事件应对法》《中华人民共和国安全生产法》和国务院有关规定，规范生产安全事故应急预案的管理，完善应急预案体系，增强应急预案的科学性、针对性、实效性。本办法适用于生产安全事故应急预案的编制、评审、发布、备案、培训、演练和修订等工作。

《生产安全事故应急预案管理办法》规定：国家安全生产监督管理总局负责应急预案的综合协调管理工作。国务院其他负有安全生产监督管理职责的部门按照各自的职责负责本行业、本领域内应急预案的管理工作。县级以上地方各级人民政府安全生产监督管理部门负责本行政区域内应急预案的综合协调管理工作。县级以上地方各级人民政府其他负有安全生产监督管理职责的部门按照各自的职责负责辖区内本行业、本领域应急预案的管理工作。

(1) 对应急预案编制的有关规定

《生产安全事故应急预案管理办法》规定，应急预案的编制应当符合下列基本要求：

● 符合有关法律、法规、规章和标准的规定；

● 结合本地区、本部门、本单位的安全生产实际情况；

● 结合本地区、本部门、本单位的危险性分析情况；

● 应急组织和人员的职责分工明确，并有具体的落实措施；

● 有明确、具体的事故预防措施和应急程序，并与其应急能力相适应；

● 有明确的应急保障措施，并能满足本地区、本部门、本单位的应急工作要求；

● 预案基本要素齐全、完整，预案附件提供的信息准确；

● 预案内容与相关应急预案相互衔接。

地方各级安全生产监督管理部门应当根据法律、法规、规章和同级人民政府以及上一级安全生产监督管理部门的应急预案，结合工作实际，组织制定相应的部门应急预案。

生产经营单位应当根据有关法律、法规和《生产经营单位安全生产事故应急预案编制导则》（AQ/T 9002—2006），结合本单位的危险源状况、危险性分析情况和可能发生的事故特点，制定相应的应急预案。生产经营单位的应急预案按照针对情况的不同，分为综合应急预案、专项应急预案和现场处置方案。

《生产安全事故应急预案管理办法》规定：生产经营单位风险种类多、可能发生多种事故类型的，应当组织编制本单位的综合应急预案。综合应急预案应当包括本单位的应急组织机构及其职责、预案体系及响应程序、事故预防及应急保障、应急培训及预案演练等主要内容。

对于某一种类的风险，生产经营单位应当根据存在的重大危险源和可能发生的事故类型，制定相应的专项应急预案。专项应急预案应当包括危险性分析、可能发生的事故特征、应急组织机构与职责、预防措施、应急处置程序和应急保障等内容。

对于危险性较大的重点岗位，生产经营单位应当制定重点工作岗位的现场处置方案。现场处置方案应当包括危险性分析、可能发生的事故特征、应急处置程序、应急处置要点和注意事项等内容。

应急预案应当包括应急组织机构和人员的联系方式、应急物资储备清单等附件信息。附件信息应当经常更新，确保信息准确有效。

（2）对应急预案评审的有关规定

《生产安全事故应急预案管理办法》规定：地方各级安全生产监督管理部门应当组织有关专家对本部门编制的应急预案进行审定。必要时，可以召开听证会，听取社会有关方面的意见。涉及相关部门职能或者需要有关部门配合的，应当征得有关部门同意。

矿山、建筑施工单位和易燃易爆物品、危险化学品、放射性物品等危险物品的生产、经营、储存、使用单位和中型规模以上的其他生产经营单位，应当组织专家对本单位编制的应急预案进行评审。

评审应当形成书面纪要并附有专家名单。

应急预案的评审或者论证应当注重应急预案的实用性、基本要素的完整性、预防措施的针对性、组织体系的科学性、响应程序的操作性、应急保障措施的可行性、应急预案的衔接性等内容。

生产经营单位的应急预案经评审或者论证后，由生产经营单位主要负责人签署公布。

（3）对应急预案备案的有关规定

《生产安全事故应急预案管理办法》规定：地方各级安全生产监督管理部门的应急预案，应当报同级人民政府和上一级安全生产监督管理部门备案。其他负有安全生产监督管理职责的部门的应急预案，应当抄送同级安全生产监督管理部门。

中央管理的总公司（总厂、集团公司、上市公司）的综合应急预案和专项应急预案，报国务院国有资产监督管理部门、国务院安全生产监督管理部门和国务院有关主管部门备案；其所属单位的应急预案分别抄送所在地的省、自治区、直辖市或者设区的市人民政府安全生产监督管理部门和有关主管部门备案。

《生产安全事故应急预案管理办法》规定：生产经营单位申请应急预案备案，应当提交以下材料：

- 应急预案备案申请表；
- 应急预案评审或者论证意见；
- 应急预案文本及电子文档。

受理备案登记的安全生产监督管理部门应当对应急预案进行形式审查，经审查符合要求的，予以备案并出具应急预案备案登记表；不符合要求的，不予备案并说明理由。

对于实行安全生产许可的生产经营单位，已经进行应急预案备案登记的，在申请安全生产许可证时，可以不提供相应的应急预案，仅提供应急预案备案登记表。

各级安全生产监督管理部门应当指导、督促检查生产经营单位做好应急预案的备案登记工作，建立应急预案备案登记建档制度。

(4) 对应急预案实施的有关规定

《生产安全事故应急预案管理办法》规定：各级安全生产监督管理部门、生产经营单位应当采取多种形式开展应急预案的宣传教育，普及生产安全事故预防、避险、自救和互救知识，提高从业人员安全意识和应急处置技能。

各级安全生产监督管理部门应当将应急预案的培训纳入安全生产培训工作计划，并组织实施本行政区域内重点生产经营单位的应急预案培训工作。

生产经营单位应当组织开展本单位的应急预案培训活动，使有关人员了解应急预案内容，熟悉应急职责、应急程序和岗位应急处置方案。应急预案的要点和程序应当张贴在应急地点和应急指挥场所，并设有明显的标志。

生产经营单位应当制订本单位的应急预案演练计划，根据本单位的事故预防重点，每年至少组织一次综合应急预案演练或者专项应急预案演练，每半年至少组织一次现场处置方案演练。

应急预案演练结束后，应急预案演练组织单位应当对应急预案演练效果进行评估，撰写应急预案演练评估报告，分析存在的问题，并对应急预案提出修订意见。

《生产安全事故应急预案管理办法》规定：生产经营单位制定的应急预案应当至少每三年修订一次，预案修订情况应有记录并归档。

有下列情形之一的，应急预案应当及时修订：

● 生产经营单位因兼并、重组、转制等导致隶属关系、经营方式、法定代表人发生变化的；

● 生产经营单位生产工艺和技术发生变化的；

● 周围环境发生变化，形成新的重大危险源的；

● 应急组织指挥体系或者职责已经调整的；

● 依据的法律、法规、规章和标准发生变化的；

● 应急预案演练评估报告要求修订的；

● 应急预案管理部门要求修订的。

生产经营单位应当按照应急预案的要求配备相应的应急物资及装备，建立使用状况档案，定期检测和维护，使其处于良好状态。

生产经营单位发生事故后，应当及时启动应急预案，组织有关力量进行救援，并按照规定将事故信息及应急预案启动情况报告安全生产监督管理部门和其他负有安全生产监督管理职责的部门。

(5) 对奖励与处罚的有关规定

《生产安全事故应急预案管理办法》规定：对于在应急预案编制和管理工作中做出显著成绩的单位和人员，安全生产监督管理部门、生产经营单位可以给予表彰和奖励。

生产经营单位应急预案未按照本办法规定备案的，由县级以上安全生产监督管理部门给予警告，并处三万元以下罚款。

生产经营单位未制定应急预案或者未按照应急预案采取预防措施，导致事故救援不力或者造成严重后果的，由县级以上安全生产监督管理部门依照有关法律、法规和规章的规定，责令停产停业整顿，并依法给予行政处罚。

7.《国家安全监管总局关于加强基层安全生产应急队伍建设的意见》相关要点

2010 年 1 月 22 日，国家安全生产监督管理总局印发《国家安全监管总局关于加强基层安全生产应急队伍建设的意见》（安监总应急〔2010〕13 号）。《意见》指出：基层安全生产应急队伍是安全生产应急管理和生产安全事故应急救援的基础力量，是安全生产应急体系的重要组成部分，同时也是自然灾害等其他突发事件抢险救灾的重要力量。为深入贯彻落实《突发事件应对法》和《国务院办公厅关于加强基层应急队伍建设的意见》（国办发〔2009〕59 号），加强基层安全生产应急队伍建设，全面提高基层安全生产应急能力，现提出如下意见：

(1) 基本原则和建设目标

● 基本原则。坚持以安全生产专业应急队伍为骨干、以兼职安全生产应急队伍、安全生产应急志愿者队伍等其他应急力量为补充，建设覆盖所有县（市、区）、街道、乡镇的基层安全生产应急队伍体系；坚持统筹规划，各负其责，充分整合利用现有资源，建设与本地、本企业安全生产需要相适应的基层安全生产应急队伍；坚持以矿山、危险化学品应急队伍建设为重点，以处置和预防生产安全事故为主业，努力拓展抢险救灾服务功能，建设“一专多能”的基层安全生产应急队伍；坚持依靠科技进步，依靠专业装备，依靠科学管理，内练素质、外树形象，不断提高基层安全生产应急队伍整体水平。

● 建设目标。通过三年的努力，重点县（市、区）和高危行业大中型企业全部建立安全生产应急管理和救援指挥机构，其他县（市、区）以及所有社区、街道、乡镇和小型企业都有专人负责安全生产应急管理工作；县（市、区）、社区、街道、乡镇根据实际需要建立或确定本地有关高危行业（领域）安全生产专业骨干应急队伍；矿山、危险化学品等高危行业大中型企业普遍建立专职安全生产应急队伍，其他生产经营单位建立兼职安全生产应急队伍并与邻近专业应急队伍签订救援协议；安全生产专业应急队伍与其他应急队伍之间的协调配合机制进一步健全，社会安全生产应急志愿者队伍服务进一步规范，基本形成由专业队伍、辅助队伍、志愿者队伍构成的基层安全生产应急队伍体系和“统一指挥、反应灵敏、协调有序、运转高效”的基层安全生产应急工作机制，预防和处置各类生产安全事故的能力明显提高。

(2) 加强基层安全生产应急队伍体系建设

● 加强安全生产专业应急队伍建设。按照建设目标要求，大中型矿山、危险化学品等高危行业企业应当依法建立专职安全生产应急队伍（其中矿山救护队必须按照相关建设标准取得相应的资质）。

各地要根据本行政区域内矿山、危险化学品企业分布情况和企业专职应急队伍的建立情况，采取依托企业专职应急队伍或独立组建的方式，建立本行政区域安全生产骨干应急队伍，以满足本行政区域预防和处置生产安全事故的需要。地方要为骨干应急队伍配备先进适用装备，给予政策扶持，确保其健康持续发展。基层安全监管监察部门要积极配合和大力支持交通、铁路、质检、电力、建筑等部门建设基层专业应急队伍，建立和完善区域专业联防体系。各地要将矿山医疗救护体系建设纳入本地应急医疗卫生救援体系和安全生产应急救援体系之中，同步规划、同步建设。要依托本地大中型矿山企业医院建立矿山医疗救护骨干队伍，并督促指导矿山企业加强医疗救护队伍建设，将矿山医疗救护网络延伸到每一个矿山企业直至井（坑）口、车间，进一步完善三级矿山医疗救护网络。

● 强化兼职安全生产应急队伍建设。未明确要求建立专职安全生产应急队伍的生产经营单位，要建立兼职应急队伍或明确专兼职应急救援人员，并与邻近专职安全生产应急队伍签订应急救援协议。本行政区域没有矿山、危险化学品等高危行业企业的地方，要加强其他专业安全生产兼职应急队伍建设，或整合本行政区域应急救援力量组建安全生产兼职应急队伍，或依托本行政区域综合应急队伍充实安全生产应急救援力量，以满足本地生产安全事故应急工作的需要。险时，兼职应急队伍应充分发挥就近和熟悉情况的优势，在相关应急指挥机构组织下开展先期处置，组织群众自救互救，参与抢险救灾、人员转移安置、维护社会秩序，为专业应急队伍提供现场信息，引导专业应急队伍开展救援工作，并配合专业应急队伍做好各项保障，协助有关方面做好善后处置、物资发放等工作。平时，兼职应急队伍应发挥信息员作用，发现事故隐患及时报告，协助做好预警信息传递、灾情收集上报和评估等工作，参与有关单位组织的隐患排查治理。

● 加快安全生产应急志愿者队伍建设步伐。基层安全监管监察部门要充分发挥社会志愿者的作用，把具有相关专业知识和技能的志愿者纳入安全生产应急志愿者队伍。要组织对志愿者的安全生产应急知识培训和救援基本技能训练，建立规范的志愿者管理制度。要发挥志愿者的就近优势，险时立即集结到位，在相关应急指挥机构统一指挥下，组织群众疏散，协助维持现场秩序，开展家属安抚和遇险人员心理干预，收集和提供事故情况，配合开展相关辅助工作。

(3) 提高基层安全生产应急队伍装备水平

● 加强基层应急队伍装备建设。基层安全监管监察部门要对本区域应急救援技术装备配置进行统筹规划，协调和督促有关单位按照有关规程和标准规范为基层安全生产应急队伍配备充足的、先进适用的应急救援装备和器材。同时，要支持和督促本地安全生产专业骨干应急队伍配备比较先进的、必要的装备和器材，以适应本地生产安全事故救援工作的需要。

● 大力推进应急装备的技术进步。要加强应急新技术、新装备的推广、应用，不断提高应急工作的科技水平，推动事故救援现场装备的信息化、安全化、高效化。有条件的地方，要积极引进、消化国外先进的救援技术、装备，不断提高应急处置能力。

● 加强基层应急信息平台建设。基层安全监管监察部门和有关生产经营单位要加强信息化建设。要加强服务信息平台建设，利用现有的计算机终端与安全生产应急平台联网；地方要积极创造条件，针对危险源、重点部位布设电子监控设备，逐步实现对辖区内的安全生产状况的动态监控和信息、图像的快速采集、处理；生产经营单位应积极建立安全生产应急平台，重点实现监测监控、信息报告、综合研判、指挥调度等功能，实时为上级管理部门及服务区域安全生产应急基地提供相关数据、图像、语音和资料。基层安全生产应急工作机构要建立应急终端，并与基层政府和有关部门及有关生产经营单位的应急平台和系统联网，实现应急信息传递的高效、便捷，提高队伍的应急响应速度。

(4) 加强基层安全生产应急基础工作

● 加强基层应急队伍制度建设。建立健全应急值守、接警处置、预防性检查、培训考核、训练演练、装备器材维护与管理、技术资料管理、财务后勤管理等各项制度；建立各类工作记录和档案，如值班、会议、训练和演练、事故处理等记录以及装备管理、事故处理评估报告、隐患排查情况等档案资料；加强培训和训练工作，通过日常训练、培训、技术竞赛、经验交流、模拟实战演习等多种形式提高救援技能，提升实战能力。

● 加强基层应急队伍的培训和训练。各级安全监管监察部门要把基层安全生产应急人员和志愿者的教育培训纳入安全生产应急管理教育培训体系之中，分类组织对基层应急人员和志愿者进行专门培训，使基层各级各类安全生产应急人员和志愿者熟悉、掌握应急管理和救援专业知识技能，增强先期处置和配合协助专业应急队伍开展救援的能力。同时，要加强应急知识的宣传和普及，使基层应急人员和志愿者充分了解应急知识，提高组织指挥和预防事故及自救、互救能力。

● 增强基层应急救援队伍的战斗力。各级安全监管监察部门要引导基层安全生产应急救援队伍采取有力措施，不断提高战斗力。要强化理论武装、强化政治工作、强化作风锤炼，搞好思想政治和作风建设，加强事故案例分析和救援经验总结评估工作，持之以恒地开展技战术研究，不断探索应急救援的规律和有效方法，不断提高救援的科学性、实效性；开展地震、泥石流、山体滑坡、洪灾、建（构）筑物坍塌、隧道冒顶等灾害事故的应急救援技能训练，扩充配备相应装备，努力拓展救援服务功能，实现一专多能；在基层安全生产应急救援队伍中大力开展“技术比武”和“创先争优”活动等。通过一系列措施，使基层安全生产应急救援队伍的战斗力不断得到提升。

● 加强基层应急联动机制建设。基层安全监管监察部门要全面掌握本行政区域内的各类安全生产应急资源，推动建立本行政区域各类应急队伍之间、基层应急队伍与地区骨干应急队伍之间、基层应急队伍与国家级应急救援基地之间的应急联动机制。要明确安全生产应急工作各环节的主管部门、协作部门、参与单位及其职责，确立统一调度、快速运送、合理调配、密切协作的工作机制，实现应急联动。要结合实际，组织开展形式多样的、有针对性的应急演练，特别要组织开展多地区、多部门、多单位和多应急队伍参与的综合性应急演练，增强地方、部门、生产经营单位、其他社会组织及应急队伍的协同作战能力。

(5) 健全完善基层安全生产应急体制和政策措施

● 加强安全生产应急管理组织体系建设。各地要在推动市（地）、重点县（市、区）和高危行业大中型企业建立安全生产应急管理机构，并做到机构、编制、人员、经费、装备“五落实”的同时，引导促进社区、街道、乡镇按照属地管理原则，明确机构，明确人员，确保有人管、会管理、管得好。居委会、村委会等群众自治组织，要将安全生产应急管理作为自治管理的重要内容，明确落实安全生产应急管理工作责任人，做好群众的组织、动员工作。

● 建立基层应急队伍的经费保障制度。基层安全监管监察部门要将加强基层安全生产应急队伍建设作为履行政府职能的一项重要任务，融入日常各项工作中。要制定完善基层安全生产应急队伍建设标准，搞好基层安全生产应急队伍建设示范工作。要不断总结典型经验，创新工作思路，积极探索有利于推动基层安全生产应急队伍建设的有效途径和方法。各地和生产经营单位要根据本行政区域、本单位安全生产工作的特点和需要，加强安全生产应急队伍建设，把安全生产应急队伍建设纳入本行政区域、本单位年度计划和“十二五”规划中，统一规划、统一部署、统一实施、统一推进。要加大基层安全生产应急队伍经费保障力度，建立正常的经费渠道和相关制度，努力争取将基层安全生产应急队伍建设的工作经费纳入同级财政预算。

● 建立健全有利于基层应急队伍健康发展的政策措施。各省级安全监管监察部门要会同有关部门尽快完善基层安全生产应急队伍建设的财政扶持政策。要建立完善应急资源征用补偿制度、事故应急救援车辆执行应急救援任务免交过路过桥费用制度和基层应急救援有偿服务制度；要制定救援队员薪酬、津贴、着装、工伤保险、抚恤、退役或转岗安置等政策措施，解决基层安全生产应急队伍的实际困难和后顾之忧；要建立应急救援奖励制度：对在事故救援、事件处置工作中做出贡献的单位和个人要及时给予奖励和表彰，对做出突出贡献的单位和个人要联合人力资源、工会、共青团等部门和组织授予荣誉，提请政府给予表彰；要建立安全生产应急救援公益性基金，鼓励自然人、法人和其他组织开展捐赠，形成团结互助、和衷共济的好风尚。此外，要制定推进志愿者参与安全生产应急救援的指导意见，鼓励和规范社会各界从事安全生产应急志愿服务。

(6) 加强领导，落实责任，全力推进基层安全生产应急队伍建设

各级安全监管监察部门在安全生产有关行政许可审查中，要依法加强对安全生产应急队伍建设条件的审查。要审查基层生产经营单位是否有符合要求的专兼职应急管理机构、人员和应急队伍，是否与有资质的应急队伍签订了协议。同时，要建立安全生产应急队伍报备制度，及时掌握基层应急队伍建立情况，加强对应急队伍建设的指导。省级安全监管监察部门要切实加强对基层安全生产应急队伍建设的领导，经常研究，常抓不放。尤其要抓好典型示范，督促和指导辖区内市（地）、重点县（市、区）建立健全安全生产应急管理和救援指挥机构，落实工作责任，以推动基层安全生产应急队伍建设工作的更好开展，促进基层安全生产应急队伍健康快速发展。

8.《国务院安委会办公室关于贯彻落实国务院〈通知〉精神进一步加强安全生产应急救援体系建设的实施意见》相关要点

2010年11月9日，国务院安全生产委员会办公室下发《国务院安委会办公室关于贯彻落实国务院〈通知〉精神进一步加强安全生产应急救援体系建设的实施意见》（安委办〔2010〕25号)。《意见》指出：为深入贯彻落实《国务院关于进一步加强企业安全生产工作的通知》（国发〔2010〕23号）精神，切实落实企业安全生产主体责任，加快建设更加高效的安全生产应急救援体系，提出以下实施意见：

(1) 总体要求和工作目标

认真贯彻落实党中央、国务院关于加强安全生产和应急管理工作的一系列重要决策、部署、指示和国务院《通知》精神，进一步强化责任落实、工作落实、政策落实，加大投入力度，加强安全生产应急救援体系建设，不断提高安全生产应急救援的装备水平、技术水平、管理水平。从现在起到“十二五”期末，国家（区域）矿山、危险化学品应急救援队全部建成，其他重点行业（领域）应急救援队伍建设进一步加强，形成更加完善的安全生产应急救援体系；各省（区、市)、市（地、州)、重点县（市、区）安全生产应急管理（救援指挥）机构全部建立；国家、省、市三级安全生产应急平台体系建设完成，高危行业企业安全生产动态监控及预警预报预防体系普遍建立；应急救援协调联动机制更加完善；安全生产应急预案体系建立健全，质量明显提高。通过强化建设，安全生产应急管理水平和防范、应对事故灾难的能力得到明显提升。

(2) 进一步加强安全生产应急救援队伍体系建设

1）大力加强矿山应急救援队伍体系建设。

●加快国家矿山应急救援队建设步伐。依托黑龙江鹤岗、山西大同、河北开滦、安徽淮南、河南平顶山、四川芙蓉、甘肃靖远矿山救护队，抓紧建设7个国家矿山应急救援队，力争到2011年底前全部建成。要充分利用企业现有资源和条件，按照总体规划的要求，突出特长和特色，重点投入，配备国际国内先进的尤其是高精尖的应急救援装备，在搞好本企业、本地区事故救援的同时，满足跨地区、重特大且抢险救援复杂、难度大事故的快速高效救援工作的需要。与此同时，要全面加强基础设施建设，加强素质能力建设，加强体制机制和管理创新，真正建成世界一流的国家矿山应急救援队。

● 加强区域矿山应急救援队建设。在争取国家支持的同时，各依托企业要参照国家矿山应急救援队的建设原则、标准和要求，在现有基础上，进一步加强建设。国家陆地搜寻与救护平顶山基地依托企业，要加快建设进度，重点提升矿山、建（构）筑物坍塌、隧道、地下空间、泥石流等灾害应急救援能力。

● 加强省级地方骨干矿山应急救援队建设。各省（区、市）要根据本地区矿山企业分布情况和经济社会发展的需要，统筹规划，由地方和企业共同出资，依托大中型企业建设骨干矿山应急救援队，并在大型特殊救援装备配备、救援队伍运行经费等方面给予支持。

● 加强其他地方和基层矿山应急救援队建设。矿山企业特别是煤矿较多的市（地、州）、县（区、市）、乡（镇）和其他中小矿山企业集中的地方要合理规划、整合资源、因地制宜，采取企业联合、政企联合或地方有关部门单独出资方式建设专业矿山应急救援队，或依托本行政区域综合应急救援队充实矿山应急救援技术装备和人员，以满足矿山事故应急救援工作的需要。

● 加强矿山企业应急救援队建设。所有大中型矿山企业特别是煤矿都要依法建立专业应急救援队，并按照有关救援队伍建设标准，不断提升建设水平尤其是装备水平，进而提高应急救援能力；小型矿山企业要因企制宜建立专职或兼职救援队；没有建立专职应急救援队的矿山企业，必须与邻近的具备相应能力的专职应急救援队签订应急救援协议。

● 加强矿山医疗救护体系建设。在国家（区域）矿山应急救援队布点区域，建设装备精良、高水准的国家（区域）矿山医疗救护队。各地要搞好规划、加强协调，将矿山医疗救护体系建设纳入安全生产应急救援体系和医疗卫生应急体系，同步规划、同步实施、同步推进，依托当地优势医疗资源建立骨干矿山医疗救护队，提高医疗救护技术和装备水平。矿山企业要发挥矿区医疗机构的作用，将矿山医疗救护点延伸到井（坑）口，形成网络。

2）大力加强危险化学品和油气田应急救援队伍体系建设。

● 加快推进依托大型石化、石油企业建设国家（区域）危险化学品和油气田应急救援队的步伐。要在原来规划的基础上，争取国家支持，政企共同出资，依托现有中央石化、石油企业的应急救援队，建设 6 个国家危险化学品应急救援队、14 个区域危险化学品应急救援队、7 个区域油气田应急救援队和 1 个危险化学品应急救援技术咨询中心。要进一步加大投入，配备危险化学品和油气田方面相应特种专业救援装备，切实提高应急救援能力。

● 加强省级地方骨干危险化学品应急救援队建设。各省（区、市）要根据本地实际，依托有关石化企业的应急救援队，建设本地区危险化学品应急救援骨干队伍。要统筹规划，加大资金、政策支持力度，推进危险化学品地方骨干应急救援队建设。

● 加强其他地方和基层危险化学品应急救援队建设。危险化学品企业较多的市（地、州）、县（区、市）、乡（镇）和其他小型危险化学品企业集中的地区和化工园区，要因地制宜，在合理规划、节省资源的基础上，采取企业联合、政企联合或地方有关部门单独出资组建的方式，建立专业危险化学品应急救援队；或依托本行政区域综合应急救援队，充实危险化学品救援装备及人员，以满足危险化学品事故应急救援工作的需要。

● 加强企业危险化学品应急救援队建设。所有大中型危险化学品企业都要依法按照相关标准建立专业应急救援队；不具备建立专职救援队条件的其他危险化学品企业，必须建立兼职救援队；没有建立专职应急救援队的企业必须与邻近的具备相应能力的专业救援队签订应急救援协议。

3）加强其他重点行业（领域）应急救援体系建设。各建筑（隧道）施工、军工、民用爆炸物品等重点行业（领域）企业要根据有关规定和要求，加强专兼职应急救援队的建设，提高应急救援能力。按规定不需建立或不具备建立专职应急救援队条件的企业，必须与当地具备相应能力的相关专职应急救援队签订应急救援协议。各级安全监管部门要加强综合协调，大力支持公安消防、公路交通、铁路运输、水上搜救、船舶溢油、民用航空、电力等行业（领域）专业应急救援体系建设，重点是搞好规划、合理布局、增加装备、健全队伍、提升素质，形成完善的专业应急救援体系。

4）加快社会应急救援力量建设步伐。各地要高度重视社会安全生产或综合应急救援组织和志愿者组织建设工作，把具有相关专业知识、技能和装备的社会救援组织、志愿者组织纳入安全生产应急救援体系建设之中，加强引导、推动、扶持和管理，充分利用各种资源，调动各方面的积极性，组织和鼓励社会力量参与安全生产应急救援工作。

(3) 进一步加强安全生产应急管理（救援指挥）体系建设

1）加强企业安全生产应急管理（救援指挥）机构建设。大中型企业必须建立健全安全生产应急管理（救援指挥）机构。高危行业企业要设置或指定安全生产应急工作办事机构，配备专职应急工作人员，具体负责本企业的安全生产应急工作。其他各类企业要确定机构或人员负责安全生产应急工作。

2）加强省（区、市）、市（地、州）、重点县（市、区）安全生产应急管理（救援指挥）机构建设。

● 各省（区、市）、市（地、州）都要按照有关规定和要求，建立健全安全生产应急管理（救援指挥）机构，发挥其综合监管和事故救援指挥、指导、协调作用。

● 有关省级煤矿安全监察机构要按照国家安全监管总局的要求，加快组建省级煤矿安全生产应急救援机构。要结合地方和单位实际制订计划，明确工作步骤和时限，采取切实可行的措施，保证“三定”规定尽快落实到位。

● 高危企业较集中的县（市、区）要设立或明确负责安全生产应急管理（救援指挥）机构，其他县（区、市）要落实专人负责安全生产应急工作，并逐步延伸到街道、乡镇等基层政府和组织。

此外，其他各级负有安全监管职责的有关行业主管部门也要建立专门的安全生产应急管理（救援指挥）机构，或明确相关部门，设立专人专门负责此项工作。

3）进一步完善安全生产应急救援工作机制。

● 企业要全面建立健全安全生产动态监控及预报预警机制，做好安全生产事故防范和预报预警工作，做到早防御、早响应、早处置。同时，要建立重大危险源管理制度，明确操作规程和应急处置措施，实施不间断的监控。要按照国家有关规定实行重大危险源和重大隐患及有关应急措施备案制度，每月至少要进行一次全面的安全生产风险分析，加强重点岗位和重点部位监控，发现事故征兆要立即发布预警信息，采取有效防范和处置措施，防止事故发生和事故损失扩大。要积极探索与当地政府相关部门和周边企业建立应急联动机制，切实提高协同应对事故灾难的能力。

● 各级安全监管部门要在同级政府安全生产委员会框架内建立安全生产应急救援联络员会议制度，明确各成员单位安全生产应急救援工作职责分工，完善生产安全事故信息沟通机制和应急救援快速协调机制。要建立和完善区域间协同应对重特大生产安全事故的应急联动机制、安全生产应急工作机构与有关应急救援队伍之间的工作机制，并严格执行安全生产应急值守和信息报告制度，充分发挥应急平台的作用，提高应急工作效率。

● 各级安全监管部门和有关企业要与地震、气象、海洋、国土资源等部门密切配合，建立并完善预报、预警、预防机制，加强协作，有效防范和有力应对自然灾害引发的事故灾难。

(4) 进一步加强安全生产应急预案体系建设

1）要切实做到安全生产应急预案全覆盖。企业都要有应急预案，并做到所有重大危险源和重点工作岗位都有专项应急预案或现场处置方案。应急处置程序和现场处置方案要实行牌板化管理。预案中要明确规定在遇到险情时，企业生产现场带班人员、班组长和调度人员具有第一时间下达停产撤人命令的直接决策权和指挥权。

各地要根据本地区实际情况，制定生产安全事故应急预案。各级安全监管部门和其他负有安全监管职责的有关部门要制定部门应急预案。安全生产应急工作机构要全面掌握各类应急预案、队伍和资源情况，通过应急预案审查和备案，促进相关应急预案间的衔接。

2）切实提高安全生产应急预案质量。企业应急预案的编制要做到全员参与，使预案的制定过程成为隐患排查治理的过程和全员应急知识培训教育的过程。与此同时，要加强应急预案管理，适时修订完善应急预案，组织专家进行评审或论证，按照有关规定将应急预案报当地政府和有关部门备案，并与当地政府和有关部门应急预案相互衔接。

各级安全监管部门和有关部门要加强对应急预案工作的监督管理，依法将应急预案作为行业准入的必要条件。矿山企业、建筑施工企业和危险化学品、烟花爆竹、民用爆炸物品生产企业没有生产安全事故应急预案或预案未通过专家评审的，或重大危险源没有检测、评估、监控措施及应急预案的，不得颁发安全生产许可证。

3）切实开展好安全生产应急演练和培训工作。

● 企业要建立应急演练制度，每年都要结合本企业特点至少组织一次综合应急演练或专项应急演练；高危行业企业每半年至少组织一次综合或专项应急演练；车间（工段）、班组的应急演练要经常化。演练结束后要及时总结评估，针对发现的问题及时修订预案、完善应急措施。

●其他各级负有安全监管职责的有关部门每年要至少组织一次针对本行业（领域）主要特点和易发生事故环节的专业应急演练或综合性演练。

●各级安全监管部门要结合本地区工作实际，会同有关部门，每年至少组织一次安全生产应急演练。

●在搞好预案演练的同时，加强应急培训，提高企业各级管理人员和全体员工的应急意识和应急处置、避险、逃灾、自救、互救能力。

(5) 进一步加强安全生产应急救援装备和保障能力建设

1）大力加强安全生产应急平台体系建设。

●企业要充分利用和整合调度指挥、监测监控、办公自动化系统等现有信息系统建立应急平台。要建立健全应急预案、重大危险源和各类应急资源的数据库，实现快速预警研判、科学决策指挥，并与地方政府和有关部门应急平台互联互通。

●各省（区、市）、市（地、州）和重点县（市、区）要在“十二五”前期完成安全生产应急平台建设。要结合自身实际，充分利用现有资源，开发和完善应急保障、模拟推演、监测预警、辅助决策、指挥调度等应用系统；要建立健全应急预案、重大危险源和应急资源数据库，要建立健全工作流程、操作程序、联动机制，加强人员培训。通过努力，提高应急平台应用和管理水平。

●尚未建设安全生产应急平台的地区、部门和单位要进一步完善规划和设计，加强与相关部门的协调配合，加大投入，加快建设步伐，并尽快向下延伸。经过努力，力争到“十二五”期末，形成国家、省（区、市）、市（地、州）、重点县（市、区）和重点企业相互连通的应急平台体系。

2）大力加强安全生产应急救援装备和物资储备体系建设。

●企业要针对本企业事故特点加大应急救援装备及物资储备力

度，尤其是重点工艺流程中应急物料、应急器材、应急装备和物资的准备。

● 各地区、各有关部门要切实加强安全生产应急物资储备工作，坚持实物储备与生产能力储备相结合，社会化储备与专业化储备相结合，针对易发事故的特点，在指定有关单位储备必要的应急装备物资和指定相关应急装备、物资生产企业储备一定的生产能力的基础上，建立专门的应急装备物资储备网点。在国家（区域）应急救援队储备一定的大型特种救援装备和相关物资。要努力形成多层次的应急救援装备和物资储备体系，确保应对各种事故，尤其是重、特大且救援复杂、难度大的生产安全事故应急救援的装备和物资需要。

● 各地区、各有关部门和单位要建立健全安全生产应急装备和物资储备与调运机制，确保储备到位、调运顺畅、及时有效、发挥作用。

3）大力推进安全生产应急救援技术进步。

● 有关应急装备和物资生产企业、科研机构要搞好产学研结合，加强应急救援新技术、新材料、新装备的研发，坚持以应急救援需求为导向，自主创新和引进消化吸收相结合，形成强有力的安全生产应急救援科技原始研发、创造创新、成果转化能力和机制。

● 各地区、各有关部门要大力支持和培育安全生产应急救援专用设备科研设计单位和制造产业，扶持在应急救援领域拥有自主知识产权和核心技术的重点单位，充分发挥他们的作用。要下大气力强制淘汰落后的应急救援技术和装备，积极推广应用先进适用的应急救援技术和装备。

● 各地区、各有关部门和单位要根据需要，积极引进、采用先进适用的应急救援技术装备，尤其是国家（区域）矿山、危险化学品应急救援队所在单位要加大投入，引进采用高效快速救援钻机、大型排水设备、大型清障支护设备、快速灭火、堵漏、洗消设备以及人员避险、搜寻、定位等装备，提高安全保障和应急救援能力。

(6) 建立并落实进一步加强安全生产应急救援体系建设的保障措施

1）进一步加强安全生产应急工作法制建设。

● 要在贯彻落实好《安全生产法》《突发事件应对法》等法律、法规的同时，积极配合有关部门，推动《安全生产应急管理条例》的出台，并结合应急工作实际情况，研究制定相关规章和配套措施，进一步强化安全生产应急工作的法制保障。

● 企业要将安全生产应急工作规章制度建设作为企业安全生产管理的重要组成部分，制定完善事故预防、预测、预警和应急值守、信息报告、现场处置、应急投入、物资保障等规章制度。

● 地方各级安全监管部门要积极协调，促进建立健全地方性安全生产应急管理法规规章。要加强与公安、交通运输、民政等部门的配合，充分利用现有法规规定，协商解决安全生产救援车辆快速通行、事故救援中救援人员牺牲后荣誉待遇等问题。

● 各级安全监管部门和其他负有安全监管职责的有关部门要进一步加强安全生产行政执法，将有关安全生产应急工作的内容纳入安全生产行政执法内容之中。对没有依法开展安全生产应急管理工作的，要严厉处罚，并严把市场准入和行政许可关。通过执法，推进安全生产应急工作的更好开展。

2）加强安全生产应急救援体系建设规划工作。

● 企业要把安全生产应急救援队伍建设纳入企业发展战略、发展规划和总体工作部署中，与企业建设、生产、经营、改革和发展统一规划、统一部署、统一实施。

● 各级安全监管部门要将安全生产应急救援体系建设内容纳入安全生产"十二五"规划、纳入本地区经济社会发展"十二五"规划。要采取有效措施，督促和推动企业将安全生产应急救援队伍建设纳入企业年度和中长期发展规划。

● 其他各级负有安全监管职责的有关部门也要按照有关要求，

编制好“十二五”期间安全生产应急救援体系建设规划和实施工作方案。

3）研究制定并落实安全生产应急工作政策措施。

● 企业要充分利用国家对安全生产专用设备所得税优惠、安全生产费用税前扣除等财税支持政策。在年度预算中必须保证应急救援装备、设施和演练、宣传、培训、教育等投入，提高救护队员的工资福利及其他相关待遇。

● 要充分利用好国家在安全生产和应急救援方面的投入政策，管好用好资金，坚持建设与节约并重原则，充分发挥投资效益。

● 各级安全监管部门要协调有关部门抓紧研究制定安全生产应急救援体系建设的财政扶持政策，将安全生产应急救援经费纳入本级财政预算，建立应急救援专项资金。要会同物价部门研究制定有偿实施应急救援服务和应急征用补偿政策，监督高危行业企业每年向签约救护队缴纳技术服务和应急救援服务费，协调事故发生地有关部门督促事故企业向救护队支付事故救援费用，企业无力承担救援费用的，由地方有关部门予以补偿；要建立并落实安全生产费用提取、安全生产全员风险抵押、安全生产责任保险等政策。要加强对企业安全生产应急投入的监督检查。

4）切实加强国际交流与合作。各级安全监管部门和其他各级负有安全监管职责的有关部门及各级各类安全生产应急救援队伍要不断加强国际交流与合作，积极参加各类国际救援技术竞赛和相关活动，有计划地组织到有关国家（地区）考察与培训，学习借鉴国际上特别是先进国家的应急理念、经验和技术，不断改进创新我国的安全生产应急工作。

5）进一步加强领导、落实责任、强力推进。各地区、各有关部门和单位要高度重视安全生产应急救援体系建设，加强领导，落实责任，结合实际认真制定本地区、本部门、本单位贯彻落实《国务院通知》精神和本实施意见的具体措施，并强力加以推进，保障各项任务、要求落实到位，推动安全生产应急救援体系建设工作不断加强，事故应急救援能力不断提高，为全国安全生产形势持续稳定好转做出贡献。同时，要不断推动各级各类安全生产应急救援队伍切实加强思想政治建设、技术业务建设和作风建设，不断提高战斗力，做到关键时候拉得出、冲得上、打得赢。

9.《生产经营单位生产安全事故应急预案评审指南（试行）》相关要点

2009 年 4 月 29 日，国家安全生产监督管理总局办公厅印发《生产经营单位生产安全事故应急预案评审指南（试行）》（安监总厅应急〔2009〕73 号）（以下简称《评审指南》）。依据《生产经营单位安全生产事故应急预案编制导则》（以下简称《导则》）编制《评审指南》，是为了贯彻实施《生产安全事故应急预案管理办法》（国家安全监管总局令第 17 号），指导生产经营单位做好生产安全事故应急预案评审工作，提高应急预案的科学性、针对性和实效性。

《评审指南》主要内容如下：

（1）评审方法

应急预案评审采取形式评审和要素评审两种方法。形式评审主要用于应急预案备案时的评审，要素评审用于生产经营单位组织的应急预案评审工作。应急预案评审采用符合、基本符合、不符合三种意见进行判定。对于基本符合和不符合的项目，应给出具体修改意见或建议。

● 形式评审。依据《导则》和有关行业规范，对应急预案的层次结构、内容格式、语言文字、附件项目以及编制程序等内容进行审查，重点审查应急预案的规范性和编制程序。应急预案形式评审的具体内容及要求，见附件 1。

● 要素评审。依据国家有关法律法规、《导则》和有关行业规范，从合法性、完整性、针对性、实用性、科学性、操作性和衔接性等方面对应急预案进行评审。为细化评审，采用列表方式分别对应急预案的要素进行评审。评审时，将应急预案的要素内容与评审表中所列要素的内容进行对照，判断是否符合有关要求，指出存在的问题及不足。应急预案要素分为关键要素和一般要素。应急预案要素评审的具体内容及要求，见附件2、附件3、附件4、附件5。

关键要素是指应急预案构成要素中必须规范的内容。这些要素涉及生产经营单位日常应急管理及应急救援的关键环节，具体包括危险源辨识与风险分析、组织机构及职责、信息报告与处置和应急响应程序与处置技术等要素。关键要素必须符合生产经营单位实际和有关规定要求。一般要素是指应急预案构成要素中可简写或省略的内容。这些要素不涉及生产经营单位日常应急管理及应急救援的关键环节，具体包括应急预案中的编制目的、编制依据、适用范围、工作原则、单位概况等要素。

(2) 评审程序

应急预案编制完成后，生产经营单位应在广泛征求意见的基础上，对应急预案进行评审。

● 评审准备。成立应急预案评审工作组，落实参加评审的单位或人员，将应急预案及有关资料在评审前送达参加评审的单位或人员。

● 组织评审。评审工作应由生产经营单位主要负责人或主管安全生产工作的负责人主持，参加应急预案评审人员应符合《生产安全事故应急预案管理办法》要求。生产经营规模小、人员少的单位，可以采取演练的方式对应急预案进行论证，必要时应邀请相关主管部门或安全管理人员参加。应急预案评审工作组讨论并提出会议评审意见。

● 修订完善。生产经营单位应认真分析研究评审意见，按照评审意见对应急预案进行修订和完善。评审意见要求重新组织评审的，生产经营单位应组织有关部门对应急预案重新进行评审。

● 批准印发。生产经营单位的应急预案经评审或论证，符合要求的，由生产经营单位主要负责人签发。

(3) 评审要点

应急预案评审应坚持实事求是的工作原则，结合生产经营单位工作实际，按照《导则》和有关行业规范，从以下七个方面进行评审。

● 合法性。符合有关法律、法规、规章和标准，以及有关部门和上级单位规范性文件要求。

● 完整性。具备《导则》所规定的各项要素。

● 针对性。紧密结合本单位危险源辨识与风险分析。

● 实用性。切合本单位工作实际，与生产安全事故应急处置能力相适应。

● 科学性。组织体系、信息报送和处置方案等内容科学合理。

● 操作性。应急响应程序和保障措施等内容切实可行。

● 衔接性。综合、专项应急预案和现场处置方案形成体系，并与相关部门或单位应急预案相互衔接。

有关部门应急预案的评审工作可参照本指南。

附件：1. 应急预案形式评审表；2. 综合应急预案要素评审表；3. 专项应急预案要素评审表；4. 现场处置方案要素评审表；5. 应急预案附件要素评审表。（略）

10. 《生产安全事故应急演练指南》相关要点

2011 年 4 月 19 日，国家安全生产监督管理总局发布安全生产行业标准《生产安全事故应急演练指南》（AQ/T 9007—2011），自 2011 年 9 月 1 日起施行（国家安全生产监督管理总局公告 2011 年第 16 号）。

《生产安全事故应急演练指南》分为范围、规范性引用文件、术语和定义、应急演练目的、应急演练原则、应急演练类型、应急演练内容、综合应急演练组织与实施、应急演练评估与总结、演练资料归档、持续改进等部分，主要内容如下：

（1）适用范围

《生产安全事故应急演练指南》规定了生产安全事故应急演练的目的、原则、类型、内容和综合应急演练的组织与实施。其他类型演练的组织与实施，可根据演练规模和复杂程度参照本标准进行。本标准适用于针对生产安全事故所开展的应急演练活动。

（2）应急演练目的

应急演练目的主要包括：

● 检验预案。发现应急预案中存在的问题，提高应急预案的科学性、实用性和可操作性。

● 锻炼队伍。熟悉应急预案，提高应急人员在紧急情况下妥善处置事故的能力。

● 磨合机制。完善应急管理相关部门、单位和人员的工作职责，提高协调配合能力。

● 宣传教育。普及应急管理知识，提高参演和观摩人员风险防范意识和自救互救能力。

● 完善准备。完善应急管理和应急处置技术，补充应急装备和物资，提高其适用性和可靠性。

（3）应急演练原则

应急演练应符合以下原则：

● 符合相关规定。按照国家相关法律、法规、标准及有关规定组织开展演练。

● 切合企业实际。结合企业生产安全事故特点和可能发生的事故类型组织开展演练。

● 注重能力提高。以提高指挥协调能力、应急处置能力为主要出发点组织开展演练。

● 确保安全有序。在保证参演人员及设备设施安全的条件下组织开展演练。

(4) 应急演练类型

应急演练按照演练内容分为综合演练和单项演练，按照演练形式分为现场演练和桌面演练，不同类型的演练可相互组合。

(5) 应急演练内容

● 预警与报告。根据事故情景，向相关部门或人员发出预警信息，并向有关部门和人员报告事故信息。

● 指挥协调。根据事故情景，成立应急指挥部，调集应急救援队伍等相关资源，开展应急救援行动。

● 应急通信。根据事故情景，在应急救援相关部门或人员之间进行音频、视频信号或数据信息互通。

● 事故监测。根据事故情景，对事故现场进行观察、分析或测定，确定事故严重程度、影响范围和变化趋势等。

● 警戒管制。根据事故情景，建立应急处置现场警戒区域，实行交通管制，维护现场秩序。

● 疏散安置。根据事故情景，对事故可能波及范围内的相关人员进行疏散、转移和安置。

● 医疗卫生。根据事故情景，调集医疗卫生专家和卫生应急队伍开展紧急医学救援，并开展卫生监测和防疫工作。

● 现场处置。根据事故情景，按照相关应急预案和现场指挥部要求对事故现场进行控制和处理。

● 社会沟通。根据事故情景，召开新闻发布会或事故情况通报会，通报事故有关情况。

● 后期工作。根据事故情景，应急处置结束后，开展事故损失评估、事故原因调查、事故现场清理和相关善后工作。

● 其他。根据相关行业（领域）安全生产特点所包含的其他应急功能。

(6) 综合应急演练组织与实施

● 演练计划应包括演练目的、类型（形式）、时间、地点、演练主要内容、参加单位和经费预算等。

● 综合演练通常成立演练领导小组，下设策划组、执行组、保障组、评估组等专业工作组。根据演练规模大小，其组织机构可进行调整。

● 演练工作方案内容主要包括：应急演练目的及要求、应急演练事故情景设计、应急演练规模及时间、参演单位和人员主要任务及职责、应急演练筹备工作内容、应急演练主要步骤、应急演练技术支撑及保障条件、应急演练评估与总结。

● 根据需要，可编制演练脚本。演练脚本是应急演练工作方案具体操作实施的文件，帮助参演人员全面掌握演练进程和内容。演练脚本一般采用表格形式，主要内容包括：演练模拟事故情景，处置行动与执行人员，指令与对白、步骤及时间安排，视频背景与字幕，演练解说词等。

● 评估方案。演练评估方案通常包括：演练信息，如应急演练目的和目标、情景描述，应急行动与应对措施简介等；评估内容，如应急演练准备、应急演练组织与实施、应急演练效果等；评估标准，如应急演练各环节应达到的目标评判标准；评估程序，如演练评估工作主要步骤及任务分工；附件，如演练评估所需要用到的相关表格等。

● 保障。针对应急演练活动可能发生的意外情况制定演练保障方案或应急预案，并进行演练，做到相关人员应知应会，熟练掌握。演练保障方案应包括应急演练可能发生的意外情况、应急处置措施及责任部门、应急演练意外情况中止条件与程序等。

● 观摩手册。根据演练规模和观摩需要，可编制演练观摩手册。演练观摩手册通常包括应急演练时间、地点、情景描述、主要环节及演练内容、安全注意事项等。

(7) 应急演练评估与总结

● 现场应急演练结束后，评估人员或评估组负责人在演练现场对演练中发现的问题、不足及取得的成效进行口头点评。

● 书面评估人员针对演练中观察、记录以及收集的各种信息资料，依据评估标准对应急演练活动全过程进行科学分析和客观评价，并撰写书面评估报告。评估报告重点对演练活动的组织和实施、演练目标的实现、参演人员的表现以及演练中暴露的问题进行评估。

● 总应急演练结束后，演练组织单位应根据演练记录、演练评估报告、应急预案、现场总结等材料，对演练进行全面总结，并形成演练书面总结报告。报告可对应急演练准备、策划等工作进行简要总结分析。参与单位也可对本单位的演练情况进行总结。演练总结报告的内容主要包括：演练基本概要，演练发现的问题、取得的经验和教训，应急管理工作建议。

(8) 演练资料归档

● 应急演练活动结束后，演练组织单位应将应急演练工作方案、应急演练书面评估报告、应急演练总结报告等文字资料，以及记录演练实施过程的相关图片、视频、音频等资料归档保存。

● 对主管部门要求备案的应急演练资料，演练组织单位应及时将相关资料报主管部门备案。

(9) 持续改进

● 预案修订完善。根据演练评估报告中对应急预案的改进建议，由应急预案编制部门按程序对预案进行修订完善。

● 应急管理工作改进。应急演练结束后，演练组织单位应根据应急演练评估报告、总结报告提出的问题和建议，对应急管理工作（包括应急演练工作）进行持续改进。演练组织单位应督促相关部门和人员，制订整改计划，明确整改目标，制定整改措施，落实整改资金，并跟踪督查整改情况。

11.《卫生部办公厅关于印发突发中毒事件卫生应急处置15个技术方案的通知》相关要点

2011年7月6日，卫生部发出卫生部办公厅《关于印发突发中毒事件卫生应急处置15个技术方案的通知》(卫办应急发〔2011〕94号)。《通知》指出，为指导各地规范、有效地开展常见突发中毒事件卫生应急处置工作，卫生部组织制定了氨、氯气、硫化氢、砷化氢、一氧化碳、单纯窒息性气体、苯及苯系物、甲醇、氰化物、亚硝酸盐、盐酸克仑特罗、有机磷酸酯类杀虫剂、抗凝血类杀鼠剂、致痉挛性杀鼠剂14类常见毒物急性中毒事件卫生应急处置技术方案和《突发中毒事件卫生应急处置人员防护导则》。

在《突发中毒事件卫生应急处置人员防护导则》中，对编制目的、编制依据、适用范围、疾病预防控制机构承担的相关工作内容、卫生监督机构承担的相关工作内容、医疗机构承担的相关工作内容、突发中毒事件的危险度分级和现场分区、医疗卫生应急人员的防护等级及装备要求、医疗卫生应急人员的防护培训与训练等事项作了规定。

● 编制目的。指导医疗卫生应急人员在应对和处置突发中毒事件中正确地选用个体防护装备，合理储备个体防护装备。

● 编制依据。《卫生部突发中毒事件卫生应急预案》、GB 2626—2006《呼吸防护用品　自吸过滤式防颗粒物呼吸器》、GB 2890—2009《呼吸防护　自吸过滤式防毒面具》、GB/T 18664—2002《呼吸防护用品的选择、使用与维护》、GB 24539—2009《防护服装　化学防护服通用技术要求》、NIOSH呼吸器认证标准以及CE认证呼吸器标准等。

● 适用范围。用于各类突发中毒事件的卫生应急工作。医疗卫生应急人员是指承担突发公共事件的医疗卫生救援任务的各级各类医疗卫生机构的工作人员，医疗卫生机构包括医疗急救中心(站)、综合医院、专科医院、化学中毒专业医疗救治机构、疾病预防控制机构和卫生监督机构。

主要参照国务院编制委员会对中国疾病预防控制中心及卫生部相关司局职能批复文件，依据《突发公共卫生事件应急条例》《国家突发公共事件总体应急预案》《国家突发公共卫生事件应急预案》《国家突发公共事件医疗卫生救援应急预案》《卫生部突发中毒事件卫生应急预案》以及相关法规的规定，并参照国务院编制委员会对卫生部门的职能划分，将各类卫生应急机构在突发中毒事件卫生应急中的职责进行分解。

● 医疗卫生应急人员的防护培训与训练。

防护培训与训练内容包括：个体防护装备的防护原理；等级防护装备的组成、适用范围、局限性；个体防护装备的选配、使用和维护方法；个体防护装备适合性检查方法，确定每个人员选用装备型号和有效性。

建立防护训练制度。确保每人能够熟练佩戴和摘脱个体防护装备，了解在防护条件下实施处置作业的能力，掌握对装备使用过程中突发故障的紧急处理方法。

建立定期检查和维护制度。确保配备的个体防护装备保持良好的使用状态，并随时可用。

建立考评制度。将队伍和人员的防护考核列入应急质量管理体系。

企业应急救援与应急处置管理相关政策法规评述

我国是一个幅员辽阔、人口众多的国家，各种自然灾害、事故灾难、公共卫生事件和社会安全事件不时发生，这些突发事件的发生，会严重影响经济、社会的可持续发展。面对可能发生的突发事件，应树立有备无患的思想，加强应急救援与应急处置管理，有效应对，最大限度地减少人员伤亡和财产损失，使企业和社会在灾害中受到的破坏得以减轻到最低程度。

(1) 我国面临的灾害形势与挑战

2008 年 5 月 12 日在我国发生的汶川大地震，带给我们的有伤痛，也有警醒。自 2009 年起，经国务院批准，每年的 5 月 12 日为全国“防灾减灾日”。我国之所以将汶川大地震发生之日设定为“防灾减灾日”，意在提醒国民更加重视自然灾害，唤起社会各界对防灾减灾工作的高度关注，增强全社会防灾减灾意识，推动全民防灾减灾知识和避灾自救技能的普及推广，加强防灾减灾工作的针对性，普遍提高各级综合减灾能力，最大限度地减轻自然灾害的损失。

我国是世界上自然灾害最严重的国家之一。自然灾害种类多、分布范围广、发生频率高，并呈现出多灾并发、群发和集中爆发的特征。一些历史罕见的重特大自然灾害近年来频繁发生，灾害损失持续加重，严重影响了经济发展和民生改善。以地震灾害为例，我国地震多、强度大、分布广、震源浅、灾害重，大多数省份发生过5级以上的破坏性地震。本世纪以来，全球共发生13次8级以上地震，仅有的2次大陆8级地震都发生在我国。我国地震死亡人数为全球之冠，20世纪全球地震死亡约为120万人，我国占了一半，约为60万人。据统计，1990—2009年的20年间，我国因灾直接经济损失占国内生产总值的2.48%，平均每年约有1/5的国内生产总值增长率因自然灾害损失而抵消。目前，随着工业化、城镇化、市场化的发展，人口、资源和环境问题日益严峻，经济社会发展与自然灾害的相互耦合影响更加突出。近年来，我国工业化和城镇化进程明显加快，城镇人口密度增加，各种安全生产事故也不断增加。

近几年来，国家先后制定了一系列应对各种自然灾害、事故灾难、公共卫生事件和社会安全事件的法律法规、政策措施，明确了应对突发事件的方针、政策。安全监督和管理工作是安全生产活动的重要内容，安全生产管理的对象为风险，即为灾害风险，而不仅仅是生产过程中存在的工业事故风险。这就要求掌握自然灾害、人为灾害的相关知识和防灾减灾基本措施，通过对相关知识的了解，增强全社会的防灾减灾意识，推动全民防灾减灾知识和避灾自救技能的普及推广，提高综合减灾能力，最大限度地减轻灾害带来的损失。

(2) 大力推进安全生产应急救援体系建设

党中央、国务院高度重视应急管理工作，把加强应急管理作为全面落实科学发展观、构建社会主义和谐社会的重要内容，并做出了一系列重大战略部署。2007年11月颁布实施的《突发事件应对法》，对加强各级政府和各类企业应急管理工作，特别是加强应急救援队伍建设，提出了明确要求。安全生产应急救援队伍是国家突发公共事件应急救援力量的重要组成部分，是事故灾难应急救援的主要力量。安全生产应急救援体系建设工作作为应急管理工作的重点。

近年来，各地区、各有关部门和生产经营单位认真贯彻党中央、国务院的决策和部署，高度重视，结合各自实际，以救援能力建设为重点，采取有力措施，全面加强安全生产应急救援体系建设，取得了新的进展。

一是安全生产应急救援队伍不断壮大。近年来，我国安全生产应急救援队伍规模不断扩大，与2004年相比，救援人员总数从25万人增加到约34万人，增长了36%。其中，矿山救援队伍从1.43万人增加到2.45万人，增长了71.3%；铁路救援队伍从0.43万人增加到2.1万人，增长了3.9倍；公安消防队伍从12万人增加到13.8万人，增长了15%；危险化学品救援队伍也有所增加。

二是高危行业安全生产应急救援体系建设力度不断加大。在各级政府有关部门和基地依托单位的共同努力下，57个国家救援基地的建设取得了很大进展，基础设施、技术装备、信息系统、培训演练设施和场地等方面有了很大改善。目前，国家矿山、危化救援基地办公用房、培训用房、设备库房、车库等各类房屋面积总计达到33万平方米，矿山救援车辆400余辆，危化救援车辆300余辆，个人防护装备、救援装备、破拆装备、侦检设备、通信器材等各类救援装备8000余台（套），基本形成了覆盖全国，能够应对特别重大、复杂事故的区域救援能力。目前一个功能完善、设施齐全、装备精良、环境优美，集训练、演习、培训为一体的综合救援基地已经建成，大大提高了队伍的作战能力。

三是安全生产应急救援队伍素质不断提高。近年来，由于采取了一系列措施，狠抓队伍素质的提升工作，成效日益显现，已形成了较为完备的矿山、危化救援队伍培训考核体系，编制了统一的培训大纲、教材等。矿山救援队伍指战员基本都能够按照国家有关要求，参加不同层次的培训，同时坚持开展日常培训；各危化救援队伍规范地制订了年度培训计划，定期对指战员进行培训，开展了包括灭火、危化品堵漏、气体防护、生产装置及工艺知识等的较为全面的培训；一些地方相关部门已经开始统一组织本地区危化救援队伍指战员的培训工作。许多企业还在组织救援队伍内部演练的基础上，每年举行一次企业各单位、各工种共同参加的综合应急演练。

由于安全生产应急救援队伍战斗力的提高和功能的扩展，安全生产应急救援队伍的作用越来越大，救援成效越来越显著，这已经通过许多应急救援事例得到证明。

(3) 转变观念，增强做好应急救援体系建设工作的主动性

思想是行动的先导。要推动安全生产应急救援体系实现科学发展，首先要解放思想、转变观念。只有彻底转变不符合、不适应科学发展观要求的思想观念，跳出固有的陈旧的思想束缚，才能创新工作思路，做到有所突破、有所创造、有所前进、有所提高，才能推动安全生产应急救援体系建设工作的顺利发展。

一要彻底转变等、靠、要的观念。在安全生产应急救援体系建设上，等、靠、要的思想比较普遍，在一些地方、单位还比较严重，总是在等待上级给资金、等待政府给政策、等待外部给条件，这种思想的实质是没有从科学发展、安全发展的高度来认识和对待安全生产应急救援体系建设工作。要努力树立并落实科学发展观，尽快把思想转变到不等不靠、立足自我、加大投入、加强建设上来。中石油、中石化、汾西矿业等一些单位成功经验证明，只要彻底转变等、靠、要的观念，站在长远、全局、战略的高度来认识和对待安全生产应急救援体系建设，从以人为本、安全发展的大局出发，从本地区、本单位自身发展的需要出发，就能提高工作主动性、自觉性、创造性，就能做好安全生产应急救援体系建设工作。

二要彻底转变重救援轻防范的观念。一些地方和单位把应急管理工作的重点放在事故救援上，认为没有出现事故，应急管理工作就无事可干。这种思想认识上的偏差，会导致应急管理工作的路越走越窄。安全生产应急管理工作更要强调预防为主，没有事前的事故预防，应急救援就会疲于奔命，陷入被动；没有事前的应急管理，事故总量就难以下降。因此，做好事前的防范、管理、准备、预警工作，是应急管理的出发点和落脚点，也是有效施救的保障。所以，要关口前移，将重点放在事前的事故防范和日常应急管理上来。

三要彻底转变畏难的观念。安全生产应急管理工作起步晚，存在着许多困难，致使一些地方和单位出现了畏难情绪。要坚定信念，充分看到开展安全生产应急救援体系建设的有利因素，正视困难、树立信心、开拓前进。目前国家所制定的法律法规、部门规章以及标准规范，为做好安全生产应急管理工作提供了强大的法治保障，面对各种困难，需要迎难而上，充分利用现有条件，千方百计挤资金、压辅助、保救援，坚定不移地推动安全生产应急救援体系建设工作的更好开展。

二、企业应急救援与应急处置管理做法与经验

事故的发生往往具有偶然性的特点。从本质上讲，事故属于在一定条件下，有可能发生，也可能不发生，随时间推进产生的某些意外情况而显现的随机事件。事故还通常具有衍生性和传导性，如果事故发生的初期未能得到有效控制，极有可能引发多米诺骨牌效应，造成事故的传播和扩大。由于事故具有偶然性和突发性，往往在意想不到的时间、地点，以人们意想不到的方式发生。而应急救援活动的复杂性在于，需要事先预想事故原因、发生过程，并且需要事先设想应对措施，规划应对的方法、步骤。此外，应急救援活动的复杂性还在于，事故发生后，众多来自不同单位的人员参与处置活动时，在信息沟通、物资供应、人员行动、协调指挥等方面可能存在组织和管理的问题。因此，应急救援活动不仅需要企业内部之间的协调，还需要企业外部之间的协调，这就需要事先进行规划，制定好切合企业实际情况的应急预案，需要多设想问题，多进行演练，及时发现问题，不断改进和完善。

（一）企业应急救援与应急处置管理做法与经验

1. 中国海油公司采取“四位一体”应急管理模式的做法

中国海洋石油总公司成立于1982年，注册资本949亿元人民币，现有员工6.85万人，是中国最大的海上油气生产商。中国海油总公司自成立以来一直保持了良好的发展态势，目前已经发展成为主业突出、产业链完整的综合型企业集团，形成了油气勘探开发、专业技术服务、化工化肥炼化、天然气及发电、金融服务、综合服务与新能源六大良性互动的产业板块，公司的综合实力、核心竞争力、社会影响力稳步提升。

为了在面对突发事件时能够科学、快速、有效地处理，控制事态进一步发展，尽可能将损失降低到最小程度，中国海油确立“以人为本、安全第一”的应急管理原则，以危害辨识与风险评价为基础，以全面、系统抵御风险为核心，以“四位一体”的应急预案、应急指挥中心、应急管理信息系统、应急救援队伍为基本框架，开展了以三级应急管理、三级应急响应、全员参与、全过程管理为特点的全面应急管理体系建设。

中国海油公司采取“四位一体”应急管理模式的做法主要是：

(1) 确立全面应急管理体系建设指导思想和原则

为实现建设国际一流能源公司的战略目标和践行健康安全环保管理理念，依据危机事件从爆发到引起组织、社会、政府协同应对的发展规律，中国海油结合公司实际情况，确立了全面应急管理体系建设的指导思想和原则。

● 指导思想。以邓小平理论和“三个代表”重要思想为指导，全面落实科学发展观，以系统的风险分析为基础，坚持以人为本、预防为主，加强应急预案系统、应急指挥系统、应急信息系统和专业应急救援队伍的建设，通过培训和演练，全面提升中国海油系统抵御风险的能力，最大程度降低突发事件的影响，保持公司的可持续发展。

● 基本原则。一是以人为本，安全第一。保障公司员工和社会公众的生命安全是突发事件应急响应的根本出发点，重要性排序为人、环境、财产、工作进度。二是平战结合，有序运转。即平时和危机状态下各项工作要能有效转换，当应对突发事件时，仍能保持其他生产经营活动的正常运转。在平时注意预防工作，保持常态危机意识，常备不懈。面对突发事件时，各级应急机构能科学、快速、简捷、有效地处理，采取一切必要的措施，控制事态的进一步发展，防止事件的进一步恶化，尽可能将损失降低到最小程度。三是分级响应，统一协调。分级响应是指作业单位、公司各所属单位及公司北京总部三级响应。各级指挥人员职责明确，强调第一反应及以现场应急、现场指挥为主，从初级响应到扩大应急的过程中实行分级响应，扩大应急级别的主要依据是突发事件的危害程度、影响范围和控制事态能力。统一协调是指对现场作业单位和其上级单位强调现场指挥、场内指挥，公司总部应急响应则以场外协调为主。一旦启动上一级的应急响应系统，则所有的应急活动必须在应急指挥系统的统一组织协调下行动，有令则行，有禁则止，统一号令，步调一致。四是信息及时，坦诚公布。及时坦诚地面向公众和媒体，在信息不完整的情况下，向各层次的利益相关方提供阶段性信息，主动联系政府，依靠社会，通过社会资源共同应对危机。

(2) 构建“四位一体”全面应急管理体系

在“以人为本、系统抵御风险”理念的指导下，中国海油在应急系统建设时，综合考虑了国家、行业、企业对应急管理的需求，强调事前、主动、系统地防灾应灾，不断加强能力建设，而不是单纯地被动应对，注重有分有合的应急体系构建，注重指导性的应急管理制度和指南的编撰，注重应急管理信息系统和应急能力体系建设，以形成独特的海洋石油应急管理体系。

中国海油应急管理体系包括应急预案系统、应急指挥系统、应急管理信息系统和应急救援队伍 4 个部分（见图 1）。应急预案系统是中国海油应急管理的基础，总公司危机管理预案是中国海油应急管理的纲领性文件，系统化管理的所有内容都囊括其中，它主要包含两方面的内容：规范总公司危机管理程序；指导和规范各单位开展应急管理工作。应急指挥系统是中国海油实施三级应急管理的指挥平台网，同时保持和政府各级应急指挥机构的互联互通，是国家应急组织的有机组成部分；应急管理信息系统包括人员、装备、环境、生产数据等十多个动态和静态的信息子系统，为科学决策和高效处置提供了有力的辅助支持；应急救援队伍为应急方案的实施提供了强有力的保障。四者各自独立又互为支撑，既保证覆盖应急管理的所有要素，又体现中国海油企业管理的先进性，共同构成中国海油“四位一体”全面的应急管理体系。

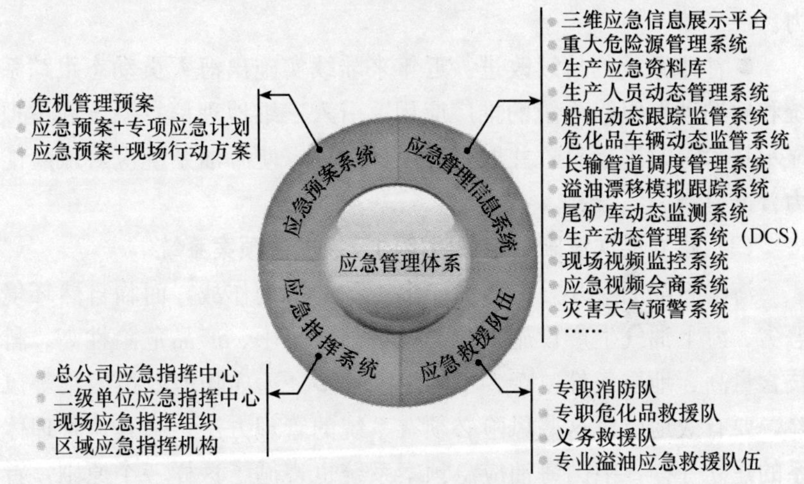

图 1　中国海油应急管理体系框架图

中国海油应急管理体系化的含义包括三个方面。

● 有分有合的三级应急管理体系。在公司总部、分公司、作业现场职责划分上，首先强调分公司以作业现场为主，发挥地方的主导性作用。只有当分公司无力独自解决问题并寻求帮助时，公司总部才会提供相应的支持。不同层级有不同的决策权和决策重点，公司总部要考虑的是企业声誉的影响，做出合理的资源调配的安排，分公司则要把重心放在具体事件有效的应对上。

● 将应急管理所有相关信息和人员纳入关注范畴，形成一个有机运作的系统。首先是通过全面的危害辨识、脆弱性分析、风险分析和应急能力评估，把重大危险源、人员动态、设备设施动态、应急资源动态、灾害性天气等所有与应急相关的动态和静态信息，纳入应急管理范围。其次是强调所有相关人员共同工作、协调应对。要求各部门、上下各层级的工作程序具有一致性，信息共享并对等，在行为上注重合作与协调，并与生产经营实际紧密挂钩。同时，将应急管理范围从员工扩大到所有利益相关方，加强协同应急作战能力。

● 注重系统的持续改进。近年来陆续实施出海人员动态跟踪系统和船舶动态跟踪系统的推广应用，引入三维地理信息系统和虚拟显示技术等改进项目，并取得阶段性进展，使海油系统应对风险能力普遍提高。

(3) 建立层次清晰、定位明确的三级应急预案系统

海洋石油勘探开发作业属于多工种的协调作战，面临自然环境恶劣、海上油气生产设施人员与设备高度集中、产品危险性高、科技含量高、地质条件复杂、不确定因素多、远离陆地救援困难等风险，要有效地应对这些风险必须有系统的管理方法，和其他管理体系的建立一样，中国海油应急预案系统也遵循了这样一个原则：首先，进行安全评价，对危害进行辨识，确定风险程度，列出重大危害因素清单；其次制定目标；然后由目标和指标制定实施方案；最后按照计划、实施、检查纠正与管理评审模式建立管理体系、确定应急预案的对象、明确管辖范围，确定突发事件的类型，经评价、分析，最后确定应急预案的重点和对象。

2004 年以前，中国海油的应急计划、应急程序主要着重于解决地震、台风、风暴潮、冰灾等自然灾害和井喷失控、火灾与爆炸、油（气）储运设施与管线泄漏、飞机、船舶遇难等生产安全事故的处置问题。随着 2003 年“非典”的发生、恐怖主义的活动、生产事故对周边社区的影响、社会的发展以及总公司上下游业务一体化发展等问题的出现，原有应急计划的范围以及层次都在发生变化，满足不了新的应急管理的需求。2004 年 7 月，中国海油编写发布了《危机管理预案》，将预案的范围调整为与企业相关的重大自然灾害、事故灾难、公共卫生事件、社会安全事件，不再局限于以往的生产安全事故和自然灾害事故处理，同时根据中国海油的生产经营管理特点，采取了三级应急响应的管理模式，即总公司、分公司、作业现场，同时建立了响应的三级应急预案系统。

● 总部危机管理预案是综合性的场外预案，是公司总体、全面的预案，以场外指挥与集中协调为主，侧重在应急响应的组织协调，法律、商务及媒体管理。

● 所属单位的应急预案是区域性、综合性预案及专项预案的结合，针对某一特定区域或某一专业领域的突发事件，侧重组织对现场突发事件的减损、救助、抢险和灾后恢复。所属单位的应急预案由综合应急预案和专项应急预案构成。

● 作业现场的应急行动预案属场（厂）内应急预案，该预案以现场设施、活动或场所为具体目标，针对某一重大工业危险源、特大工程项目、施工现场或拟组织的一项大规模公众集聚活动，要求具体、细致、严密，强调具体的应急救援对象和应急活动的实践性。场（厂）内应急预案由综合应急预案和具体行动方案组成。

总部危机管理预案内容还跳出仅局限于事故处理程序的范畴，首次提出了媒体信息沟通管理程序，明确媒体沟通（媒体关系管理、新闻发布渠道、新闻材料准备、信息收集与跟踪等）以及信息发布的授权程序和审定发布规定。还包括与地方政府和国家相关部委的沟通程序、事故调查程序等子程序和对所属单位在应急管理方面的要求，构成一套完整的应急管理系统。

2008 年，《中国海洋石油总公司危机管理预案（2008 版）》对三级应急组织的职责、定位和响应模式做出进一步明确，使得与三级应急响应相对应的应急预案其职责和侧重点各不相同，又保持有机的联系，构成中国海油层次清晰、定位明确的三级应急预案系统。

中国海油总部要求各单位根据公司实际情况和演习、实战中发现的问题，至少每 2 年修改 1 次应急预案，并对各所属单位的应急预案实行逐级报备和不定期审核制度，以进一步推动应急预案的持续改进。

(4) 建立完善清晰的应急管理流程和高效的应急指挥系统

中国海油应急管理体系按照三个管理层级和四大应急系统的基本框架建设实施，应急准备、应急响应、应急指挥都在这个应急管理框架下进行。对紧急事故事件的处置强调“第一反应”，以现场应急和现场指挥为主；将公司级别的应急管理提升为危机管理，应急状态下以场外协调为主，不再针对具体事故事件的处理。

应对重大突发事件，做好应急管理的工作，一个必要的前提和基础就是建立完善的应急组织机构和清晰的应急管理流程。中国海油总部危机管理组织机构由应急委员会、应急办公室、总值班室、资源协调行动组、公共关系法律组、后勤支持保障组和资金保险组组成。中国海油北京总部的危机管理组织机构主要职责包括：重大事项决策；对应急事件提供支持、协调；向国家政府部门报告情况；组织向社会公众公布事件信息；公布、修订总公司危机管理预案；审核所属单位应急预案、计划，验收应急指挥中心等。中国海油应急组织机构如图 2 所示。

根据国家颁布的《突发事件应对法》《国家安全生产事故灾难应急预案》等相关规定，中国海油在总公司《危机管理预案》中设定了 12 类需要启动总公司层级应急预案的条件。突发事件若具备其中任何一种条件时，就需要启动总部应急预案，按照应急处置流程迅速开展总公司级别的应急响应工作。中国海油突发事件应急处置流程如图 3 所示。

应急指挥系统是应急管理的工作平台，主要功能是实现事故事件的预测预警、辅助决策、调度指挥和总结评估，建立应急信息的共享通道，为有效预防和妥善处置安全生产事故提供先进的技术手段，最大限度地减少人员伤亡和财产损失。

为了推进中国海油各所属单位应急指挥系统建设，实现公司总部与各所属单位应急指挥中心的快速有效对接，中国海油参照国家安全生产监督管理总局 2006 年 10 月发布的《国家安全生产应急平

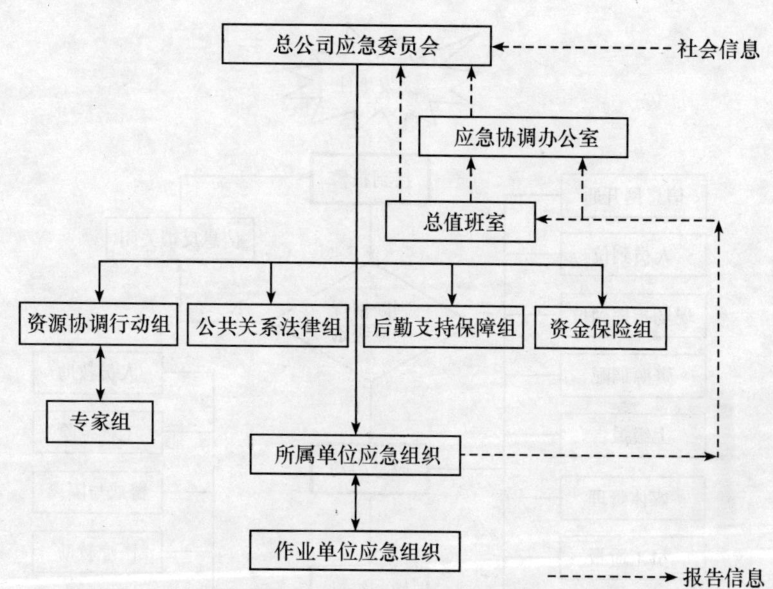

图 2 中国海油应急组织机构图

台体系建设指导意见》（安监总应急〔2006〕211 号）的要求，编制并发布了《中国海洋石油总公司应急指挥中心的建设指南（试行）》，以规范、统一各所属单位应急指挥中心建设的标准，整合现有应急管理机构和信息等资源，统一应急信息快速交换的通道，建立应对突发事件防范、指挥、处置体制和响应机制的快速反应平台。中国海油对各所属单位应急指挥中心（或应急办公室）的建设要求是：各应急中心（应急办公室）应具有必要的硬件设施和软件投入，采用统一的规范和标准，并能与公司应急指挥中心保持常态的互联互通。应急中心应具有“值守应急、信息汇总、指挥协调、专家研判、视频会商”功能。

2006 年，中国海洋石油总公司应急指挥中心顺利建成并投入使用，另外投入运行的还有中国海油位于上海、深圳、湛江、天津的 4 个应急指挥中心和控股上市公司（海油工程、中海油服）应急指挥

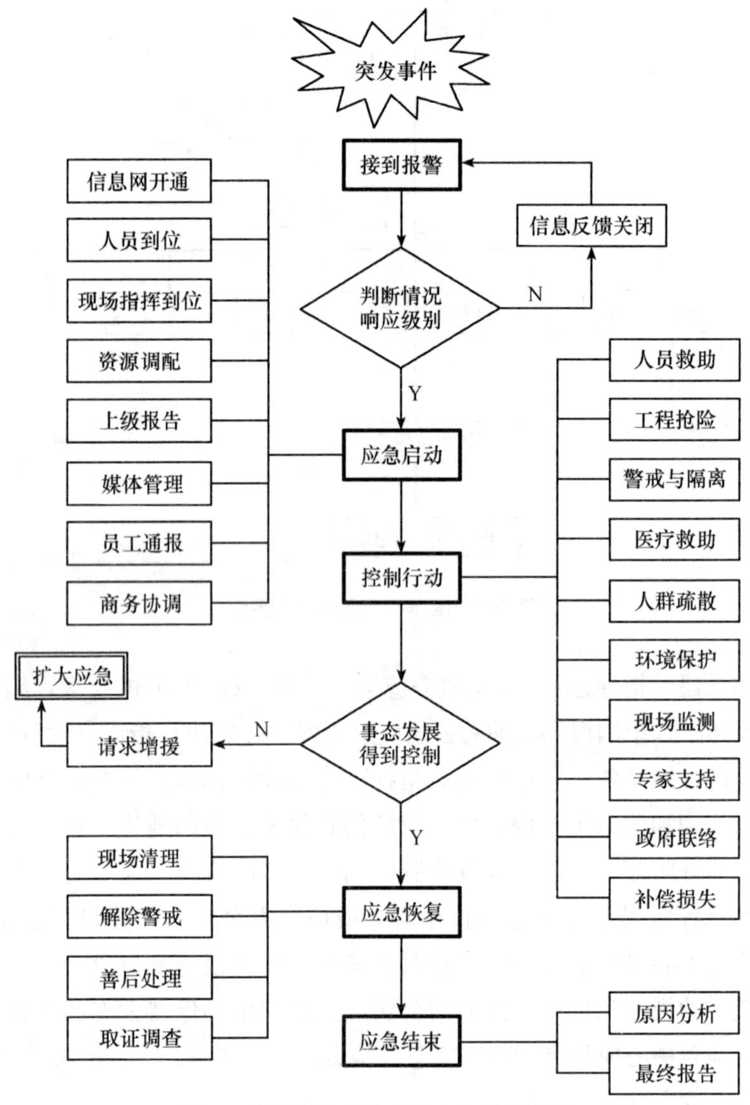

图 3　中国海油突发事件应急处置流程

中心，均具备了应急响应时所必需的重要功能和要求，与公司总部实现良好的互联互通。其他部分中下游二级单位也已在规划或设计本单位应急指挥中心（或应急办公室）。

（5）建立技术先进、功能齐备的应急管理信息系统

应急管理信息系统是中国海油安全生产和应急管理工作的重要支持工具，也是信息化建设和“数字海油”愿景的重要组成部分。应急管理信息系统承担着在发生紧急事故事件时，为总部指挥决策快速准确地提供应急资料的作用，可以使现场人员能够集中精力进行应急处置，而无须在向上级单位报送各类资料上浪费更多时间，使应急响应更加高效。通过应急管理信息系统，公司可以实现三级应急响应和应急预案体系中的场外协调角色，做到远程指导和指挥，同时快速地调动各方面资源进行支援。

2008 年，公司发布《中国海油应急管理信息系统建设指南（试行）》，对不同类型单位应急管理信息系统建设提出具体要求，建设原则是统筹规划，分级实施；因地制宜，整合资源；注重实效，适用可靠。经过多年的探索和实践，在三级应急管理框架下，中国海油建立动静结合的应急管理信息系统，不仅按照国家要求建立起人员与设备设施等静态资料数据库，还将人员进出海上平台、设备设施使用和检维修情况、应急资源调配等动态信息都纳入系统涵盖范围，而且每个应急层级都可以共享和使用信息。

中国海油的应急管理信息系统包括生产人员动态、远程视频监控、应急基础资料、动态信息、灾害天气预警 5 个大类 19 个应急管理信息子系统（见图 4），其中包括出海人员动态管理系统、现场工业电视远程监控、三维应急信息展示平台、应急资料电子数据库、重大危险源监管系统、船舶动态监管系统、溢油漂移模拟跟踪系统、海上气象实时监测系统等信息系统。

● 出海人员动态管理系统。“以人为本”是中国海油健康安全环保管理理念之一，也是中国海油应急工作的基本原则之一。为了掌握海上生产人员的实时信息，中国海油开发应用了出海人员动态管理（MTS）系统。

<table>
<tr><th colspan="19">应急管理信息系统</th></tr>
<tr><th>生产人员动态</th><th colspan="2">远程视频监控</th><th colspan="4">应急基础资料</th><th colspan="7">动态信息</th><th colspan="5">灾害天气预警</th></tr>
<tr><td>出海人员动态管理系统</td><td>海油视频会议系统</td><td>现场工业电视远程监控</td><td>三维应急信息展示平台</td><td>应急资料电子数据库</td><td>长输管道应急电子资料</td><td>重大危险源监管系统</td><td>中下游企业的MES(DCS)远程可视</td><td>船舶动态监管系统</td><td>槽罐车全程监管系统</td><td>长输管道调度管理系统</td><td>大型装备作业动态</td><td>溢油漂移模拟跟踪系统</td><td>地下矿区和尾矿库动态监测</td><td>中央气象台专业服务网</td><td>国家海洋环境预报海油网</td><td>海油发展特力气象网</td><td>海上气象实时监测系统</td><td>海冰监测系统</td></tr>
</table>

图 4　中国海油应急管理信息系统构成

该系统以出海人员管理为根本核心，以出海任务为线索，基于数据库和网络化设计，采取无线射频识别（RFID）技术，以集成持卡人的个人信息、健康信息和各种持证信息的无源 RFID 卡为载体，通过卫星通信和互联网与陆地数据库同步，实现对出海人员管理的实时监控。它包括出海证办证管理系统、出海调度管理系统、登船前检查系统、海上平台检查系统、出海人员信息管理系统、数据通信系统及后台管理系统七个部分。

通过 MTS 系统，可实时掌握海上作业人员的动态分布情况，了解每个平台设施上人员的姓名、单位、工种、登离平台时间、分配的救生艇号及其详细的个人信息，包括家庭住址、健康状况、血型、培训持证情况等。这为应急状态下快速了解现场的人员状况，及时、有效地开展救援工作提供了有力保障。

● 三维应急信息展示平台。通过一个专业引擎将虚拟现实技术、空间地理信息技术、模拟仿真技术与中国海油应急管理理念、思路和实际做法进行有机融合，既能够满足企业终端场景数字化与全息再现和全息查询、重大危险源管理、全息化应急预案管理、应急培训和演练等日常应急管理工作的要求，又能够为突发事故的全息化应急救援指挥、辅助决策、事故模拟推演分析、应急资源调配等提供全新的解决方案。

该系统的基本功能包括直观展示生产作业现场，可全方位、多视角、立体化地观察厂区、设备、工艺流程、应急设施等三维场景信息；基础资料数据库，可实现如工艺流程信息、设备信息、介质信息、应急设施信息等交互式立体查询、定位查询；可实现应急预案的存储和直观展现；应急行动方案的规划、编制和完善；模拟演习、应急培训、灾情推演、提供应急状态下的辅助决策等；对生产单位周边环境的展示和应急资源的定位，对距离、面积、人口快速概算。该系统最大的特点在于它能够实现全息现实场景再现，以三维真实的场景关联相关信息，最大程度地做到人性化和可视化，使决策者和专家一目了然地掌控所需信息。

在应急状态下，通过该平台使各层级应急信息得以有效共享并可视化展现，直观地展示设施和周边环境的情况，推演事故发展态势，模拟应急救援方案实施，为应急响应决策提供最直接快速的支持，能够有效地提高企业的应急管理水平和应对突发事故的能力。

三维应急信息展示平台作为中国海油应急管理的基础平台，因其直观性、多功能集成和操作便捷，目前已在中国海油应急管理中得到充分应用，目前已完成总公司、有限公司 4 家分公司、锦州、绥中、渤西、龙口、春晓、珠海、南山、东方、涠洲 11 个陆岸终端、气电集团下属福建 LNG、广东 LNG 三维应急信息展示平台建设。

● 船舶动态监管系统。船舶动态监管系统建立在电子海图基础上，利用 AIS 基站获取船舶信息，实时地在电子海图上展示某一海域内所有运行船舶的动态信息。只要点击某条船，便可获取该条船的所有信息，包括地理信息、坐标信息、航向、航速以及船的吨位和载重量等基本信息。这套系统还可以提供海上平台的相关信息，包括平台所在的位置、油田群的分布、平台的构成和连接管线等。在应急救援时，可以帮助及时了解周边的可利用的应急资源和救援力量，迅速有效地开展救援工作。

● 溢油漂移模拟跟踪系统。溢油漂移模拟跟踪系统是在电子海图的基础上建立一套综合风动力、水动力、海浪及溢油特性的模型，通过人机对话的方式输入数据，对溢油漂移路径进行模拟和回推的模拟系统。除一般电子海图系统所具有的海图数据及辅助数据外，它还包含环境敏感区数据库和溢油应急反应模型库等系统界面，可实时地动画显示溢油漂移的情况，并显示溢油区中心位置、油膜面积、漂油残存量、溢油的抵岸地点、最终油量、影响岸线范围、扫海面积等信息。

该系统使模拟过程可视化、直观化。一旦发生溢油，只要把相关的参数输进去，就可以看到油的扩散范围，油随风向、流向的变动，以便提前预知油的走向，布设溢油回收设施，防止溢油污染事态扩大。

(6) 组建各类专业应急救援队伍

中国海油应急救援队伍主要包括消防救援队伍、危化品救援队伍、专业溢油应急响应队伍、长输管道抢险队伍等。

● 消防救援队伍。在海上油气生产环节，由于远离陆地、环境特殊，获得外部的救援困难，只能立足于自我救援为主建设应急救援队伍。中国海油按照国际海上油田通行的做法，组建海上油田生产的义务消防队，并配备高效的消防设备和工具。目前，中国海油共有 10 支专业消防队伍，260 多名专职消防队员。这支消防队伍是保障中国海油企业安全生产的基本骨干力量，同时也纳入国家公安消防系统统一指挥管理。

● 危化品救援队伍。危化品救援队伍是中国海油向中下游发展，为开展紧急抢险救助而组建的专业救援队伍，目前主要由兼职义务救援人员组成。主要任务是抢险堵漏、危化品危害消除，在消防队的协助下进行危化品危害消除工作。现在中国海油的危化品生产和储运企业都成立了危化品抢险救援队。

● 专业溢油应急响应队伍。中海石油环保服务有限公司是中国海油独具特色的专业应急响应队伍，是唯一由企业独自建立、根据国际标准和国际惯例、以企业化模式运作的专业溢油应急队伍。

中海石油环保服务有限公司已在沿海各地建立了绥中、塘沽、龙口、惠州、深圳、珠海、涠洲岛 7 个溢油应急响应基地，覆盖了中国海油作业的全部海域。环保公司拥有高素质的专职应急人员 100 多人，1/3 的溢油应急队员取得了国际 IMO OPRC2 级现场指挥官证书；配备有国际一流的溢油回收设备和专门溢油回收船舶；开发具有国际先进水平的溢油漂移轨迹预测软件；建立专业化的溢油应急响应程序，这是国内唯一一家具备国际二级溢油应急响应能力的专业队伍。

● 长输管道抢险队伍。长输管道经过的区域环境复杂多变，一旦发生事故将给当地社区和油气接收单位带来重大灾难和损失。为了应对长输管道的事故，中国海油的每个管道运营公司都组建了能够快速响应的管道抢险救援队伍。目前，中国海油已经建成 4 000 多千米的输油气管道，在沿岸的陆上地区已经完成了近 2 000 千米的油气输送管道建设。管道抢险救援队伍配备了专用的汽车，购置了专用的管道事故处置设备。所有人员经过培训，掌握了应急抢险救援的技能，随时可以出动参与并指导管道的应急抢险救援行动。

企业在应急管理方面投入的财力和人力无法带来短期的财务收益，但是可以最大程度地降低事故对人员和企业造成的损害以及声誉影响，为企业带来更长期、更高成效的战略性管理收益。中国海油充分借鉴和吸收国际国内先进企业应急系统建设经验，结合自身风险特点，将应急管理实践与现代信息通信技术有机结合，构建了覆盖全面、上下联动、应对高效的应急管理系统，为保证企业健康、稳定、可持续发展发挥了作用。

中国海油应急系统建设已经取得了阶段性的成效，但仍然是一项需要长期坚持的系统工程，需要持续完善和改进，不断适应公司发展的需求。

2. 西南油气田公司编织井控责任网预防突发事故的做法

西南油气田公司隶属中国石油天然气股份有限公司，主要经营四川、西昌盆地的油气勘探开发、炼油化工、油气集输和销售业务，现辖重庆、蜀南、川中、川西北、川东北五大油气区，有员工 2.13 万人，所属二级单位 18 个，资产总值 172 亿元，是全国重点天然气基地。

近年来，西南油气田公司牢固树立安全第一、预防为主的理念，始终把井控工作作为安全管理的重中之重来抓，把井控安全管理贯彻落实到钻前施工、钻井、测井、录井、井下作业、油气试采和报废井弃置处理等各生产环节，把井控管理作为一个系统安全工程，设计、生产、技术、装备、安全等部门都分头把关，相互配合，同步进行，编织井控责任网预防突发事故，积极做好应急管理和应急救援工作，确保了井控安全工作平稳态势。

西南油气田公司编织井控责任网预防突发事故的做法主要如下：

(1) 抓机构建设，落实井控安全组织责任

西南油气田根据组织机构变动，及时调整完善井控领导小组，下设钻井完井井控管理办公室、试油（气）采输井控管理办公室以及井控监督办公室。根据作业队伍和采输场站多、分布广的特点，设立了 3 个井控工作小组，分别设在川东北前线工作部、新疆工区指挥部和临盘钻井公司，分别负责川东北工区、新疆工区和临盘工区的工程作业队伍的井控管理工作。机关井控业务管理部门都指定了井控分管领导及专职井控管理人员，按照“谁主管、谁负责”原则制定相应井控职责，开展井控管理工作。各二级单位也明确了井控分管领导和专职管理人员，并按井控实施细则要求补充完善了相关制度。

(2) 抓设计审查，落实井控安全源头责任

西南油气田所有钻井工程设计均有井控设计专篇，依据有关井控标准、规范及制度进行设计。“三高”气井、新区探井、特殊工艺井的井控设计，在设计中始终贯彻“安全第一、预防为主”的思想，坚持设计必须“安全、环保”的原则，牢固树立以人为本的理念和井喷失控可防可控的理念，制定完善的井控措施，保证井控安全。钻井设计审批：一是设计院审批，在设计院内实行“三级”审核，即设计室主任、设计所领导、院主管领导三级审核，层层把关；二是采（油）气厂审核，开发井设计经院主管领导审核后送采（油）气厂审批；三是勘探井设计审核，经院主管领导审核后送局、分公司审批；四是设计投资较高的开发井、勘探井以及一些重点井，经局、分公司审核后，报总部审批。

(3) 抓设备管理，落实井控安全本质责任

西南油气田井控设备按照“集中管理，强制保养，专业维修”原则，由装备管理处进行集中管理，合理配置，统一调配。针对川东北油气田“三高”特点，规定重点探井、含 H_2S 气井井口防喷器上井安装前必须在井控车间进行气密封检验，钻井（井下作业）监督检查相关报告；浅井、中深井每完一口井进行三月期保养，每完八口井进行一年期检测检修，每完二十口井进行三年期检修；4 500米以上深井每完一口井进行一年期检测检修，每完三口井进行三年期检修；中深井、深井在钻井中每三个月进行三月期保养，并填写设备维修保养检修记录，档案与设备随行，具体由具有检测、检修资质的局井控中心来完成检测、检修工作。对所直接管理的井控设备实施定点、定期巡回检查，加强现场技术服务，及时处理井控设备故障。

(4) 抓监督检查，落实井控安全监管责任

西南油气田坚持每半年组织一次井控专项检查，相关二级单位每季度组织一次，基层队每周组织一次。成立主管领导担任组长的井控检查领导小组，成员由副总工程师、工程技术、开发、勘探、工程市场、装备管理、安全环保、生产运行、人力资源、采油（气）厂、工程监督中心、培训中心等相关单位专业技术人员组成，分钻井完井、试油（气）采输等检查小组，按照标准规范，对照检查表，分别开展检查，督促施工作业单位做到勤观察、细检查、严把关，防止井控事故的发生。重点井、勘探井由工程监督中心派驻井监督，对作业队伍资质、人员进行审查，督促作业单位进行开工技术交底、安全教育和各开次（揭开油气层）验收，监控关键环节、重点工艺作业过程。

(5) 抓生产过程控制，落实井控安全直接作业责任

各钻（修）井队、试（油）气队严格按照设计配套井控装置，安装全套符合钻井设计要求压力级别井口装置，特别是川东北地区探井，重点开发井严格按设计或高于设计安装全套105兆帕级别的双节流、双压井管汇控制装置，并调试安装合格。配套安装的液气分离器、内放喷管线、点火管线、放喷管线等均试压合格，符合规范要求，满足井控操作。按设计要求对照规范认真落实井控装置的维护保养，并将井控装置运行及检查落实情况翔实记录，在当班值班干部的确认下执行交接班制度，建立健全井控装置日检、周检、月检档案资料，规范管理。使用钻具内防喷工具，储备井控装置闸阀、闸板总成、内放喷工具、适合井内钻具尺寸的防喷单根等并定期落实保养，建立储备清单和使用档案，实行挂牌标示管理。针对每一开施工，严格按照《重点工程关键作业环节管理办法》的规定，认真编写作业计划，细化设计，拟订各项具体措施，编制工程和安全应急预案。严格执行“三岗联坐”，认真监测液面。由钻井、泥浆、录井三方人员联合坐岗，各单位明确了专职坐岗人员，交叉测量液面高度，其中钻井每 5 分钟测量一次参与循环罐的液面高度，泥浆、录井每 10 分钟测量一次，基本实现人工连续监测液面。一旦液面发生变化或出现溢流征兆，立即通过对讲机或快速到钻台向钻台操作人员汇报。起下钻认真坚持“一柱一灌浆、三柱一校验、五柱一复核”制度，密切监控溢流情况。部分钻井队还配备了液面自动监测报警仪和自动灌浆装置，综合录井仪配置安装出口流量计、液面监测报警装置等监测装置。根据施工地区的不同，探井、开发井针对实际情况加强与兄弟单位的沟通协作配合工作，不断收集和整理临井实钻地质资料，自始至终坚持检测 dc 指数，做好地层压力预测和检测工作。对钻完井、井下作业、钻开油气层及含硫化氢施工的重点井、重点要害部位实行执行干部 24 小时带（值）班制度。

(6) 抓井控应急体系建设，落实井控安全应急责任

油气田、二级单位、基层队（站）都制定了不同层级的井喷事故、硫化氢逸散事件、火灾爆炸等应急预案，现场钻井施工、单井应急预案已全部在当地政府部门进行了备案。配备有效的点火装置（川东北保持 4 种以上点火方式，其他工区保持 3 种以上点火方式），同时现场备有礼花弹、魔术弹以备应急点火之需，放喷口设有长明火。落实每日检查，并试点火一次，安装专线供电，确保随时处于良好备用状态；确保一旦放喷能在第一时间（5 分钟内）点火成功。各施工单位均按要求配置了消防气防设施，尤其是海相井施工基层队现场全部按 15 套空呼、5 个备用气瓶、2 套电子点火装置、1 台大功率电动报警器配备，配置了 8 通道的固定式硫化氢检测仪，便携式硫化氢检测仪、二氧化硫检测仪也做到了现场作业人员人手一台。

此外，公司还加强不同层级预案培训演练，根据生产实际以及演练过程存在的问题，不断进行修订完善，使应急预案更具科学性、可操作性和有效性，提高了应急能力和水平。演练过程中加强与各相关协作方以及地方政府相关部门的联系和沟通，确保人员疏散、抢险救援、医疗救护等工作的顺利进行。元坝应急救援中心具备了综合信息收集及处理、消防灭火、气防救援、医疗救护、应急物质储备、泥浆储备、安全防护用品检测、环境检测、自然灾害抢险等应急抢险功能，基本满足了通南巴、元坝工区内抢险救援的需要。

3. 中化集团公司采取全生命周期应急管理模式的做法

中国中化集团公司成立于1950年，其前身为中国化工进出口总公司，是我国最早的外贸企业，代理国家出口石油，进口化肥、农药等业务。改革开放后，中化集团继续承担石油、化肥、农药等采购，并开始进入快速扩张阶段，目前已经形成以农业、能源、化工、金融产业为支柱的产业结构，是第四大国家石油公司、领先的化工产品综合服务商。

多年来，中化集团高度重视安全生产工作，始终将安全生产作为履行社会责任的一项重要内容，把实行安全生产分类分级监管、优化和改善安全生产监管模式作为工作重点，将工作重心向重点转移、向难点凝聚、向企业下移，不断加大安全生产培训和管理推动力度，突出重大危险源监管，加大隐患排查治理和检查审核力度，积极做好应急与危机管理，采取全生命周期应急管理模式，推进应急管理与应急救援工作，强化安全基础管理，安全生产形势持续保持稳定。

中化集团公司采取全生命周期应急管理模式的做法主要是：

(1) 全生命周期应急管理概念与要求

曾几何时，应急管理这个话题在中化集团总是遭遇到困扰：应急管理在有些企业软件过软、硬件不硬，要么是应急管理重应急轻预防，要么是预案管理重编写轻质量，大的事故没有，小的事故总是不断。面对种种困扰，不禁令人产生思考：每个单位都有完善的管理体系制度，但事故仍然发生，为什么？每个单位都有应急预案，都进行演练，但事故发生时仍不能很好地应急，为什么？为此，管理人员不禁产生疑问：公司的应急预案能够经得起实践检验吗？遇到突发情况能真正“应急”吗？

为找到症结，对症下药，中化集团对应急管理进行了全面系统的评估。在整个评估过程中，仅通过对企业预案管理一项的评估，就归纳出以下若干问题：预案的有效性不足，培训的有效性、演练的有效性差，预案对事故征兆分析不够、对策不细、措施不具体，应急预案往往是由负责安全的人员编制，企业领导和基层员工对应急预案了解不够等。除此之外，还有预防管理的前瞻性不够、应急资源管理不到位等问题。找到了问题症结，就有了解决问题的方向。评估结论使企业认识到，企业的应急管理系统亟待"升级"，而应急管理系统的升级首先应从理念开始。

为此，中化集团确定了应急管理的 24 字管理原则，即"预防为主，防救结合；关口前移，准备在先；平时管理，战时应急"。同时还提出了全生命周期应急管理理念和模式，明确要求：一个项目从立项开始，到设计、建设、运行，直至项目终止，每个阶段都要制订实施建设项目全过程安全管理及事故应急行动计划；从研发，到生产、储存、销售、运输、使用，乃至销毁各个环节都要制订实施产品服务全周期安全管理及事故应急行动方案，使应急管理贯穿于企业整个生产经营活动的始终。同时，还要关注企业、关注产品、关注生产运行、关注相关方。

(2) 基于预防为主的 HSE 风险管控

中化集团当前在各个业务领域所面临的诸多风险为在石油勘探开发，炼化仓储，矿山开采，危化品生产、使用、仓储、运输，农药、化肥生产经营，建筑施工与地产酒店，以及制药、细分化工等行业板块中的 HSE 风险等，以及季节性的风险、自然灾害等。中化集团的应急管理，是基于预防为主的 HSE 风险管控。为此，集团公司建立了"系统管理、文化引路、过程管控、绩效考核"的 HSE 管理策略。

● 系统管理是指在全集团建设推行 HSE 管理体系，用体系统管集团 HSE 事务。通过建立一体化 HSE 管理体系，实行从上到下的

HSE 承诺，制定可行的安全方针政策，制定高水平易懂的 HSE 标准，确立可实现的 HSE 目标，建立胜任尽责的 HSE 管理队伍、有效的 HSE 审核评估机制、HSE 事件调查跟踪管理机制、HSE 培训体系和交流平台，提出强化 HSE 管理工作原则，建立起了快速高效的应急系统。

● 文化引路，即建设具有中化特色的安全文化，用安全文化推动 HSE 工作。按照杜邦安全管理阶段的划分，中化集团和许多大型国企一样，正处在介于严格监督和自主管理之间的阶段。因此，中化集团积极致力于安全文化建设，努力建立自己的安全生产理念文化、管理文化、物质文化、行为文化。

● 过程管控和绩效考核，即多措并举的 HSE 管理行动。主要包括：一是确立以风险管理为核心的 HSE 理念，把风险识别、评估及控制标准、措施的建立作为 HSE 管理的基础。企业一切 HSE 管理活动都围绕 HSE 风险识别与控制展开，推行风险控制标准最低合理可行原则。二是建立运行 HSE 管理体系，通过实施一体化管理，提升并持续改进 HSE 绩效。三是实行 HSE 规划滚动修订和预算审核制度，形成 HSE 工作规划修订和预算编制审核制度。四是推行“一把手”责任制，落实企业“一把手”HSE 责任，强化企业的 HSE 领导力。五是建立适合中化集团特点的分类监管机制。针对中化集团所属企业行业跨度大、监管难度大的特点，对企业进行分类监管，突出监管重点，充分发挥集团、二级单位、三级企业的“三级”监管作用与优势。按照企业行业特点、危险程度和企业 HSE 现状，对所属企业实行分类监管，充分调动和发挥各二级单位和基层企业的作用与优势。

● 建立 HSE 管理绩效考核体系。制定实施《中化集团 HSE 管理考核办法》，对企业 HSE 管理工作进行考核评价，把 HSE 考核与企业、企业主要负责人绩效挂钩，充分发挥经济杠杆作用。季度考核评价与年度总考核评价相结合，过程管理与结果评定相结合。考核评价主要通过日常 HSE 检查、审计、沟通等途径，重点对企业 HSE 管理过程表现、事故风险管控结果进行考核。既重结果，更关注过程管理。对较大及以上事故，实行“一票否决”。在近些年对企业的绩效考核中，中化集团先后有 3 家企业因发生生产安全责任事故，在年度绩效考核中被降级。

(3) 加强应急三级管理和应急预案管理

中化集团在应急管理上，特别加强应急三级管理，突出应急中心建设，完善应急指挥系统，推进应急管理信息化建设，强化应急预案管理，加强应急培训和演练，构建集团三级应急网络。

近年来，中化集团通过评估，发现企业在应急预案编写、审核、效果评估、修改完善中存在着一系列问题。有的预案编写不科学，仅一个或几个人“操刀”；预案内容不完整，结构不完整、内容不全面；针对性、操作性差，不切实际；缺乏有效演练，不科学、走过场、应付差事；缺乏动态维护管理，编完了事，不维护，不修改；预案之间衔接不畅。为此中化集团提出了建立预案评估、动态管理和备案管理制度等一系列加强预案管理的对策。

● 对全集团预案文件的层次进行了梳理和统一，明确了集团总部、二级单位、一线企业的三级管理机制和包括综合预案、专项预案、现场预案的三级预案构成要求。

● 明确应急预案编制工作的程序，即成立预案编制小组、危险分析与能力评估、编制预案、预案的评审与发布、预案实施“五步法”。

● 对应急预案的完整性、准确性、可读性、符合性、兼容性、实用性在评审和修订上做出了要求，要求企业对预案的评审和修订要不放过任何时机，如年度评审后、培训演习后、紧急情况后、人员变动后、企业布局变动后、设备设施变动后、工艺原料改变后、法律法规变化后等。同时要多问几个问题，如对脆弱性问题是否充分重视？企业的风险有无变化？如何动员各级各部门管理人员？应急管理和响应人员是否理解职责？人员姓名、职务和电话是否正确？新物质、工艺和职工培训是否达到目的？应急预案是否根据企业新、改、扩建而更新？企业地图、有关应急图表是否保持最新？应急管理是否融入公司的整体生产经营管理？社区周边对应急管理的参与程度如何？

集团还对企业的预案管理进行动态跟踪检查，查预案编写过程、查预案的完整性、查预案培训实施、查预案演练情况、查预案维护管理。

(4) 加强应急培训与演练

中化集团在应急培训方面做了有益的探索，如针对培训形式单一、内容不分类、对象不分级、忽视相关方的问题，采取了分级培训、分类培训、模块化培训管理的解决对策。在分级分类培训上，采取三级培训主要面向企业高层管理人员，二级培训主要面向企业中层管理人员，一级培训主要面向企业一线操作层人员的做法。实行模块化培训管理，详细制订各功能组、岗位应急、技能培训、实际操作一系列培训计划和相关方宣传培训计划，不仅覆盖全员，还辐射社区周边、供应商、客户等。

针对在演练中存在的“重理论不实践，重口头不实战；应付上级检查，演练为了应付；假计划、假记录、笔上功夫；少数人参加，简单走走过场”等练为看的问题，提出了练为战的对策，采取模块练习的做法，分解预案，分块练习；采取桌面推演方法，模拟事故情景，以综合练习为主；采取专项演练的方法，突出功能演练和现场实战；采取联合演习的方式，通过企、邻、地三方联合演习，检验和锻炼协同指挥、资源调配等能力；通过应急测试，实地抽查企业应急准备情况。还通过演练评估，设立观察员对演习过程进行观察以识别差距。

组织开展集团层面的应急演习，突出集团层面的危机应对能力、二级单位的靠前指挥和协调能力、一线企业的现场应急能力。注重企业一线常态化的应急培训与演练。

中化集团始终把人的健康和生命安全放在第一位，做到真诚、坦率、透明，用行动赢得公众信任，树立了良好的企业形象。

4. 大庆石化公司全员参与编制应急预案提高应急能力的做法

大庆石化公司始建于1962年，其前身为大庆石油化工总厂，是中国石油天然气股份有限公司的地区分公司，是主要以大庆油田原油、轻烃、天然气为主要原料，从事炼油、乙烯、塑料、橡胶、化工延伸加工、液体化工、化肥、化纤生产，并承担工程技术服务、生产技术服务、机械加工制造、矿区服务等职能的特大型石油化工联合企业。现有二级单位34个，员工3.1万人。

近几年来，大庆石化公司从石油化工企业安全生产事故的处置与救援的经验和教训当中，深刻体会到“第一时间、第一现场”快速、准确处置的重要性及在消减事故危害中发挥的关键作用，而“第一时间、第一现场”的应急处置主要由基层岗位人员来完成，因此从事故处置的实用性出发，积极做好基层预案和处置卡的编制及培训，以指导现场应急处置与救援工作，全面促进和提高基层单位的应急处置能力和水平，把初期事故消灭在萌芽状态。基于上述认识，大庆石化公司按照《集团公司危化品企业应急预案管理试点工作方案》和炼化板块关于《炼化企业车间级应急预案编制指导意见》的有关要求，从应急预案的实用性出发，强化了现场处置预案和处置卡的编制修订工作，积极推进了公司应急预案编制，并且发动全员参与编制应急预案，从而提高应急处置能力。

大庆石化公司全员参与编制应急预案提高应急能力的做法主要是：

(1) 领导重视，精心组织，认真编制

基层现场预案，是企业预防和处置事故的基础预案，基层现场预案是否能做到简洁、实用、易行，从表面上看代表着一个企业预案管理水平，但实质上却能反映出一个企业应急处置能力的强弱，所以大庆石化公司把基层现场预案作为预案编制修订的重点，精心组织、认真编制。公司成立了以主管应急管理工作的副总经理为组长，以各专业处室、各试点单位主要领导、应急部门主要负责人为成员的现场处置预案和处置卡编写领导小组，并多次组织召开公司预案编制修订工作会议，安排部署现场处置预案和处置卡的编制修订工作；为保证预案的修订质量和进度，公司还专门下发了文件，要求各二级单位要高度重视预案修订工作，严格按集团公司预案修订要求，成立各级预案编审领导小组，明确编制目标和修订要求，公司应急预案试点工作办公室不定期地深入基层进行编制指导，随时了解和掌握预案和处置卡的编制情况，以便发现问题及时解决，保证了预案和处置卡的编制质量和编制进度。

为确保编制修订的现场处置预案和处置卡简明、科学、实用、易行，实现预案为安全生产服务，公司提出了现场处置预案和处置卡的修订原则，即从基层的危险性分析出发，紧密结合装置和岗位的操作规程；加强班组、岗位应急处置程序的制定和完善工作，保证所有关键岗位都有应急处置程序，切实实现应急预案纵向到底，横向到边。

(2) 确定试点，提炼经验，逐步铺开

大庆石化公司在编制修订现场处置预案和处置卡工作中，选定炼油厂硫黄回收和一重催车间、化工二厂丁辛醇和丙烯腈车间、腈纶厂聚合车间，作为现场处置预案和应急处置卡试点编制车间。要求各试点单位成立预案试点工作领导小组，落实责任，明确目标和任务，严格按照《集团公司危化品企业应急预案管理试点工作方案》和《大庆石化公司预案管理试点方案》要求，在危险性分析的基础上，对以上五个试点车间及重要岗位、关键设备、要害部位编制现场应急处置预案和应急处置卡，先提炼经验，后逐步铺开，更好地发挥基层“第一时间、第一现场、第一处置”的积极作用。

(3) 集思广益，提高处置预案编制的适用性和可操作性

以往预案的编写，主要是由车间的工艺、设备、安全等专业技术人员来完成，但这次现场预案和应急处置卡的编制人员增加了现场经验丰富的班组长、技师及操作人员，目的是有效利用员工丰富的经验，增强现场预案和应急处置卡的可操作性和适用性，同时这些人员也是现场预案和应急处置卡的直接使用者，对现场预案和应急处置卡的认同与否，决定了修订后的现场预案和应急处置卡执行的效果。为此，大庆石化公司多次组织编写会议，让大家各抒己见，集思广益，既丰富了处置预案的内容，也提高了处置预案及处置卡的可操作性和适用性。编写由下至上，经班组讨论编写成初稿，再由车间编写小组进行汇总、评审。

同时，大庆石化公司还通过此次现场预案和应急处置卡的编写机会，向基层领导和员工宣传应急管理知识和应急救援常识，提高了基层领导和员工的应急防范意识和预防能力，初步实现了从注重事后处理到注重事前预防与应急并重的思想转变，使基层领导和员工认识到应急工作不只是事故后的处置与救援，强化了对现场预案和应急处置卡编制重要性的认识。

(4) 紧密结合基层实际，确保现场预案和处置卡简明实用

大庆石化公司在编制前，先组织编制人员认真学习《集团公司应急预案编制通则》和《集团公司危化品企业应急预案管理试点工作方案》，使编制人员深刻理解领会其内涵，同时编制小组在《集团公司应急预案编制通则》的基础上，又结合基层特点进行了细化，针对编写人员的专业特点进行了编制分工，确保编制的现场处置预案和应急处置卡具备实用性、可操作性、针对性和简单易行。

● 实用性要强，就是要做到好用，有使用价值，符合现场事故发生及处置的实际。要针对基层能“时时监控危害，及早发现危害，尽快处置初期危害，防止危害进一步扩大”的特点来编制现场处置预案和应急处置卡，真正发挥基层“早发现，早报告，早处置，早控制”的作用，将事故消灭在萌芽状态。

● 可操作性要强，就是要具体，不能抽象，更不能模棱两可。应区别正常操作下的操作规程，在基层现场预案中要以明确简洁的语言指出危害发生时，每一个岗位关键的处置步骤，具体处置程序，关键时刻干什么。关键处置步骤一般不能超过十步，不能搞成精细操作。

● 要有针对性，要具体问题具体对待，也就是要做到“对症下药”。针对每一个处置卡，应明确该卡片所处置的事故类别、处置程序和注意事项，处置卡要完全结合本岗位的事故或危险性来编制，做到一事一卡，具有针对性。

● 要做到简单易行，就是要能被岗位员工接受。基层员工是现场预案和应急处置卡的直接使用者，对现场预案和应急处置卡的认同与否，决定了现场预案和应急处置卡有效执行的程度。为真正实现基层预案和处置卡的上述特点，公司在危险性分析的基础上，以程序化和简洁化的方式对基层车间的重要岗位、关键设备、要害部位等让基层员工自己编制了“四级现场处置预案”，即应急处置卡，见附件。

● 征求意见，持续改进。通过一段时间的工作，共编制现场处置预案 40 部，应急处置卡 50 余张。现场处置预案和应急处置卡编写完成后，公司并没有立即执行，而是将编写完的预案及处置卡进行汇总和内审，一方面将现场处置预案和应急处置卡下发到班组人员手中，鼓励员工对现场处置预案和应急处置卡挑毛病、提建议，共收到建议 80 余条，其中有 30 条建议被采纳；另一方面组织相关专业人员进行“外审”，保证了预案及处置卡的简明、科学、实用。

● 开展扎实有效的培训与演练。首先要完成预案规定动作的培训，现场预案是针对某个具体的装置、岗位、要害部位或施工现场进行编制的，每一个预案的处置程序、处置步骤和注意事项，都有各自的特殊性，对岗位员工针对每一个具体预案，逐个进行培训。

另外在预案培训中还注重了对员工灵活使用预案能力的培训，由于事故的突发性和复杂性，再完善的预案也不可能事先制定出所有可能的事故应对措施和处置步骤，因此，在进行预案培训时还注重了对员工灵活使用预案的培训，即当发生没有预案的情况时，或现有预案中没有规定怎么处理时，如何以现有的预案为指导，如何迅速控制或消除事故。

大庆石化公司在组织编制修订处置预案和处置卡的过程中，高度重视，精心组织，认真编制。所编制修订的处置预案和处置卡，在科学性、实用性和针对性等方面还需要进一步提高和完善，从基层的管理特点和危害现状出发，充分发挥基层自己编制预案的积极作用，使基层预案和处置卡更贴近事故发生和处置的实际，更好地发挥处置预案和处置卡在现场应急处置中“第一时间、第一现场、第一处置”的重要作用。

附件：E207 轻柴油泄漏着火应急处置卡

版本号： 发布日期：

一、岗位名称：炼油厂一重催分馏岗

二、事故现象：换热器 E207 封头呲开，轻柴油泄漏，从所处平台流向下一层平台，并有油气扩散，现场着火。

三、危险告知：E207 泄漏介质为轻柴油，其蒸气与空气可形成爆炸性混合物，能在较低处向远处扩散，遇明火、高热能引起火灾甚至爆炸的危险。

四、注意事项：处理人员必须在保证自身安全的前提下处理事故，先控制，后救助；先防泄，后治理；控制火势，灭火，灭火人员必须穿戴好隔热服。

五、处置程序：

1. 发现人员立即报火警 119、报告班长，投入现场灭火；如有人受伤立即进行救助，并报 120。

2. 班长汇报车间领导（电话略），调度室（电话略），然后指挥第一现场处置。

3. 分馏副操穿上防火服，戴上防烟尘的面具，迅速赶到分馏区框架下消防器材箱内取 8 千克干粉，并使用平台消防蒸汽，向着火点进行灭火。打开 E207 副线阀并关闭出入口阀门。

4. 主风机副操负责 22＃路和 5＃路至车间门口这一区域的警戒，汽压机副操负责 3＃路至 5＃路这一区域的警戒，防止其他人员进入现场。

5. 分馏主操联系三升泵房给一重催消防水线提压。

6. 反应副操启用稳高压消防水炮灭火。

7. 分馏副操用消防水带，启用消防竖管进行灭火。

8. 分馏副操将泵 P205 停机并关闭出入口阀，E207 切除系统，外收封油。

9. 主风机副操在路口迎接消防车的到来。

10. 配合消防队灭火，若火情严重控制不住，装置停工。

注：以上十个前期处置步骤，就足以应对 E207 封头呲开造成的泄漏着火事故，这种紧急处理程序也足以将事故危害控制到最低限度，将装置影响降到最低程度。

5. 石家庄市电化厂结合企业特点做好安全预防工作的做法

石家庄市电化厂成立于 1968 年，主要生产烧碱、三氯化磷、盐酸等化工产品，目前已经发展成为一家较具实力的生产型企业。

石家庄市电化厂是以电解饱和食盐水生产烧碱、氢气、氯气及各种氯产品的氯碱化工企业，具有高温高压、易燃易爆易腐蚀易挥发等特点，所以做好防火、防爆、防烧伤烫伤、防雷电灾害、防污染及机械伤害显得尤为重要。电化厂坚决落实“安全第一，预防为主”的安全生产方针，积极探讨事故发生规律，结合企业特点，做好预防工作，取得了很好的效果。

石家庄市电化厂结合企业特点做好安全预防工作的做法主要是：

(1) 根据不同气象条件开展不同的预防活动

一年四季的气候有不同的特点，气候的变化对化工生产有着不同的影响，尤其对氯碱企业影响较大。为避免产生不良的影响，根据这些气候的变化，电化厂有重点地开展不同的预防活动，确保安全生产。

春天天气比较干燥，易发生火灾事故，氯碱企业由于有易燃、易爆的危险化学品，如氢气、甲苯、黄磷等，这些物质在发生事故时，往往火灾、爆炸事故同时发生，所以春季适于有重点地开展火灾、爆炸事故预防活动。

氯碱企业发生过爆炸事故的岗位较多，从电解槽开始，氯气总管、氯氢处理、氯化氢合成炉、液氯充装等都发生过爆炸事故，究其原因大致分为3类：第一类是工艺指标控制不合格或违反操作规程，如电解槽缺盐水、氯含氧过高、三氯化磷聚集等；第二类是压力容器或电气设备有缺陷；第三类是检修作业时没按要求动火。针对以上3类原因，应采取相应的安全措施，加强工艺管理，严格控制工艺指标，定期对容器等设备进行检修和检测，加强检修的安全管理等以预防事故的发生。

夏天气温较高、雷雨较多，气温高对冷却系统指标有较大的影响，除做好防暑降温工作外，雷电灾害的预防也很重要。由于氯碱行业属耗电大户，各种电气设备多，高低压并存，有大电流、裸铜排等，另外，外电网因雷电污闪等突然停电，轻者会造成全厂停车，重者造成大量氯气外溢而导致污染事故发生，所以夏天应重点开展雷电灾害事故预防活动。电化厂编写了突然停电紧急停车处理规程、人身触电事故处理原则。同时由于夏季天气炎热，职工劳保穿戴易不规范，尤其光膀子、穿拖鞋现象尤为明显，加之氯碱行业的原材料产品有强酸（盐酸、硫酸）、强碱（氢氧化钠），易造成烧伤、烫伤，所以还开展了烧伤烫伤事故预防活动。为此电化厂制作了防护用品箱，箱内有解氯水，防烧伤、烫伤药品，及防毒面具、呼吸器等应急物品，一旦发生事故，能及时有效地进行处理。

尽管秋天秋高气爽，但有时空气湿度较大，许多氯产品如盐酸、三氯化磷等遇潮湿的空气易挥发或水解，产生有毒的氯化氢气体，此气体对人的呼吸道有刺激性作用，故秋天应重点开展污染事故预防活动。

冬天，由于气温较低，风雪天多，路面较滑，职工劳保穿戴不规范，尤其有人穿棉袄作业，易被卷入设备，上下楼梯时路滑易摔伤，所以冬天应重点预防机械伤害事故。

以上各季节开展的预防活动，首先由各部门专兼职安全技术员完成部门的预案，做到“一岗一案”或“一岗多案”，将这些预案编写成册，然后组织职工学习并分别演习，使职工掌握预防措施。

(2) 开展作业现场预知活动

氯碱行业历年伤亡事故统计显示，按工种分析，化工操作工的伤亡最多，因发生事故时操作工主要在现场一线，其次是检修人员，说明检修作业安全措施落实不够，所以在作业现场，必须开展危险预知训练活动。

电化厂开展的危险预知训练活动，主要是针对作业现场存在的危险因素，进行实地演习和训练，其目的是使作业人员了解现场危险情况，针对这些危险因素应采取的技术对策和注意的事项，以便于防范，保证作业安全。例如对简单的房顶灯修理问题，首先分析其作业类型为电器高空检修作业，其次应考虑可能发生的事故，如触电伤害、人员摔伤、其他危害等，最后相应地要考虑三项或多项预防措施。造成电伤害可能的因素有电源合闸，摔伤的可能因素应考虑人是否能站稳，人员站立位置是否恰当，故此，再进一步可考虑将电源闸关掉等。

危险预知就如同下棋，越是多考虑几步，安全系数就越高。为此，电化厂推广应用了“作业现场安全预知操作票”，其具体要求如下：

● 部门负责人在作业前必须召集有关人员（如安全技术员、设备员、工艺技术员、监护或执行人员等）到作业现场进行认真分析，分析作业现场所有可能产生事故的危险因素，这些因素导致事故发生的条件，怎样防止，有哪些安全注意事项及联络方式，配合情况如何（尤其交叉作业）等，将分析情况认真记录在操作票上。

● 将所有危险因素一一排除的具体措施，考虑周全，认真填写在操作票上，并给作业人员配足防护器具及个人防护用品。

● 一旦发生事故，执行人员是否掌握应急处理措施，相应的器材等防护用品配备是否充分，由负责人认真落实。

● 以上三项要逐一交代给作业执行人，执行人必须在熟悉以上措施后，方可在操作票上签字，而后开始作业。

● 为有效落实操作票制度，将该制度与责任制考核严格挂钩，各负责人认真填写，不得有漏项，不能代签，一式两份，部门一份备案，执行人一份作为安全监督部门现场检查用。

通过作业现场预知活动的开展，作业安全合格率达 100%，无一轻伤事故发生，从而有效地确保了作业现场的安全。

电化厂所开展针对性的预防活动，对全厂安全生产起到了积极的作用。如 35 千伏电路污闪，易造成供电系统电压大幅度降低，导致氢气泵、氯压泵、氟利昂压缩机等关键电器设备大面积掉闸，从而导致全厂系统停车或发生污染事故。自开展雷电灾害事故预防活动后，在安全预防措施上先后对 6 台氯压泵、4 台氢气泵、4 台氟利昂压缩机的控制回路安装了继电保护器，只要工作电压不低于额定电压的 30%都能可靠运行。2 年来，针对性的预防活动保证了全厂系统的正常运行，避免了系统停车及污染事故的发生，季节变化对安全生产的影响也得到了有效预防，对全厂实现安全生产起到了有力的推动作用。

6. 烟台万华聚氨酯公司探讨事故规律实施应急管理的做法

烟台万华聚氨酯股份有限公司成立于 1998 年 12 月，主要从事以 MDI 为主的异氰酸酯系列产品、芳香多胺系列产品、热塑性聚氨酯弹性体系列产品的研究开发、生产和销售，是亚太地区最大的 MDI 制造企业。

烟台万华公司在生产过程中，涉及光气、甲醛、丙烯腈等多种有毒有害物料，技术难度大，工艺流程复杂，几乎涵盖了所有化工单元操作类型，特别是光气这种剧毒气体，控制不好很容易导致事故发生。为此，公司牢固树立“安全第一，预防为主”和“安全就是最大效益”的思想，时刻把安全生产作为重中之重，树立安全理念，倡导安全工作方式，针对企业特点和实际情况，收集整理近年来我国光气及光气化产品生产企业的事故资料，分析光气事故发生规律，积极做好应急管理工作。

烟台万华聚氨酯公司探讨事故规律实施应急管理的做法主要是：

(1) 收集整理光气事故资料，分析光气事故发生规律

烟台万华公司历来重视安全管理，从未发生过重大光气安全事故，但是为了预防事故的发生，公司收集整理了近年来我国光气及光气化产品生产企业发生的175起事故的详细资料，通过分析找出光气事故的发生规律，有的放矢地实施针对性措施。

在这175起事故中，发生频率最高的环节是光气化，占总数的50.3%；其次是光气合成，占24.6%；尾气处理、光气储存、一氧化碳制备、液氯气化、光气输送、光气风机检修等环节也会发生事故。

在这175起事故中，管道、设备缺陷引发的事故占事故总数的38.0%，个人防护用品缺乏或缺陷占22.3%，操作不当占10.2%，违章操作占9.7%，设计缺陷、安全装置缺乏、管理不当、违章指挥等也会引发事故。

经过分析，烟台万华公司逐项对照《危险化学品从业单位安全标准化规范》（试行），对原有的安全管理体系、安全管理制度进行查漏补缺，重点针对薄弱环节，在安全管理规章制度、宣传培训教育、危险源识别和风险控制、现场规范管理、承包商和供应商管理、事故与应急等方面结合企业实际，进行规范和完善。

(2) 加强人员教育培训，加强危险源识别

近年来，烟台万华公司全面梳理原有的安全管理制度，修改、完善规章制度96个、各类台账11类，并严格对制度执行情况进行考核。目前公司的安全制度从责任制到操作手册，从内部员工管理规定到外来承包商、参观人员管理制度，覆盖全面，各项工作有制度可依，作业有程序可循。

● 加强人员教育培训。烟台万华公司还采取多种形式教育员工理解实施安全生产的意义、安全标准化规范的内容，增强参与意识和工作的自觉性，掌握本岗位作业操作技术，规范作业行为。同时根据所进行的安全标准化工作要求，对全体员工、公司负责人、安全生产管理人员、特种作业人员、承包商、外来参观人员进行相应的安全教育和培训，并建立了培训台账和记录。各级安全管理人员全部通过了烟台市安监局举办的安全管理资格培训，特种作业人员的持证上岗率、员工的安全教育培训率、承包商及外来参观人员接受安全教育的培训率均达到100%。

● 加强危险源识别。根据企业安全生产的要求，烟台万华公司修订、完善了危险源识别与评价方法，并对各车间、部门进行培训，对危险源进行重新识别、评价和确认，并反馈到各岗位进行严密监控。按照GB 18218—2009《危险化学品重大危险源辨识》，公司共确定重大危险源5处，为每个重大危险源建立了详细档案和整套规章制度，按照重大危险源检查表的要求，每月进行一次全面检查，发现隐患立即整改。

● 规范现场安全管理。按照安全管理要求，烟台万华公司投入大量资金，补充、加挂了各类安全标识牌100多块、安全消防和应急告知牌及生产现场有毒有害岗位、有害因素检测公示牌30多块，为生产现场制作更换了急救器材柜，还在检修、维修、施工、吊装及外来施工单位的各个作业现场设置了区域警示标志。此外，公司还加强了对危险化学品装卸环节的管理，制定相应的管理制度和安全操作规程，严格资质查验和发货、系固情况的查验核准。

● 承包商和供应商管理。烟台万华公司对此制定了《承包商管理制度》和《供应商管理制度》，在与承包商和供应商签订合同前，对其安全管理情况、安全资质、劳动防护等方面进行审核，达不到要求的不与之签订施工、供货合同。在承包商进入公司施工前，按照公司规定由安全管理人员对其施工人员进行安全教育后进入施工现场，由属地主管对其进行现场安全教育，然后方可动工。

● 建立完备的应急救援体系。2005年，烟台万华公司与中国安全生产科学研究院合作，编制了《烟台万华重大事故应急救援预案》，完善监测和消防等应急装备，提高应急预警能力，对光气、氯气等危险化学品生产、使用企业发生的各种事故，进行事故模拟，针对不同阶段的应急救援情况制定标准操作程序，并在实际演练中不断完善。经过急救培训、灭火器培训、呼吸器培训、灭火演练、疏散演练、泄漏演练等专项培训和演练，使员工的各项应急能力得到提高，同时应急系统也得到不断修正。

(3) 实现安全管理本质化，建立安全长效机制

安全管理是企业永恒的主题。烟台万华公司结合安全标准化规范的实施，借鉴杜邦安全管理体系，形成了自己的安全文化和安全理念，把安全标准化规范变成企业的工作准则和员工的自觉行动。将安全标准化与日常工作很好地结合起来，做到安全管理本质化，形成安全管理的长效机制。

在光气生产过程中，烟台万华公司特别着重解决设备设施的不安全状态，先后投入各项安全费用5 000多万元，改善和增加光气生产、监控、减缓措施，确保生产装置的本质安全。这些措施包括：

● 对光气浓度高的设备进行了局部封闭，浓度高的溶液管线加装套管，套管内充氮气保护，并有压力指示报警系统。

● 含有光气浓度较高溶液的输送泵都采用磁力泵，所有接触光气及光气溶液的设备均采用耐腐蚀性极强的材质。

● 光气化生产装置及液氯储槽的重点部位，安装了国外引进的先进光气、氯气探测报警设备。

● 优化工艺，废除液态光气储槽，安装紧急光气分解系统。

● 光气浓度较高的设备设置氨水喷淋装置，整套装置外围用蒸汽喷淋和循环水喷洒两种水帘封住。

● 装置内安装可燃气体浓度检测仪和火焰检测仪。

● 生产装置上设有电视监控系统，设置了25处危险监控点，随时监控现场生产情况。

● 主控室及其他控制室实行全密闭，内部保持微正压。

● 完善装置系统内部消防设施，及时处理装置上任何部位的生产安全事故。

● 与北京科研机构合作，成功研发光气扑消粉，用于分解外溢光气，并自主研发制造出光气扑消车，以跟踪扑消光气。

烟台万华公司还将杜邦安全管理体系、职业安全健康管理体系和安全标准化工作有机地结合起来。安全管理必须以人为本，加强员工参与，形成全员管安全的局面。

● 安全分享。企业一般用开会的形式协调布置工作，烟台万华公司也不例外，但烟台万华公司开会有一项永久议题，即分享安全经验。不管会议内容是什么，每次都要用 5～10 分钟时间进行安全分享，把大家看到、听到的安全案例、生产事故、安全创意等与大家分享，形成一种安全文化氛围。安全分享是员工参与安全管理的平台，也是很好的安全培训方式。

● 员工建制。烟台万华公司摒弃历来由领导或技术人员撰写规章制度的做法，把员工吸收进来，由员工讨论、分析安全风险、事故隐患和预防措施，最后形成安全制度。由于是员工亲身参与制定的制度，可操作性强，员工能够主动遵守自己制定的制度，并监督他人的违章行为，形成团队管理，这样，安全培训工作更加卓有成效。

● 求教式稽核。每个企业都有安全检查，习惯做法是领导发现员工处于不安全状态，当即进行批评整改，让员工感觉心情不畅，也不会牢记在心形成意识。烟台万华公司对原有的检查方式进行创新，实行求教式稽核。具体做法是当观察发现员工作业方式不安全时，稽核人员走到该员工正面，面带微笑，不进行呵斥批评，而是先协助员工脱离不安全状态，然后，向员工求教式询问，讨论他的行为方式有何隐患、可能导致的后果，怎样做才是更安全的作业方式，最后，对员工表示感谢。这样，员工会深切感受到稽核人员的关心和尊重，承诺采取更安全的作业方式，杜绝重复违章的现象。

7. 陶氏化学公司将过程风险管理理论运用于应急管理的做法

美国陶氏化学公司创建于1897年，是一家以科技为主的跨国性公司，位居世界化学工业界第二名，在世界50多个国家和地区建有工厂，主要研制和生产系列化工产品、塑料及农化产品，公司业务涉及180个国家和地区，全球员工4.6万人，目前总销售额达400亿美元，产品类型多达3 500余种。陶氏化学公司在大中华地区共有6个业务中心，在我国张家港、宁波、中山、南岗等地设有18家生产工厂和合资企业，员工约3 500名。

陶氏化学公司秉承“责任关怀”的理念，非常重视工艺和设备的安全管理，在风险管理、应急救援等方面进行了卓有成效的工作，并且将过程风险管理理论运用于安全管理之中，制定了自己的企业标准，在所属企业中大力推广陶氏化学公司过程风险管理标准。同时，为了随时应对生产中可能发生的问题，还建立了完善的操作规程管理系统和应急处置系统。

陶氏化学公司将过程风险管理理论运用于应急管理的做法主要是：

（1）编制详细的事故应急预案

陶氏化学公司所属各厂均编制了详细的事故应急预案，每个分厂、每套装置都制定出书面的事故应急预案，并对预案进行演练，验证其可靠性，同时为应急人员提供相应的培训和资格认证。

陶氏化学公司还定期对应急预案进行测试。每年对各工厂的轮班人员、每套装置应急预案的运行情况进行4次模拟测试。模拟测试内容包括实时事故、假设最坏的或最可能发生的情况、潜在事故的风险评估。参与人员包括社区、消防与救护服务部门、执法部门的人员及互助合作伙伴。演练后还会对演练情况进行评估，对参与者的意见进行总结，并记录在案，作为指导下一步事故应急响应行动的文档资料。

根据陶氏化学公司责任关怀的社区知情权与应急响应准则(CAER)，陶氏化学公司会与周边社区针对急性风险（如泄漏、火灾、假设最坏的情况）、慢性风险（如排放物、废物）等有关事项进行对话，回答社区咨询委员会关心的问题。陶氏化学公司在工厂和周边居民社区之间设立隔离带，栽植树木，并定期邀请周边居民参观厂区，以促进相互理解。

(2) 建立应急响应中心

陶氏化学公司建立有应急响应中心，可以对重点区域实时视频监控，应急响应中心拥有计算机辅助决策系统，使用Safer Realtime事故应急系统软件，根据便携式无线浓度检测仪的实测数值，通过GPS全球定位系统，对报警地点实行快速定位，并根据事故物质和天气状况等条件进行事故模拟，然后快速出动合理的应急力量。例如，陶氏化学公司所属加西分部的应急响应中心地点选在距离装置较近但比较安全的地方，在发生无法控制的重大事故时，这里将是现场应急人员最后的撤离地点。加西分部应急响应中心分上下两层，上层为接警中心，一天24小时值班，地下一层为应急指挥部，设有各相关部门负责人的席位和专线电话，可以直接与相应的部门联系。每天安排公司有一定经验的高层领导值班，作为事故应急响应总指挥，一旦发生事故，立即召集各部门负责人就位，召开联席会议，通过各相关部门的专线电话，直接下达指令。依据预案，分工明确，各负其责，协同指挥全厂的应急救援行动。

(3) 设置紧急警报级别

陶氏化学公司把紧急警报分为4个级别：

● 准备待命警报：存在潜在危险，应急人员处于待命状态。

● 一级警报：发生小事故，事故影响仅局限于本装置，由现场应急人员进行处理，不激活应急救援指挥中心（EOC)。

● 二级警报：发生重大事故，立即激活EOC，启动应急预案，由EOC统一指挥。

● 三级警报：事故影响超出现场资源所能控制的范围，应向外部救援力量求助。

(4) 应急救援器材中心与人员配备

陶氏化学公司的应急救援器材中心，配备有装备先进的消防车、救护车、应急救援车、应急指挥车等，并拥有自己独特的堵漏技术。

陶氏化学公司的应急响应组织精干高效，按照应急救援的需要，应急队伍配备了不同级别、不同专业背景和工作经验的人员，他们必须经过一定时间的专业培训后才能上岗，并保证每年接受一定学时的培训，以确保救援的实际效果。

陶氏化学公司应急响应队伍分布在美国和加拿大的各地，可以通过美国和加拿大化学品运输应急中心与陶氏安全部门及其他有关人员来启动应急响应行动。陶氏化学公司的应急响应中心还为企业外的其他地方发生的化学事故提供免费的应急救援服务。

8. 广东核电集团公司提升安全管理理念加强应急管理的做法

中国广东核电集团有限公司成立于1994年9月，注册资本102亿元人民币，拥有大亚湾核电站、岭澳核电站、辽宁红沿河核电站、福建宁德核电站、阳江核电站、广西防城港核电站、台山核电项目等，其中已投运76万千瓦，实现权益装机350万千瓦。

广东核电集团自成立以来，始终坚持“安全第一，质量第一，追求卓越”的方针，以打造同行业金牌栋梁企业为目标，在成功建设大亚湾核电站的基础上，通过将已投产核电站产生的效益作为资本金投入开发新的核电项目，形成了“以核养核，滚动发展”的良性循环机制，在核电站运行、维修、技术支持、安全监督、质量管理等方面达到了世界先进水平。在安全管理上始终坚持“安全第一、质量第一”的工作方针，不断提升安全管理理念，加强应急管理，构筑坚不可摧的安全屏障，有效防范和杜绝了核电安全事故的发生。

广东核电集团公司提升安全管理理念加强应急管理的做法主要是：

(1) 高度重视安全文化建设，不断提升安全管理理念

广东核电集团公司把安全文化作为企业文化的核心，得到了应有的重视。

● 领导人员首先正确认识安全文化的内涵与精髓，在行为准则上做到率先垂范。以亲身授课的形式倡导公司的价值观和安全文化承诺，诠释透明、自省、反馈、学习以及持续改进的安全文化理念，有效提升了整体管理水平和安全文化水平。

● 努力培养员工正确的思维习惯。要求广大干部员工客观认识安全业绩，查找有待改进的领域，实现持续进步；冷静处理突发事件，客观看待人的行为；强调无后果不等于无问题，不能只问结果不管过程；强调长远与眼前，在决策过程中不要牺牲根本应付眼前，要有长治久安的思维和心态。

● 开展一系列富有创新意识的安全文化活动，使安全理念更加深入人心。开展以“为了永远不再发生”为主题的“切尔诺贝利核电站事故 20 周年”大型纪念活动，通过影像、图片、数据等历史资料，结合专家讲解以及观众互动的方式，重温了切尔诺贝利事故发生的过程、背景以及后续的社会影响，分析了事故的技术原因、人和管理方面的原因以及文化层面的原因，回顾了事故后国际核能界的反思与改进、核电安全文化建设历程等，达到了以史为鉴，深刻警醒的目的。人因工具卡的积极推广和实践，旨在最大限度地减少人因失效，有效预防事故的发生。以“辩安全文化之精髓，追核电运营之卓越”为主题的安全文化辩论赛，使广大员工对安全文化的认识与理解在深入的辩论中越辩越明，推动了其认识从浅显、零散、片面走向深入、系统、全面。注重整体效果，不仅包括成员公司自身，还拓展到相关承包商，努力使整个产业链形成相同的价值观和文化导向。

(2) 加强应急管理，全面提升防范事故的能力

中广核集团高度重视应急管理工作，把十多年来在核事故应急管理方面积累的经验成功拓展到其他突发事件，逐步形成了具有中广核集团特色的应急管理体制和机制。

● 加快应急预案编制，完善应急预案体系。2005 年 10 月，集团公司发布了《中国广东核电集团突发事件总体应急预案》，从整体的层面规范了集团突发事件应急组织体系、应急响应和处理机制，明确了集团、核电基地、成员公司应急组织的职责和运作机制，建立了覆盖集团、核电基地、成员公司“两级三个层次”完整的应急预案体系，理顺了各种接口关系，确立了事件分级分类原则、报告准则和指挥定位，建立健全了一整套与国家、省、市突发事件总体应急预案相配套的应急救援体系。

● 加强应急体系建设，突出核电基地模式。一是应急管理体制突破行政界限。中广核集团突发事件应急组织体系由集团应急组织、核电基地应急组织、成员公司应急组织三个层次构成，体现了“两级三个层次”的特点。两级是指集团公司和成员公司，三个层次是指集团、基地、成员公司。核电基地模式突破了行政界限，对影响范围涉及基地内各相关单位的突发事件（如核事故、超强台风、突发公共卫生事件等），由核电基地应急组织进行统一协调与指挥，统一调配基地内相关应急力量与资源，统一组织疏散、撤离与救援。二是应急管理链条延伸到每一个实体单位。中广核集团突发事件应急组织体系逐级延伸，以核电基地为一个整体，覆盖到基地内项目业主单位、项目工程管理单位、施工承包商和服务支持单位。每一实体单位根据自身在应急管理链条中所处的位置，建立符合自身实际的应急管理体制和机制，并通过向上下游的延伸，实现基地内突发事件应急响应和处置一体化运作。三是应急管理机制体现“积极兼容”。在充分保证核事故应急响应体系运作有效的前提下，积极兼容，依托核事故应急响应体系，拓展覆盖到其他突发公共事件，提高了应急组织的效率。

● 强化保障，建立统一的应急指挥平台。2006 年 11 月底，完成了集团突发事件应急指挥系统（一期）开发以及集团应急指挥中心、大亚湾核电基地和阳江核电基地应急指挥中心建设。新建立的集团突发事件应急指挥系统，使视频监控、指挥调度、决策支持、视频会议四大功能成为有机整体，使得集团、基地、公司应急组织能够在统一的应急指挥平台上进行信息交互，提高了应急指挥、决策的效率。同时，也为2006年年底成功举行集团防抗超强台风袭击联合应急演练提供了技术保障，使得首次覆盖集团及两个基地的联合应急演练得以实现。

● 加强演练，提高应急能力。为强化核电站应对极端气候条件下确保人员、机组、设施、设备安全的各项保障措施和能力，切实提高集团应急管理工作水平，2006年12月22日，集团公司总部、大亚湾核电基地、阳江核电基地成功举行了代号为“海燕行动”的集团防抗超强台风袭击联合应急演练。演练紧密结合集团的地域特征，充分考虑自然灾害频发，超强台风对核电站可能造成的影响，重点检验了各级预案的融合性、可操作性和完整性，两级三个层次应急组织的协同性、指挥的有效性，以及跨地域、多事件的应急响应与处置能力。国家政府有关部门的官员以及广东省、深圳市新闻媒体作为特邀专家和嘉宾在集团应急指挥中心观摩了此次联合应急演练，给出了一致的好评。

(3) 高度重视核电工程建设安全管理，创新安全管理实践

中广核集团高度重视核电工程建设安全管理，积极推行“五星安全评估”，创新安全管理。一是狠抓承包商在施工合同执行过程中所暴露的“两张皮”问题，在合同中细化安全条款，落实安全责任。明确什么可以分包、什么不能分包，什么是“事实分包”等基本问题，使问题透明。二是建立安全投入的量化模型，明确资金来源，建立独立账户，专款专用，确保安全投入到位。三是建立项目安全达标机制和安全协调机制，突出安全重点，形成一体化的安全管理团队。四是制定了作业人员必须遵守的“三条铁律”，并将执行情况列入“五星安全评估”。五是安全监督实行“实名扣分”“三棒出局”等制度。安全监督的结果与“五星安全评估”标准相比较，实施动态跟踪分析，准确把握现场施工承包商安全状况的演变趋势，做到以“预”为先，以“防”为主，有效防范事故的发生。

9. 三峡集团不断完善工作机制提升应急管理水平的做法

中国长江三峡工程开发总公司成立于1993年9月，2009年9月更名为中国长江三峡集团公司，为国有独资企业，注册资本金1 115.98亿元，主营业务为水电工程建设与管理、电力生产、相关专业技术服务，现有11个全资和控股子公司，在岗职工达11 900人。

2010年长江流域发生“7·20”洪水灾害，最大洪峰流量达到7万立方米/秒，这是三峡工程自建坝以来经历的最严重的洪水，工程建设安全受到威胁。灾害发生后，三峡集团立即启动《三峡枢纽防汛应急预案》，并与长江防总协同作战，最终拦蓄洪水76亿立方米，降低荆江河段沙市站水位约2.5米，确保了长江中下游河段的安全度汛。这起事件的应急处置仅仅是近年来三峡集团安全生产应急管理工作的缩影。多年来，三峡集团牢固树立安全发展的理念，从日常安全管理点滴工作入手，通过编制应急预案，组建各类应急队伍，完善工作机制，建立健全管理体系，提升了应急管理工作水平。

三峡集团不断完善工作机制提升应急管理水平的做法主要是：

(1) 编制预案，强化衔接

编制预案是应急救援准备工作的核心，是及时、有序、有效地开展应急救援的重要保障。2006年10月，三峡集团成立应急预案编制委员会，启动预案编制工作。2007年1月，集团印发了《中国长江三峡工程开发总公司突发公共事件总体应急预案》和《施工安全事故应急预案》等17个专项应急预案，通过了国家应急救援指挥中心评审。2009年根据《突发事件应对法》《生产经营单位生产安全事故应急预案评审指南》，对危险源分析进行了细化，建立应急救援装备、救援物资、队伍管理台账，调整了应急指挥机构，明确了人员职责，完善了应急处置程序，增补了《三峡集团公司电站机电设备安装调试事故应急预案》，并于2010年3月组织专家进行了评审。

集团的二级单位根据集团应急预案，结合本单位实际，编制了本单位综合应急预案和专项应急预案（或现场处置方案）300余个。内容涉及施工安全、道路交通、食品卫生、民爆、油库、重大件吊装运输等，涵盖了公司业务的主要部位和重点环节。

另外，三峡集团还注重预案衔接，针对突发事件类型进行应急预案的系统规划，保证各应急预案之间的协调性，形成应急预案体系。三峡集团应急预案体系由集团层级应急预案、各二级单位应急预案和基层单位现场处置方案组成，预案之间相互衔接，并根据情况变化不断完善、更新，如图1所示。

三峡集团层级应急预案由一个总体应急预案和16项18个专项应急预案组成，总体应急预案是从总体上阐述处置突发事件的应急方针、政策、应急组织结构及相关应急职责、应急行动、措施和保障等基本要求和程序，以应对各种突发事件，指导集团开展应急管理工作。专项应急预案是针对集团系统内某种特有和具体的事故灾难风险，采取专业性的减灾、防灾、救灾和灾后恢复行动，是指导某一类突发事件应急救援工作具体操作性文件。二级单位应急预案是主要针对各二级单位内可能出现的突发事件而制定的行动方案，分为综合预案和专项应急预案，与集团级预案相互紧密衔接。基层应急预案与现场处置方案主要为集团二级单位的下属单位或工程项目部门所管辖的工程施工、监理、供水供电等单位针对生产经营、施工活动为具体目标或者危险性较大的重点岗位所制定和实施的应急预案与现场处置方案，是三峡集团二级单位应急预案的重要组成部分。

(2)“三层二级”的组织体系

建立职能清晰、功能完备、权威高效、反应灵敏的组织指挥机构，是规范应急管理、提升应对能力的核心和关键。为此，三峡集

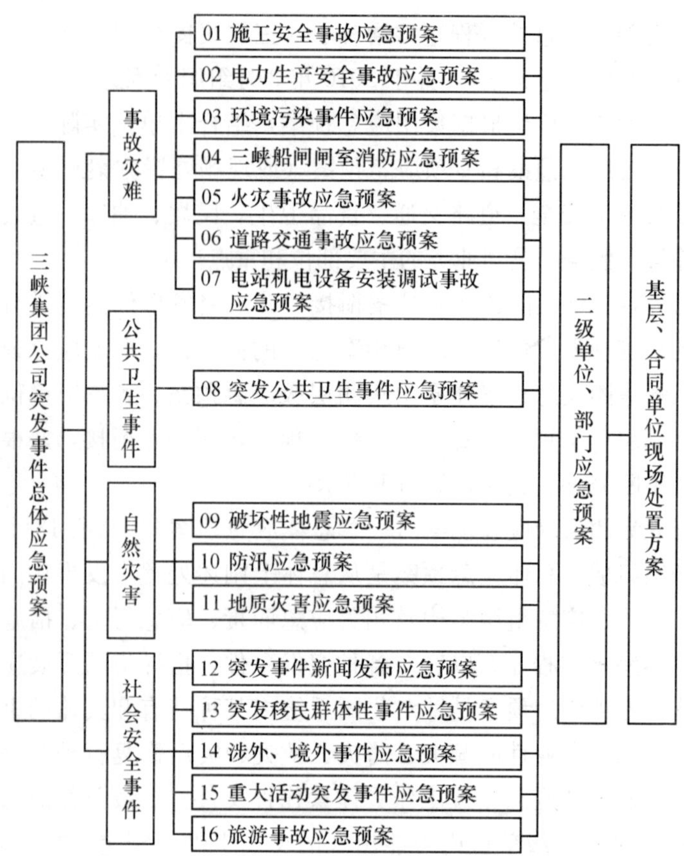

图 1　三峡集团公司应急预案体系

团建立了“三层二级”应急指挥体系。“三层”指三峡集团应急管理分 3 个层级，即三峡集团公司层、二级单位（部门）层、基层或合同单位层；“二级”指三峡集团公司应急指挥分为二级指挥，即应急指挥中心为一级指挥，侧重于高级别的协调、指挥、决策，现场指挥部为二级指挥，侧重于现场救援组织与处置行动等，一般由二级单位负责，如图 2 所示。

三峡集团及各二级单位还根据应急救援工作的需要，组建了应

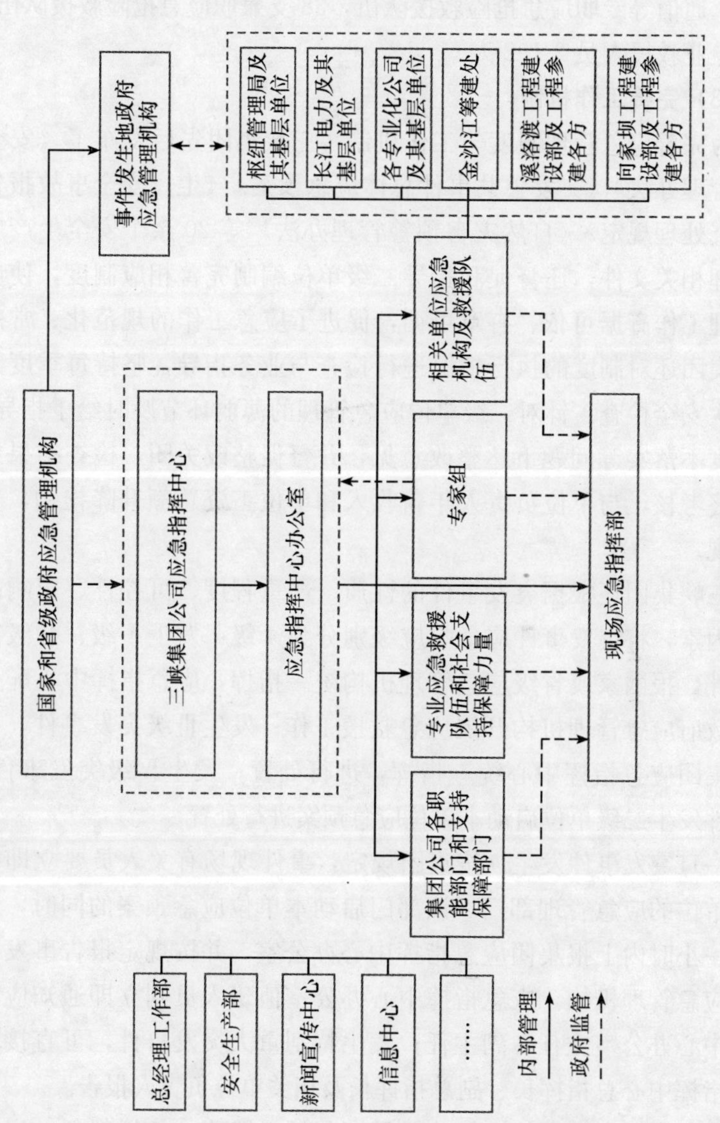

国家和省级政府应急管理机构
事件发生地政府应急管理机构
三峡集团公司应急指挥中心
应急指挥中心办公室
枢纽管理局及其基层单位
长江电力及其基层单位
各专业化公司及其基层单位
金沙江筹建处
溪洛渡工程建设部及工程参建各方
向家坝工程建设部及工程参建各方
相关单位应急机构及救援队伍
专家组
专业应急救援队伍和社会支持保障力量
集团公司各职能部门和支持保障部门
现场应急指挥部
总经理工作部
安全生产部
新闻宣传中心
信息中心
……
内部管理
政府监管

图2 应急组织机构图

急救援队伍，先后成立了 17 支消防、防洪、氨（氯）泄漏、电力、供水、通信等专职应急抢险救援队伍，38 支兼职应急抢险救援队伍，拥有专业救援人员 2 192 人。

(3) 完善工作机制

为完善应急管理制度与工作机制，三峡集团先后发布了《安全生产管理办法》《突发公共事件总体应急预案》《生产安全事故报告和调查处理规定》《自然灾害预警管理办法》等 20 余个安全生产应急管理相关文件，还督促和指导二级单位编制完善相应制度，使应急管理工作有据可依、有章可循，促进了应急工作的规范化、常态化。集团还对制度的执行情况进行检查与业务指导，坚持每季度开展一次安全检查。针对二级单位应急管理的薄弱环节及时给予指导，对制度不落实等问题下达整改意见，并督促整改关闭，检查结果纳入年终考核，与单位负责人年薪收入和单位工资总额升降挂钩，奖惩兑现。

三峡集团还根据突发事件的性质、严重程度、可控性、影响范围等因素，将突发事件应急响应级别分为 4 级：发生Ⅰ级、Ⅱ级突发事件，报国家或省级应急管理机构统一指挥，应急指挥中心配合各级政府应急管理机构开展应急救援工作；发生Ⅲ级突发事件，由三峡集团应急指挥中心统一指挥，进行处置；发生Ⅳ级突发事件，由事件发生二级单位启动本单位应急预案进行处置。

一旦突发事件发生，按集团规定，事件现场有关人员要立即报告该单位的应急管理部门。该部门启动本单位应急预案的同时，还应在一小时内上报集团应急指挥中心办公室，并按规定报告事发地政府应急管理机构。应急指挥中心办公室值班人员则立即通知应急指挥中心办公室主任、副主任；发生特别重大突发事件，可直接向应急指挥中心总指挥长、副总指挥长及相关单位负责人报告。

三峡集团突发事件应急响应程序包括：接警→分析判断→启动预案→应急救援→应急恢复→应急结束→总结评审等（见图 3）。

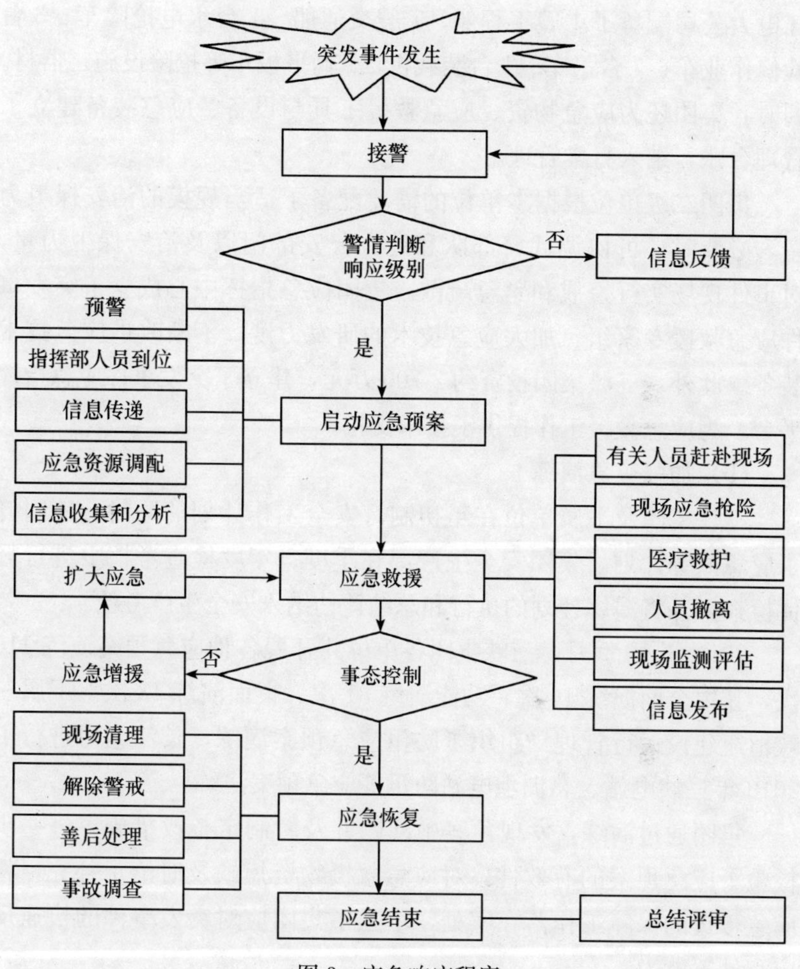

图 3 应急响应程序

(4) 强化保障措施

三峡集团根据生产经营特点，在各二级单位分别设立了应急物资仓库，储备了常用应急救援设备、器材、工具。如根据“5·12”汶川地震的应急救援经验，在金沙江在建工程项目中配备了专用的移动式发电设备、海事卫星电话、无线对讲机等应急装备，下属长江电力公司配备了1艘工程船、1艘交通船、1台水电抢险车、3台检修作业车、7台吊车、1台装载机、1辆平板车等抢险设施、器材。同时，集团还为应急物资、应急救援工具与设备、应急装备建立了管理台账，纳入日常管理。

集团二级单位根据本单位的需要配备了适当规模的治安保卫力量，必要时还可协调武警部队和地方公安部门以及治安保卫力量，对事件现场实行警戒和紧急疏散。集团应急指挥中心成立了突发事件应急救援专家组，加大应急技术的研发力度，不断改进应急技术装备。此外，三峡集团投资约2 700万元，建立了突发事件应急指挥平台，为应急救援工作提供了技术支持。

(5) 加强应急演练

三峡集团及下属单位在年初制订安全工作计划的同时，还制订了应急演练计划，集团安全生产部在季度、年度检查考核中进行督促检查，并将演练计划的执行和总结评估纳入安全生产考核。

2010年1—9月，三峡集团各单位共开展各种应急预案演练110次，其中全面演练16次、功能演练81次、桌面演练13次。下属三峡枢纽建设运行管理局组织了防汛应急预案演练，长江电力进行了2010年三峡电站、葛洲坝电站防汛等应急预案演练。

集团通过演练，发现预案中问题并及时制定整改措施，进一步检验了应急预案的有效性，对应急救援物资短缺及时给予补充，将应急救援的保障工作落在实处，增强了集团应对突发事件的快速反应和处置能力。

10. 平朔公司井工一矿建设安全避险“六大系统”的做法

中煤平朔煤业有限责任公司组建于1982年，是中国中煤能源集团有限公司的核心企业，也是目前我国资源回收率最高、多项指标位居全国领先水平的露井联采的特大型煤炭生产企业。2010年，平朔公司原煤产量首次突破1亿吨，建成我国首座单一的露井联采的亿吨级矿区。

井工一矿是平朔公司实施露井联采技术后建设的第一座井工矿，位于山西省朔州市平鲁区，设计生产能力为 1 000 万吨/年。煤种以气煤为主，低磷，发热量在 $2.0\times10^{7}\sim2.3\times10^{7}$ 焦/千克之间，是良好的动力用煤和炼焦配煤。早在建矿初期，平朔公司井工一矿就推广“无人则安”的安全理念，加大先进装备的投入，大力发挥科技在安全生产中的主导作用。近年来，井工一矿更强力推动井下安全避险“六大系统”的建设，变“被动救援”为“主动超前防护，依靠科技施救”，切实提升矿井抗灾级别，最大程度地保护职工的生命安全。目前，井工一矿安全避险“六大系统”已经全面建成，满足“系统可靠、设施完善、管理到位、运转有效”的总体要求。

平朔公司井工一矿建设安全避险“六大系统”的做法主要是：

(1) 高标准建设安全避险“六大系统”

2010 年 7 月，国务院下发《国务院关于进一步加强企业安全生产工作的通知》（以下简称《通知》），中煤集团及时贯彻落实《通知》精神，将建好井下安全避险“六大系统”作为强化安全生产工作的重要举措，确立了平朔公司井工一矿为安全避险“六大系统”建设试点煤矿。

安全避险“六大系统”的建设涉及多个领域技术。平朔公司井工一矿经过反复研究和试验，自主设计了完整的安全避险“六大系统”建设方案。井工一矿坚持“六大系统”与矿井生产布置、技术装备条件、灾害防治、应急救援预案等相结合的原则，在对井下原有的监测监控、人员定位、压风自救、供水施救、通信联络五大系统进行全面升级改造的同时，与中煤集团所属的中煤综合利用公司、中煤电气公司合作，引进国内外先进技术和产品，按照《煤矿井下紧急避险系统建设管理暂行规定》（以下简称《暂行规定》）的要求，新建了井下紧急避险系统，并与其他五大系统进行有效对接。

(2) 紧急避险系统

井工一矿的紧急避险系统包括：8 台可移动救生舱、1 个永久避难硐室、1个通往地面的钻孔、2个过渡站、1套生命绳，并为入井人员配备了自救器，设置了合理的井下避灾路线，优化了应急预案。

井工一矿在矿井内距离各采掘工作面1 000米范围内布置1台可移动救生舱，若采区发生火、瓦斯、煤尘爆炸、瓦斯突出等事故，采区大巷内人员无法安全撤离时，能够进入可移动救生舱等待救援。可移动救生舱内能容纳24人，在无任何外界支持的情况下，额定防护时间不低于96小时，并能够与井下原有的压风、通信、监测监控、人员定位系统连接。

永久避难硐室是在井下发生水、火、瓦斯、煤尘爆炸等事故后，为采掘工作面可移动救生舱服务范围以外的无法及时撤离的遇险人员提供的避险场所。井工一矿的永久避难硐室由过渡室和生存室组成。过渡室的有效使用面积为19平方米，生存室的有效使用面积为168平方米。避难硐室内能够提供压缩空气0.3立方米/（分钟×人），自备供氧量0.5升/（分钟×人），可容纳100人。避难硐室内设有深度为323米的直通地面的钻孔，孔内配置了压风管，流食管，供电电缆，通信、监控电缆等，能为硐室内提供能量、氧气、电力和通信。避难硐室内还设有风淋系统、供氧系统、制冷系统、净化系统、压风系统、除湿系统、通信系统、监测监控系统、供水系统、人员定位系统、动力照明系统和辅助系统12大生命保障系统，在无任何外界支持的情况下，可达到额定防护时间不低于96小时的要求。

避难硐室的过渡站内设有50个自救器、自备供氧系统和空气洗涤系统，与矿井的通风和通信系统相连，为避险人员、救援人员在逃离或施救过程中，提供更换自救器、充氧或稍事休息的安全无毒空间。

生命绳布置在矿井所有避灾路线上，绳上每隔一定距离装有不同形状的定位标和贴有反光带的定位锥。因生命绳只能沿安全方向移动，反向不能移动，所以，在井下发生火灾、瓦斯、煤尘爆炸等事故后，遇险人员因能见度低而无法正确辨别逃生路线时，可通过生命绳的引导，尽快撤离到就近的安全巷道、永久避难硐室、临时避难硐室或移动救生舱等待救援。

2011 年 8 月 13—15 日，平朔公司组织 100 名试验人员进行了永久避难硐室满负荷 48 小时的载人试验，每隔 0.5 小时记录一次各种环境参数的实际情况，并总结变化规律，检验硐室内各个系统设备仪器的独立和联动运行情况。经过测试，避难硐室内各项性能指标完全符合《暂行规定》的要求，同时，这次真人试验的成功，也标志着我国最大的煤矿井下永久避难硐室的成功建成。

(3) 安全保障各项系统

井工一矿在矿井内还建设有安全保障各项系统，主要有：

● 监测监控系统。井工一矿的监测监控系统由甲烷传感器、一氧化碳传感器、风速传感器、温度传感器等各类传感器组成，共配备传感器 90 台，覆盖矿井各工作面与巷道，并且传感器的数量和种类齐全，系统风瓦电闭锁、瓦斯超限断电以及故障闭锁功能稳定，保障监测监控系统正常运转。

● 人员定位系统。人员定位系统采用多功能的“Z-NET”综合通信平台，可实现井下人员和车辆的精确定位，定位精度在 20 米内。整个人员定位系统由地面管理计算机及软件、人员定位分站、人员标识卡、动态目标识别等组成，具有对入井人员进行实时监测、跟踪定位、轨迹回放、考勤统计、报表查询的功能。井下人员定位系统不仅可以对井下车辆及人员进行准确定位，而且可以实现预警呼救和双向通信功能。

● 预警呼救是井下出现紧急情况时，井下带卡人员通过标识卡的报警按钮，将紧急情况告知地面系统，地面系统接到紧急呼救后，采取应急援救方案。双向通信功能是指当有报警时，调度中心监控界面立即弹出红色报警框，显示报警类型、报警人员姓名、所在精确位置等信息。当井下携卡人员进入限制区域或出现人员在重点区域工作超时等异常情况时，系统会自动报警；遇到火灾、爆炸、冒顶、透水等突发情况时，携卡人员可通过标识卡上的报警按钮向井上发出报警信号。

● 压风自救系统。压风自救系统是通过地面集中压风的方式向井下提供新鲜空气。目前，井工一矿的压风自救装置已覆盖矿井各采掘工作面、主要硐室、主要辅运、主运、回风大巷以及副斜井等区域，可在发生突发事故时，满足井下作业人员通过压风自救装置进行呼吸、现场组织自救的需要。

● 供水施救系统。供水施救系统是在地面工业广场设置主、副蓄水池，通过地面钻孔铺设的无缝钢管给矿井下各作业点供水，可在发生突发事故时，对井下作业人员提供供水施救。

● 通信联络系统。通信联络系统是将井下电话接入矿内调度交换机，将井上办公电话通过信息中心交换机接入公网。公网电话可通过矿内总机自动转接井下电话。井工一矿在地面主通风机房、井下变电所、水泵房、采掘工作面、各转载点、给煤机、采掘巷道口等要害场所全部安装防爆电话机，以满足矿井安全生产的需求，并且为满足矿山应急通信的需求，还安装了矿山无线通信系统与直呼系统。

(4) 安全避险八项创新

平朔公司井工一矿的安全避险“六大系统”，在满足国家基本要求的基础上，又融入了多方面的创新成果，提高了综合安全保障能力，使系统各项性能达到了同行业领先水平。

井工一矿本着安全优先的原则，吸取国内外避险系统的成功经验，运用新材料、新技术、新工艺，充分结合本矿特点，设计开发的供水施救、通信联络等装置，弥补了国内市场上同类设备的不足。整套避险系统在具备国内其他矿井“六大系统”优点的基础上，还增加了过渡站、生命绳和永久避难硐室直通地面的钻孔等设备。井工一矿的永久避难硐室还具有硐室生存空间宽松、空气净化措施完善、降温效果明显、喷淋洗涤彻底、供氧措施可靠、监测监控系统科学合理、通信系统完善可靠等特点。

● 气动洗涤加强空气净化能力。井工一矿的避难硐室和救生舱内部的空气净化，不使用电源驱动，而是利用高压空气带动马达，形成空气流动，达到净化的目的。

● 组合降温效果良好。硐室降温是目前硐室建设的难点之一。井工一矿将压风涡流制冷、液态二氧化碳制冷、化学制冷 3 种措施组合使用，为避难硐室提供适宜的温度。

● 气刀气幕实现彻底喷淋冲洗。为防止有毒有害气体进入硐室和救生舱，避险人员应先进行冲洗。井工一矿避难硐室内采用气刀技术形成的气幕，进行单侧高强度冲洗，而不是从上往下冲洗，确保了冲洗的效果。

● 过渡站实现避险、救援再加油。井工一矿在相关规定要求的基础上，吸取国外先进经验，设置了过渡站。过渡站是为遇险人员和救援人员提供更换自救器、充氧和休息的地方，站内备有自救器，可使遇险人员更换自救器，逃离现场。

● 生命绳提高避险逃生成功率。井工一矿的避险系统增加的生命绳，用于指导遇险人员在无光或迷失路线的情况下逃生。因生命绳只能沿安全方向移动，所以通过生命绳的定位标、定位锥可引导避险人员走向避险设施或井口。

● 加大避险空间，缩短进入时间。井工一矿建设的永久避难硐室、救生舱、过渡站总体服务人数为 388 人，多于矿井当班的最多人数，整体基础设施的配置均有富余系数。过渡室的有效使用面积为 19 平方米，是相关规定中不少于 3 平方米的 6.3 倍，并配备了高强度的气幕和喷淋，使得一次性进入过渡室的人员可达 40 人，加快了避险人员进入避难硐室的速度，为员工避险节约了宝贵的时间。避难硐室生存室的空间为 1.6 平方米/人，高于相关规定中 1.2 平方米/人的要求，而且硐室供氧量、供风量、制冷量等功能配置也都高于国家规定。

● 增加硐室稳定性。井下爆炸产生的冲击波是对避难硐室最危险的破坏之一。井工一矿除了增加硐室防护密闭门及防护墙的强度要求，避难硐室还采用“Z”形设计，既可以增强煤柱的稳定性，又可以缓解对硐室的冲击作用。特别是专门设计的 2 米宽的防护墙，可有效缓解冲击波对硐室整体的直接作用，设在墙上的各种管道也都经过防爆处理。

● 完善永久避难硐室通信系统。井工一矿永久避难硐室采用 4 种通信方式，即矿井现有的调度电话、广播、无线通信系统和即将配置的透地通信系统。透地通信系统是中煤综合利用公司引进的美国通信技术，在矿井发生灾害甚至井下通信系统瘫痪后，也能发挥永久避难硐室内通信和人员定位作用。

目前，平朔公司井工一矿以“关爱职工生命、实现安全发展、构建和谐矿区”为出发点，仍在不断推进“六大系统”的建设完善工作。根据矿井生产安全条件的变化和采掘工作的推进，对其功能进行动态的测试、评估和考核，并将紧急避险系统纳入到矿井应急预案之中，定期组织联合应急演练。平朔公司井工一矿加大了培训教育力度，把如何正确安全使用“六大系统”作为入井人员安全培训的重要内容，力争实现“人人都了解系统设备的基本功能，人人都能熟练操作每一个系统”的目标。

11. 金川集团公司精心打造作风优良抢险救援队伍的做法

金川集团公司是采矿、选矿、冶炼配套的大型有色冶金化工联合企业，建厂四十多年来，公司不断发展壮大，逐步形成中国最大的镍钴和铂族金属提炼中心，下属二级单位及控股子公司 30 余个，现有从业人员 36 000 人。

近几年来，由于金川集团公司生产规模不断扩大，使用大量人员、物资、材料来满足矿山开采和冶炼需求，这样，公司的安全工作和抢险救援任务也日益重要。此外，公司还是国家抢险救援中心确定的三大非煤矿山抢险救援基地之一。近年来，金川集团公司矿山抢险救护大队（消防大队）严格按照《矿山救护队伍管理办法》加强队伍建设，按照《矿山救护规程》实施技术、战术训练，按照《人民警察条例》实行内务管理，依靠特大型企业的资金、人才、技术、装备优势，打造过硬的抢险救护队伍，通过从制度管理上的完善，从人员作风上的提高，技术装备上的改进，技术战术上的钻研，使大队的整体水平明显提高，战斗力明显加强，救援基地的作用已初步显示出来。

金川集团公司精心打造作风优良抢险救援队伍的做法主要是：

(1) 消防大队暨矿山抢险救护大队基本情况

金川集团公司消防大队暨矿山抢险救护大队成立于1963年，隶属公司保安部（龙首公安分局），是一支专业化的、实行军事化管理、同火灾事故及其他灾难性事故做斗争的队伍。

消防大队暨矿山抢险救护大队现有在编人员96人，设三个战斗中队，9个小队（含一个后勤小队、一个火灾预防小队），负责承担灭火战斗、抢险救援、应对突发事件等任务；大队部9人，承担管理、后勤、接警等任务。大队实行24小时倒班制，日常工作、业务训练、实施灭火救援行动均按军事化管理。同时对三个矿山自配的抢险救护人员进行业务指导。消防大队暨矿山抢险救护大队的设备购置、人员工资、办公管理费用均由金川集团公司供给，每年各项费用200万元左右。大队设备、营房、专业费用按实际情况审批，公司基本上能及时给予解决。

消防大队暨矿山抢险救护大队现有消防车12台、抢险指挥车2台、矿山抢险救护车2台、多功能气体检测仪1套、空器呼吸器22套（60分钟）、正压式氧气呼吸器34套、防毒面具50套、破拆工具1套（包括金属切割机、链锯、扩张器、剪断器）、氧气充气泵2台、空气压缩机1台、堵漏器械3套、校验仪1台、红外线测温仪1台、灾区电话1套及通信办公设备等。

(2) 公司消防大队暨矿山抢险救护大队的灭火救援能力分析

在矿山救援队伍建设中，集团公司始终按照“练为战，打得赢”的指导思想，重点抓好技战术课题，灭火作战计划和各类预案的实战演练，培养指挥员教学能力、组织指挥能力、临机处置能力和综合决策能力。加强战术、技能和装备器材的应用性训练，建立和完善特勤专业训练，要求抢险救灾各级人员对目标单位情况做到“四掌握”和“六熟悉”，从而全面提高队伍灭火救援作战能力。

● “四掌握”，即掌握目标单位的道路和水源情况；掌握重点部位的分类和数量；掌握目标单位易发生灾害的种类及其特点；掌握目标单位各类火灾扑救及其他灾害处置的基本程序和作战要点。

● “六熟悉”，即熟悉目标单位的总平面布局和建筑物基本状况；熟悉目标单位使用、生产、储存物资等情况及火灾危险性；熟悉目标单位的消防通道和水源；熟悉目标单位的重点部位情况；熟悉目标单位的内部消防设施，主要包括火灾自动报警控制系统、固定或半固定灭火冷却系统、安全疏散设施、防排烟系统、事故广播和照明系统等；熟悉目标单位的抢险、消防组织及其自防自救措施。

灭火救援实战证明，这些要求为救援工作取得良好实效奠定了牢靠的基础，为辖区灭火成功提供了先决条件。

(3) 筹建矿山应急救援基地

自集团公司被确定为西北五省非煤矿山应急救援基地，担负区域抢险救护任务后，公司对此项工作给予了高度重视，认为集团公司建立一支作风、技术过硬的国家级非煤矿山救援队伍十分重要，建设国家级矿山救援基地，既符合国家对矿山应急救援体系建设工作的要求，又可增强公司矿山应急救援力量。同时作为国家级应急救援基地，在此领域参与各项活动，也是国有大型企业应尽的社会责任。2003 年以来，公司主要从补充完善制度、营区改造、补充装备、实地考察学习、强化技战术训练和增加队伍编制等方面作了较为细致的工作。

2003年11月，集团公司召开安全生产委员会专题会议，就建立国家级矿山区域救援基地以及公司消防大队暨矿山抢险救护大队的基本情况和存在的问题进行了认真研究，首先明确职责，要求集团公司安全环保部负责管理、龙首公安分局具体实施。

会后根据国家《矿山救援队伍管理办法》中对矿山救援队伍资质基本条件及矿山救援队伍资质标准的要求，制定了公司《矿山救援队伍考核验收计划安排》，制作了一批训练器材和公司各矿山道路交通图、矿山井下通风系统图，开展了有针对性的矿山井下技战术及业务强化训练，补充完善了岗位责任、值班制度、交接班制度、考勤制度、学习训练制度、装备维修保养制度、消防、矿山救护车辆管理制度、装备库房管理规定、下井预防检查制度、评比检查制度、战后总结讲评制度、奖惩制度、待机制度、安全管理规定等17项管理制度。2004年公司又投资40余万元，对公司消防大队暨矿山抢险救护大队的营区进行改造，使值勤环境进一步优化。

为熟悉和了解西北五省各矿山的基本情况及抢险救援能力，了解掌握周边地区事故灾害类型，公司于2004年4月安排矿山抢险救护大队和安全环保部有关人员前往陕西、甘肃省内较大规模的非煤矿山及靖远煤业集团进行了实地考察，了解地理位置、道路、矿山规模、矿难类型及经验教训，为以后区域救援工作的顺利开展奠定基础。

目前主要开展了以下工作：

● 补充队伍编制。按照国家级矿山救援基地考核验收条件，队伍编制不少于3个中队，每个中队不少于3个小队，每个小队不少于9名救护人员。同时救援基地要求设置1名总工程师，每个中队至少设有2名工程技术人员。而过去公司消防大队暨矿山抢险救护大队只有2个中队，每个中队2个小队，每个小队设置12人，并且现有队员为消防专业人员，对此在公司矿山单位选拔了部分身体素质高、现场工作经验丰富的工程技术人员和青工补充到公司矿山抢险救护大队，同时为加强公司矿山抢险救护大队的技术力量，从矿山单位抽调了6名工程技术人员和2名高级工程师，每个中队配置2名工程技术人员。经过认真细致的准备和扎实的基础建设，2005年3月矿山抢险救护大队一次性通过国家局和甘肃省局的资质验收。2005年5月18日，举行了“甘肃省非煤矿山抢险救援中心”的挂牌仪式，矿山抢险救护大队正式承担了甘肃省非煤矿山抢险救援任务。

● 增添抢险救援装备。因国家级矿山救援基地考核验收条件已明确基地必须要配置抢险指挥车、抢险救护车等拉动装备和多功能气体检测仪、红外线测温仪、通信工具以及传真机等信息化办公设备，2011年初，公司投资45万元，用于购置一台矿山救护车和多功能气体检测仪、传真机和部分通信工具；对于拉动装备，在公司内部选定了2台车况、性能较好的大轿车为抢险运输车，同时确定公司生产部、龙首矿、二矿区、三矿区的4台陆霸越野车，在有抢险救援任务时统一调用，承担抢险指挥车任务，目前这些车辆作为二次出动的备用车辆编制在册。

● 加强培训。国家级矿山救援基地考核验收条件规定，救援基地主要负责人和总工程师必须经过矿山救援技术培训中心或相关部门的专业培训，并取得合格证书。对此公司计划分批安排救护大、中队指挥员及部分业务骨干到国家指定的培训中心接受矿山抢险救护方面的知识培训。2005年8月8日，派出5名队员赴重庆参加氧气呼吸器使用保养培训，3—6月全体队员参加了集团公司的等级鉴定培训、考核，全部取得相应资质证书，以确保开展矿山救护工作所需的技术力量。

● 完善训练场地，开展业务训练。为确保抢险救护队的训练，公司2005年又拨出37万元，用于训练场地的改造，还利用大队院内的人防工程，完成了一批训练设施，使抢险项目训练顺利开展，使训练场地、训练器材、训练时间均得到保证。运用小型消防车与简易器材成功制作了井下高倍数泡沫简易发射装置，弥补了没有大型高泡机的不足。

近年来，这支队伍在国家救援中心、甘肃省安监局及集团公司的正确领导和关怀下，坚持军事化管理、军事化训练，强化报警就是命令、救灾就是天职的理念，树立雷厉风行、能打硬仗的作风，先后成功为公司厂矿和周边地区灭火救灾 50 余次，参加公司及附近区域矿山救援、危化品灾害处置近 10 次，取得显著的成绩，并且还积累了丰富的抢险救援经验。

12. 上海诺华动物保健公司建立应急系统加强应急管理的做法

上海诺华动物保健公司是由瑞士诺华公司和上海农工商五四总公司、中国牧工商总公司联合投资建立的合资企业，于 1990 年成立，其产品主要包括预防和治疗动物疾病及灭蝇等公共卫生产品，产品附加值高，出口占 60%以上，是中国农业部授予的首家通过 GMP 认证的企业。

近年来，上海诺华公司在化学物品的安全管理上，高度重视安全生产工作，始终坚持以人为本的原则，认真贯彻国家关于安全生产的重要政策与法律法规，根据瑞士诺华公司的规定制定相关的规章制度，不断拓宽安全管理思路，全面加强安全生产，建立健全安全规章制度并严格执行，未发生各类重大生产事故、无重大火灾事故、无重大人身伤亡事故，并有效地控制了一般事故的发生。

上海诺华动物保健公司建立应急系统加强应急管理的做法主要是：

(1) 成立安全质保部，做到组织落实

上海诺华动物保健公司是药物化工合成企业，有一定数量危险性较大的设备，储存着较大数量低闪点的物料。这些物料如果保管或使用不当，事故往往会在突然间发生，而有毒有害物又极易扩散，加剧事故的损害程度。因此，在生产管理上必须建立一个完整的科学安全体系，以确保安全。

为此，上海诺华动物保健公司根据国家法律法规以及瑞士诺华公司的规定制定了相关的规章制度，并监督执行，以保护公司员工和公司财产的安全，确保环境不受污染。为此，公司专门成立了安全质保部，并由有关专家组成 HSE（健康安全环保）委员会，每月进行一次活动，对公司重、特大设备项目的引进、改造和生产中化学物品（包括有毒有害物品）的安全使用全面进行安全评审和危险性分析，讨论存在的问题，提出改进措施。在具体的执行标准上，根据国家有关规定，哪个标准要求高就依照哪个标准来执行。

(2) 建立火灾和毒气泄漏自动报警系统

上海诺华动物保健公司安装了火灾和毒气泄漏自动报警系统，并备有 2 台 200 立方米自动启动消防泵和 180 吨及 400 吨蓄水池，向全公司 24 个点墙式消火栓、自动喷淋消防供水。公司还备有 40 套消防队员战斗服、10 套化学抢险服、8 套自给式空气呼吸器、2 套化救堵漏工具以及各类灭火器 240 个。

同时，由经专业消防部门培训的 80 名消防队员和 40 名义务消防队员组成的消防队，以及由 10 名经防化部门培训的队员组成的化学自救队随时待命。这些占全公司总人数 41%左右的专业人员时刻保卫着诺华公司的安全。

(3) 经常性开展消防和防化安全宣传教育

上海诺华动物保健公司坚持以防为主、防消结合的防火、化救工作方针，主动出击做好防范工作。诺华公司认识到，防火、化救安全工作不是政府行政部门命令去做的事，而是公司为求自身发展必须自觉地去做好的事情。为此，公司一方面加强各项安全管理：加强火源控制，加强防火、化救工作检查；加强对环境和工作场所规范管理，清理通道，合理设置消防器材；制定灭火化救预案；加强对易燃易爆剧毒物品的严格管理；加强检查整改的力度。另一方面经常性地开展消防和防化安全宣传教育，每周两次播放安全录像片；每年两次（5 月、11 月）对公司员工进行有秩序疏散、抢运物资、抢救伤员、扑灭火灾和抢险救灾等演练；利用“安全宣传周”

和“119活动日”举行防火、化救技能比赛和联合实战演习。

与此同时，公司还不惜重金添置安全设施，举行安全培训。还投资80多万元购入了3.5吨进口轻水泡沫药剂，并对义务消防队投入了几万元的培训费，使其成为企业的真正卫士。在诺华，义务消防队在管理、使用、训练上有一套严格的制度。为了防止训练走过场，公司将每月一次的训练分为两次，两次训练的时间让队员们任选其一，并结合奖罚条例与工资挂钩，在年终考核中再按训练成绩给予奖励，从而保证了训练质量。这些义务消防队员们经过每月一次的训练，熟练地掌握了一旦发生火灾，该如何进行火警扑救、火灾控制、人员和物资转移等事故应急预案的具体操作方法。这就是公司的资产，是公司一笔无法用金钱来计算的无形资产。他们活跃在公司的各个关键岗位；他们既是一名操作工人，又是一名消防队员；他们在岗位上按章操作，查寻隐患，发生意外还可以及时处理，将事故消灭在萌芽状态。

(4) 积极做好职业卫生和劳动保护工作

上海诺华动物保健公司对特种作业人员每年进行两次体检，全体员工每年进行一次体检，对身体状况不符合岗位要求的，坚决调离，并为每位员工配备岗位操作必需的个体劳动防护用品，而且尽量使用劳动部门认可的国外先进的劳动防护用品。同时，诺华加强对生产现场的职业卫生监控，通过投入大量的资金改造和优化现场设施，从根本上减少生产过程中员工的职业危害，为员工们创造一个良好的作业环境。

公司强化特种设备的管理和特殊工种从业人员的培训，指定安全质保部专人专管特种设备的安全管理工作，其职责是建立好每一台特种设备和每一位从事特殊工种的人员的档案管理，代表公司申报培训、考核、复审检验，并组织对新购特种设备进行检验，使特种设备的检验率达到100%。在公司工程部内还设立了检修技术小组，其职责就是对特种设备进行日常的保养和跟踪检查，做到一机一档。正是因为加强了平时的检修保养，确保了设备的完好性。公司设备从崭新到报废的全过程都得到了有效的管理，从源头上杜绝了“跑、冒、滴、漏”，从而控制住了有毒有害气体的泄漏与物料燃爆事故的发生。

诺华历来视隐患为事故，对存在的隐患除查找客观原因外，还在制度上找原因、找漏洞，以杜绝类似隐患的产生。公司每年发动员工对所定的制度找漏洞、提建议，使员工在制度的不断完善中接受安全教育，保障了安全生产顺利地进行。

根据有毒有害化学物品的特性，公司一方面建立健全了安全管理制度，如制定了氯气管理制度，在氯气汽化站的减压系统中设置了电子称量、减压阀、压力表、止回阀等，在万一发生事故时，可直接通过吸风口把氯气抽回到生产装置中，并用碱和水进行二次吸收；库房四周新设置工程钢网，为了方便疏散，南北各开一条机动车辆通道；建立中和池与大功率喷淋吸附装置；投资 10 万元在生产投料场所安装氯气泄漏自动报警装置。另一方面，建立了以 20 名义务消防员为辅、10 名化救队员为主的抢险突击队；在有毒有害物品库和使用站配备空气呼吸器、化工抢险堵漏器材和防毒衣等，确保万一事故发生，抢险人员能安全和迅速地控制和消灭事故。

公司应急系统的制度规定了公司各部门和人员的行动。在公司应急系统的办公室配备了先进的通信设备与瑞士总公司指挥室相连，并配备了公司化学物品的名册及各有关部门的联络网的全部资料与制度，同时，门卫与医务室也相应配备了相关资料以备给予急救指导。

13. 陕西汉江药业集团加强工艺过程控制做好应急管理的做法

陕西汉江药业集团股份有限公司成立于 1970 年，目前已经发展成为以生产经营化学原料药、医药中间体为主的大型医药集团，是国内最大的驱虫原料药生产出口基地，现有 6 个化学生产车间，4 个 GMP 达标车间，拥有员工 784 人。

近几年来，汉江药业集团公司认真贯彻国家安全生产法律法规和政策，针对医药化工安全生产管理综合性强、难度大的特点，坚持以人为本、强化全员安全生产意识，从组织体系、制度建设、考核兑现、硬件投入等方面全方位开展工作，积极与国际安全生产标准接轨，逐步完善安全生产管理体系，加强安全工艺技术过程控制，做好安全应急预防管理，取得了连续多年安全生产无事故的优良业绩。

陕西汉江药业集团加强工艺过程控制做好应急管理的做法主要是：

(1) 形成三级安全生产管理网络，不断提高员工安全生产素质

汉江药业属于医药化工企业，使用危险化学品种类多、数量大、设备复杂、危险因素较多，所以，不断加强安全生产工作显得尤为突出和重要。为此，集团公司党政工各级组织始终坚持“安全第一、预防为主”的安全生产方针，牢固树立科学的发展观，把安全管理工作列入公司重要议事日程，成立以总经理为主任、主管安全的副总经理为副主任的安全生产委员会，由各职能部室负责人、安全技术人员等 23 人组成安委会，安委会办公室设在安保部。各分厂、工序也相应地建立安全管理领导小组，形成了公司、分厂、班组三级安全生产管理网络。

在企业生产过程中，公司把员工的安全知识技能培训作为安全生产的一项重要工作来抓，做到每一个产品生产前，首先对员工进行安全培训，员工掌握安全知识和技能通过考核合格后上岗，有效地防止事故的发生。公司还聘请国外安全生产专家上课，了解国际医药行业动向、规范、制度、要求、做法，并寻找与国际接轨的差距。公司主管安全生产的副总经理，对公司中层干部进行了 64 学时的《安全生产法》《危险化学品安全管理条例》等法律法规的培训，大大提高了管理人员的安全意识。

公司还结合生产实际，对员工进行《安全生产法》《危险化学品安全管理条例》等法律法规的学习和专题辅导培训，组织班组长以上干部，从工艺安全操作、危险性分析、应急处理、化学品危害防护等方面多角度、多层面开展了安全生产培训，安全技术培训各类人员 5 800 人次，人均每年达到 80 学时，各分厂从生产工艺、用电常识、消防、危化品使用防护等方面对员工进行安全技术培训和演练，有效地提高了员工安全素质与技能，安全考试过程中合格率达 100%。增强了员工“人人要安全”的意识。特种作业人员都取得安监局、技术监督局颁发的合格证，做到了持证上岗。生产部负责全公司危险化学品的管理和储存工作，针对储存的危险化学品种类多、危险性大的特点，部门领导和员工同心协力，加强了库管人员的监控防范和操作人员、搬运人员的安全培训教育，使危险化学品低沸点溶剂做到安全度夏无事故，在国务院、省、市多次安全监察工作中得到检查组的好评。在抓教育的过程中，该公司进一步层层落实安全生产责任，在各项经济指标考核中坚持实行安全“一票否决制”，使安全生产形成“人人头上有指标、安全重担大家挑”，齐抓共管、群防群治的局面。

(2) 加强安全生产现场监督检查，及时消除事故隐患

安全生产监督检查是及时发现和消除事故隐患的必要手段。在安全管理工作中，公司始终坚持实行安全生产公司领导联系点制度、中夜班安全检查制度、双休日安全值班制度，节假日、夏季公司领导安全值班制度，做到安全生产周检查、月考核、年兑现，及时通报、追踪、考核、落实。有效的安全生产检查是确保安全生产的重要屏障，一年内组织公司级安全生产综合检查 25 次、专项安全检查 9 次，查出隐患 330 余项；安保部及相关职能部门巡查 300 余次，查出隐患 510 余项。对查出的隐患，努力做到及时整改，全年隐患整改率达 98%以上。

在加强检查的同时，实行双休日干部值班制度，仅一年双休日领导安全生产值班就达 100 余人次，做到安全工作时时有人抓、天天有人管。确保在生产经营过程中“实施安全生产法、人人事事保安全”。

在危险化学品的安全管理上，近年来公司着重抓了危险化学品安全治理整顿工作，对危险化学品从购进、运输、储存、使用整个过程进行全面监控管理，按照国家法律、法规要求，对危险化学品运输单位资质进行严格确认。依据标准组织开展了企业危险化学品储存、使用安全自我评估，公司顺利通过省安全生产监督管理局资质单位安全评估，受到有关领导和专家的好评，取得了危险化学品安全生产许可证书。

(3) 加强安全工艺技术过程控制，做好安全应急预防管理

安全技术是确保安全生产的重要手段，随着江汉药业公司新产品研发步伐的加快，加强新产品研发过程安全控制成为安全生产的关键环节。加强新产品的安全技术管理是有效杜绝事故的良好途径。作为一个外向型企业，既要不断接受国外客户的审计，也要不断与国际安全生产标准要求接轨。安全管理工作也是一个重要内容，从1999年开始，该公司先后接受并顺利通过5次安全审计，在国外专家的帮助下，公司不断学习新的安全技术并应用到安全生产管理工作中，积极在企业内部实施安全管理行动计划，逐步提升公司安全管理水平。

近年来，公司针对自查发现的问题，先后投资360余万元完成128个安全整改项目，包括对危险化学品储存区防雨、防晒棚的修复、改造，对高毒危险化学品的特殊储存区域改造及储罐区的安全报警装置、防火堤、泄漏围堰等方面的投入。编写了90个品种的危险化学品安全技术说明书、安全周知卡82份，制定了防泄漏、防火、防爆、防洪各种险情应急处理预案35个。为加强产品的安全控制，公司还从产品的选型开始就考虑了危险化学品的安全技术说明书、安全周知卡、防爆防毒等级划分、应急预案措施、工艺安全性评估、劳动保护、三废处理等方面的软件资料建设，做到产品工艺成熟、安全环保成熟、安全性高、污染少，做到安全技术软件资料齐全。对新产品试车前再次进行生产现场安全确认，使新产品试车安全得到可靠保证。针对危险化学品安全管理难度大的特点，该公司在加强硬件设施改造的同时，对危险化学品设施配备了各类自动化消防安全报警装置及检测装置。

按照国家《危险化学品事故应急预案编写导则》编制完善了公司危险化学品应急预案，建立了公司应急组织与应急分队及管理办法，以公司文件下发执行，对各分厂、危险品库房建立了应急预案，新产品开发中随项目单个产品也制定了应急预案。为预防和应对突发事件，公司投入 46 万元完善各分厂、危险化学品库房应急柜、应急冲眼淋浴器，配备相应的应急处理器具，做到应急器具特殊管理，并在生产期间进行预案演习，提高员工对突发事件的应对能力，先后购进了全密闭防化服和空气呼吸器等硬件设施。公司安全应急分队是汉中市应急组织的重要成员，在事故应急抢险过程中发挥着重要的作用。配备全密闭防化服与空气呼吸器 3 套，应急抢险车 1 台、救护车 1 台，多次协助汉中市安全生产监督局及时处理市内兄弟企业、道路运输过程中突发的危化品安全事件。

14. 石家庄运河桥汽车客运站建立高效救援体系的做法

河北省石家庄运河桥客运站系石家庄公路主枢纽客运系统七个客运站之一，主要承担石家庄北部周边各县以及保定地区各县市 37 个方向、183 条线路的旅客集散任务。该站建筑面积 23 万平方米，设有发车位 60 个，日发送班次 1 500 个，日旅客发送能力达 2.1 万人次，是全省目前最大、功能最全的客运站。

近年来，运河桥客运站在安全管理工作中，健全各类安全组织，落实各项安全生产责任制，坚持以人为本，不断强化全体员工的工作责任心，每年根据安全生产的不同任务和情况，确定工作目标，并进行目标分解，落实责任，从而有力保证了乘客的人身及财产安全。

石家庄运河桥汽车客运站建立高效救援体系的做法主要是：

(1) 组建站内“110”，建立高效的救援体系

如果要求一家生产企业绝对不出现任何安全问题，是不太现实的，但如果有一套高效的救援体系，则会将损失降到最低限度。运河桥汽车客运站于 2004 年组建了河北省首个站内“110”。站内“110”由驻站办公室站前广场当班工作人员组成，负责站内各岗位的紧急支援。各岗位在遇有突发事件时，首先通过电话、对讲机向站内“110”报警，由带班科长下达命令，站内“110”工作人员接到命令后迅速出击，处置险情。为增强站内“110”处理突发事件的能力，提高反应速度，该站还建立了三级应急预案。当站内发生非重点部位局部火险、打架滋事、诈骗盗窃等紧急情况时，则启动一级（初级）预案，此时，会有至少 6 名工作人员及保卫科的当班领导，于 3 分钟之内到达指定地点集合，处置险情；当站内发生车辆起火、站务设施起火、重大交通事故以及全站范围内整顿车场秩序等情况时，则启动二级（中级）应急预案，届时，至少有 11 名工作人员及总控室、站务科的所有当班领导，在 4 分钟内到达集合地点；当站内发生大面积火灾、车辆集体停运、抢险抗洪等情况时，启动三级（高级）应急预案，30 名至 35 名工作人员将在 5 分钟内到达指定地点集合。

(2) 建立灭火应急机构，制定不同的灭火应急疏散预案

为了应对突发火灾事故，更好地保障乘客的安全，运河桥汽车客运站建立了灭火应急机构，分为灭火行动组、通信联络组、疏散引导组、安全救护组。当出现火灾险情后，现场工作人员迅速用对讲机向指挥中心报告。指挥中心接到报警后，迅速下达救火命令，并立即通知 119。各行动组接到指挥中心的命令后，迅速集合并立即奔赴火灾现场，将旅客引导至安全地带，对围观群众进行疏散。同时，根据不同着火地点，分情况采取不同的灭火措施。

为保证火灾发生后的通信联络畅通，该站为各组配备了无线对讲机、手机等通信工具，并要求通信联络组在万一出现通信联络阻断的情况下，以人工的方式确保指挥中心的命令在1分钟内传达到指挥现场。此外，该站还根据餐饮中心、司乘公寓、配电室、锅炉房等不同场所的特点，制定了不同的灭火应急疏散预案。

(3) 采用计算机智能化管理，为客运站装上“火眼金睛”

“三品”进站上车和客车超员超载是威胁运输安全的两大“杀手”。为了有效制伏这两大“杀手”，运河桥汽车客运站投资近百万元，设置了监控总控和安检设备。在这套系统中有一种报班机，当客车进站后，司乘人员必须手持IC卡进行报班，报班机将自动打印出含有车次、发车时间等内容的班次信息单，并将班次信息传输至售票系统中。售票系统根据班次信息发售车票，当发至该车规定核载人数时，则会自动停止发售，有效避免了超员超载情况的出现。

运河桥汽车客运站在进站口设立的安检设备采用了先进的计算机智能化管理，牢牢把住了“三品”进站上车的第一关。在计算机屏幕前，每一名乘客行李中的物品一清二楚，如果工作人员发现乘客的包内有可疑物，立即进行检查。站内职工说，这套安全检查系统，就像是一双“火眼金睛”，任何危险物品都休想从它的眼皮底下溜掉。2010年春运期间，该站依靠这套安检系统，共查获“三品”264箱，管制刀具30把，为保障乘客的出行安全立下了汗马功劳。

15. 石家庄世贸皇冠酒店积极消除事故隐患做好应急管理的做法

河北省石家庄市世贸皇冠酒店位于石家庄市商业文化中心，于2002年建成开业，建筑面积6.3万平方米，是一家集餐饮、住宿、娱乐、健身于一体的大型综合类酒店，是河北省首家由洲际国际酒店管理集团管理的五星级涉外酒店。

世贸皇冠酒店在安全生产管理方面，充分利用自身优势，借鉴国外先进经验，倡导“以人为本”的管理理念，并将这种理念贯穿到该酒店安全工作的方方面面，特别是对消防安全工作常抓不懈，把消防安全工作作为企业生产经营过程中的一个重要组成部分，积极消除事故隐患，做好应急管理工作，取得了显著的成绩。

石家庄世贸皇冠酒店积极消除事故隐患做好应急管理的做法主要是：

(1) 珍视生命安全，制定各类突发事件处理程序

自2002年世贸皇冠酒店开业以来，酒店领导和各管理部门针对安全工作点多、面广、任务重的特点，成立了以一把手为组长、各部门负责人为成员的安全领导小组，统筹安排突发事件处理、火灾预防等安全防范工作。

突发事件的处理一直是令各行业非常头疼的一件事，尤其是服务业，世贸皇冠酒店每年接待的住店客人超过4万人次。酒店按照国家有关法律法规要求，结合国际酒店管理公司安全工作的惯例，本着“以人为本”的原则，制定出各类突发事件的处理程序。

世贸皇冠酒店安全部经理说：“酒店在消防疏散预案里面的一般安全制度中第一条明确规定，你自身的安全是首要的，不要用你的生命来冒险拯救楼内财物。”按照酒店管理一系列“以人为本”的应急处理程序，酒店对员工进行了全面、系统的培训和指导，采取情景模拟训练方式，使每位员工都能从训练中学到东西，并在突发事件处理过程中发挥各自的作用，从而保证了在该酒店举行的省、市重大接待任务、外事活动及各种大型集会活动的顺利进行。

(2) 注重演练，提高人员对火警警报的快速反应能力

世贸皇冠酒店要求自己的安全管理人员：一定要把自己的安全放在首位，如果火势发展可能危及自己的生命，就先撤离去寻求外界帮助。

为提高安全管理人员对火警警报的快速反应能力，世贸皇冠酒店安全部制定了工作目标：任何一个部位出现火警警报，安全管理人员必须在3分钟内到达现场，进行查看确认。为了实现这个目标，酒店邀请石家庄市消防中队的战士做现场指导，对员工进行强化训练。“从岗位返回部门用多长时间”“穿上战斗服并携带灭火器材用多长时间”，训练将每一个过程进行逐项分解，经过反复测试与演练，最后酒店安全管理人员全部达标。此外，世贸皇冠酒店安全部还对安全管理人员的技能及日常工作进行重点培训和考核，每周至少两次的部门测试和班组演练，使每位安全管理人员的操作熟练程度和心理素质都有了明显提高。

为深入贯彻《中华人民共和国消防法》的有关规定，落实防火责任制，世贸皇冠酒店逐一与各单位签订安全责任状或安全协议，并延伸至每位员工。同时，严格落实每月安全例会制度及检查制度，酒店主管安全工作的副总经理主持每月安全例会，总结上月安全工作，详细部署下一阶段的安全工作重点，会后进行酒店安全大检查。

世贸皇冠酒店在各级安全检查中不走过场，逐一查找各种不安全因素，大楼的施工部位是安全检查的重中之重，对查出隐患的部位要明确责任并认真落实整改，使之得到彻底解决，不留后患。该酒店自开业以来，通过联查与巡检，累计发现并处理消防隐患 500 余起，重大隐患 12 起，避免了恶性安全事故的发生。

经过近十年的运行，世贸皇冠酒店已逐渐形成一整套较完善的安全管理及检查程序，程序中对重点部位以及重大活动的安全防范均作出了详尽规定，要求做到重点部位重点检查，重大活动前认真检查现场及周边区域，活动结束后及时清理现场。

企业应急救援与应急处置管理做法与经验评述

企业应急救援与应急处置管理，属于安全生产管理的一个部分。对于应急救援与应急处置管理，企业一是需要确立未雨绸缪、防患于未然的安全意识，按照法律法规、部门规章以及规范标准的要求，制定应急救援预案，并经常进行演练；二是需要与安全生产管理相结合，把日常的安全管理、安全教育、人员的安全培训与应急救援结合起来，从技术技能上、救援意识上、人员的个性心理特征上，进行相应的训练，从而为突然发生的事故应急处置打下基础。

从前面企业应急救援与应急处置管理做法与经验介绍中，我们可以看到，制定应急救援预案，进行应急处置管理，只是第一步，以后需要做的工作还有很多，并不是工作的结束，而只是工作的开始。

在许多事故的应急处置中，经常可以看到这样的情景：有的人临危不乱、镇定自若，有的人惊慌失措、乱成一团，其结果自然不同。在通常的情况下，临危不乱、镇定自若的人会获得较好的结果，惊慌失措、乱成一团的人会获得较差的结果。在处置生产作业突发事件中以及其他突发事件中，处置是成功还是失败，与人的个性心理特征有重要的关系。

(1) 个性与个性心理特征

个性指一个人区别于其他人的、稳定的心理特征和品质的总和，即在个人身上经常地、稳定地表现出来的不同于别人的心理特点的总和。人的个性是个体行为中的一个重要内容，其基本特征包括个性的独特性、个性的稳定性和个性的整体性。

个性的独特性指个体心理活动过程中表现出来的个别的、独特的风格。人与人之间都存在着个别差异：有的人长于记忆、过目不忘；有的人善于形象思维，有的人强在逻辑思维；有的人忠诚老实，有的人虚伪狡诈等。上述个别心理特征的总和即形成人的个性。对心理成熟正常的人来说，在相同的客观条件下，对一种刺激往往会做出类似的反应，也就是表现出类似的行为。这种定型性质的行为就是其个性的反映。为此，个性与行为有着密切的关系。了解一个人的个性，不仅可以解释其现在的行为，而且可以预见未来的行为。

个性的稳定性指个体心理活动与行为的品质，在时间和情绪上具有一致性。每一个人都会表现出许多心理特征，其中有些是经常出现的，比较稳定的；有些则是偶然的，一时性的。个性心理特征指那些经常的比较稳定的心理特点。

个性的整体性指人的个性是统一的整体。个性是由相互联系、相互制约的各种成分组成的。任何个体身上都不存在彼此孤立、互不联系的个性特征。只有把每一个个别的心理特征，与个性的整体性及其他个性特征联系起来分析，才能识别其确定的意义。

个性心理特征和个性倾向性是相互联系、相互制约的。人的能力、性格是在动机、理想、信念、世界观等个性倾向性的推动下形成、变化并且日趋稳定的。但是，个性倾向性又只有依赖于个性心理特征才能表现出来。个性心理特征和个性倾向性的有机结合，表现出个体的典型的心理活动，使个体的行为在时间上和情境上具有一贯性。

(2) 个性心理特征与安全管理的关系

个性是影响人的行为的重要心理因素。人的个性并不是与生俱来的，也不是一成不变的，它是在先天素质的基础上，在家庭、学校和社会环境条件的影响下，通过复杂的社会生活实践逐渐形成和发展的。从安全管理的角度看，对个性心理特征的研究有着重要意义。

一些不良的个性心理特征，常常是酿成生产事故与人身伤害的原因。对待本职工作，有些人认真负责、踏踏实实，有些人敷衍了事、马马虎虎；在工作过程中，有些人谨慎小心，有些人粗心大意；对待上级违反安全规定的作业指挥，有些人不予盲从、据理力争，而另一些人则不敢抵制或违心地屈从。凡有上述不良心理特征的人均易发生错误，产生不安全的行为，并造成生产事故。

当事故发生后，在紧急情况或困难条件下，有些人沉着镇定、果敢顽强，积极采取一切可行的方法进行自救或将事故损失控制在最小程度上；而有些人则惊慌失措、胆怯懦弱、盲目逃避，加重事故伤害甚至在绝望中促进死亡。例如，对许多火灾事故后的幸存者进行调查表明，幸存者一般都沉着冷静，不乱喊乱叫，尽快采取自救措施；而丧生者往往乱跑乱跳，不采取自救措施，耗氧量增大，呼吸加剧，从而吸入大量一氧化碳和有毒烟气致死。因此，具有良好个性心理特征的人，在处理危难事件时也能化险为夷或减小损失。

(3) 良好的个性心理特征有利于安全管理

企业的安全生产管理涉及方方面面，在具体的安全管理实践中，不仅要从安全规章制度、安全知识技能等方面着眼，而且还需要从培养职工良好的个性心理特征入手，使职工具有沉着镇定、果敢顽强、积极进取的优良性格，这同样是提高企业安全工作水平不可或缺的因素，也是企业进行应急救援与应急处置管理不可缺少的内容。

安全生产是一项群众性工作，单靠领导干部或部分职工是不行的，必须依靠全体职工，使之成为所有人的自觉行动，这就需要我们重视职工优良个性心理特征的培养。除了建立完善的安全生产责任制和奖惩制度外，安全管理人员（包括班组长）还必须认识职工性格的差异性，尤其应重视具有易引发事故的性格类型的职工，针对其性格特点进行帮助和教育。要创造出一个生产和工作的客观环境，引导职工以不同方式进行自我修养，如自我分析、自我控制、自我努力、自我监督等，在生产实践和社会实践的锻炼中，逐渐形成工作认真负责和重视安全的优良的个性特征。

由于人的个性心理特征是可以被认识并逐渐改变的，因此在安全管理工作中，要根据每个人所处的生活环境、所受的教育、以往的经历以及生理素质等方面的不同，针对其个性心理特征，采取相应的安全管理方法，充分调动各种人员安全生产积极性，做到扬长避短，实现人人尽职尽责地完成安全生产任务。同时，通过符合个性心理特征的安全教育手段，改变职工不良个性，从而提高应对突发事件的能力。

（二）企业制定应急救援预案的做法与经验

16. 广州珠江轮胎公司制定危化品事故应急救援预案的做法

广州珠江轮胎有限公司成立于1993年，是广州广橡轮胎企业集团有限公司与嘉宏有限公司合资成立的汽车斜交轮胎生产企业，也是中国重点轮胎生产厂家之一，注册资本4 320万美元，投资总额

6 000 万美元。公司位于广州市花都区，占地面积 27 万平方米，现有员工 1 996 人，其中专业技术人员 150 人。

广州珠江轮胎公司拥有现代化厂房、先进的动力供应系统和生产设备、完善的产品质量检测手段，现已形成年产 200 万套轮胎的生产能力，产品包括载重汽车轮胎、轻型载重汽车轮胎、工业车辆充气轮胎、农用轮胎等近 400 个规格层级及品种，产品质量达到国内同类产品先进水平。

广州珠江轮胎公司为了加强对危险化学品事故的有效控制，防止突发性事故的发生及事故发生后防止事故扩大，有序有效地进行应急处置，保障职工人身安全和公司财产安全、保护环境、减少事故危害和损失。根据《安全生产法》《危险化学品安全管理条例》及橡胶集团公司的有关要求，特制定危险化学品事故应急救援预案。

广州珠江轮胎公司制定危化品事故应急救援预案的做法和要点主要是：

(1) 应急救援预案的指导思想和原则

指导思想：以人为本，真正将“安全第一，预防为主”方针落到实处，一旦发生危险化学品事故，能以最快的速度、最大的效能、有序地实施救援，使可能引发的事故危害不扩大，最大限度地排除险情，减少因事故造成的人员伤亡、财产损失及环境破坏，维护企业正常生产秩序；明确应急救援人员职责、分工，使应急救援工作有条不紊地迅速展开，及时有效控制危害，抢救受害人员，指导人员疏散与防护。

应急救援原则：预防为主、自救为主、他救为辅、快速反应、统一指挥、预防与治理相结合。

(2) 公司基本情况及危险源分布

广州珠江轮胎有限公司是目前中国华南地区最大的轮胎生产企业之一，生产区占地面积为 29.5 万平方米。厂区位于广州市花都区境内，距广州市区约 40 千米，离花都城区约 10 千米，至赤坭镇约 3

千米，厂西面双对岗和狗斗岭之间有广州胶管厂和广州胶带厂，西南约 1.2 千米有北江支流、巴江流过，东南、西南面为开阔农田。

花都属亚热带季风区，气候温和，阳光充足，雨量充沛，受其所属，厂区主导风向：冬季北风，夏季东南风，最高气压冬季 1 019.5 千帕，最低气压夏季 1 004.5 千帕；气温：年平均气温 21.8 摄氏度，最高气温 37.5 摄氏度，最低气温 0.7 摄氏度；湿度：最大月平均相对湿度 83%，最小月平均相对湿度 70%；降雨量：年平均降雨量 1 771 毫米，24 小时最大降雨量 268 毫米。

本公司是轮胎生产企业，有 5 个生产车间（部门），分别是准备车间、成型车间、机动车间、外硫车间和供应部。使用和储存的危险化学品主要是汽油，其中供应部汽油库储存 120＃汽油，车队油库使用、储存 90＃汽油，成型车间及胶浆房在工艺上按要求使用适量汽油，以上场所均按消防规定配置充足消防器材及灭火系统。公司有专职消防队员 8 人，消防车 2 台，经济民警队 32 人，义务消防队员 650 人。原材料及辅助材料有橡胶、硫黄、炭黑等易燃物品。生产设备、设施有材料仓、库房、轮胎制作加工设备及设施等，若管理不善、操作失控或自然灾害的情况下，都容易引起火灾等事故的发生。

(3) 危险化学品事故应急救援领导小组组成

组长：总经理

副组长：主管生产副总经理、党委书记、工会主席

成员：安委会办公室主任、安全部部长、工程部部长、生产部部长、供应部部长、人事部部长、财务部部长、准备车间主任、成型车间主任、外硫车间主任、机动车间主任、职工医院院长

领导小组下设办公室负责日常工作，办公室设在安全部，办公室主任：安全部部长。由安全部人员 24 小时值班。联系电话：（略），经警消防队电话：（略）。

发生危险化学品事故，在事故现场设立现场指挥部，事故现场

应急总指挥由应急救援小组指定人员担任，指挥负责发布和解除应急命令、信息，组织指挥救援队伍和人员实施救援行动；报告和通报事故有关情况；必要时向外发出救援请示，组织事故现场取证、调查，总结应急救援工作和经验教训。

安全部值班人员、生产部当班调度员、职工医院值班医生、经警、消防队值班人员，供应部车队值班人员为法定应急救援人员，一旦发生危险化学品事故，立即由上述人员与事故所在单位，当班工班长或车间主任等人一起组成临时救援小组，由安全部值班人员负责指挥，实施现场救援工作，并与应急救援小组组长、副组长、办公室主任等人进行汇报及信息联系。

(4) 机构职责

● 领导小组职责：负责本单位应急救援预案的制定和修改；组织、安排救援预案的实施；指定应急现场指挥部总指挥；指挥专项队伍开展救援工作；组织应急救援演习；检查督促做好危险化学品事故的预防措施和应急准备。

● 安委会办公室职责：协调参与应急救援队伍，按预案要求开展工作；负责落实组织平时应急救援演练；发生危险化学品事故立即成立临时救援小组，指挥法定应急救援人员进行救援工作；迅速提出应急救援的实施方案和警戒区域；视情况变化迅速与社会力量取得联系及时求援；协助总指挥开展工作。

● 事故部门职责：事故发生后，迅速报告领导小组，讲清事故经过情况；积极全力组织自救；保护现场，提供现场情况；提供人员和必要的救援物品、器具进行救援。

● 非事故部门职责：接通知后迅速在部门办公室待命，接到救援通知后迅速组织本部门人员参与救援工作。

● 经警、消防队职责：对事故现场及周边的道路、交通进行管理；听取临时救援小组安排，与临时救援小组人员做好救援工作；控制、指导人员车辆进出危险区域；保护人员财产安全，疏散人员撤离危险区域，在事故区巡逻；实施灭火，控制易燃易爆、有毒有害物质泄漏；事故后配合地方消防队伍对现场进行清理、清洗工作。

● 职工医院职责：严守岗位；制定受伤人员的抢救措施；实施抢救，组织药品，指导现场救护；决定是否送伤员到上级医院救治；平时做好急救药品的储备；及时向应急救援小组反映受伤人员的情况。

● 财务部职责：严守岗位；筹集资金以备购买救援物资、医疗用的药品。

(5) 危险化学品事故应急救援专项队伍

● 安全警戒组。由事故部门领导指派人员，必要时由经警、消防队员协助，由临时救援小组指派，由安全部的领导和临时救援小组负责人指挥。主要职责：事故发生后，及时进入警戒岗位，负责确立布置警戒区域，禁止无关人员和车辆进入危险区域，并保护好现场。

● 安全疏散组。由事故部门领导指派人员，义务消防队人员参与，由事故部门领导和临时救援小组负责人指挥。主要职责：事故发生后，对现场及附近周边人员进行防护，组织人员按指定路线疏散，清点人员；组织人力对现场物资进行转移。

● 危险源控制组。由安全部和工程部以及临时救援小组负责人指挥，小组成员由安全部和工程部领导指派，经警、消防队员以及专业技术人员参与。主要职责：迅速进入现场，有效控制危险物品，控制现场险情的恶化及二次事故的发生，并根据危险性质，提供防护用品、用具。

● 伤员抢险组。由安全部领导以及临时救援小组负责人指挥，小组成员由法定的应急救援人员及车间有关人员组成。主要职责：负责现场伤员的救援应急处理，护送伤员到职工医院进行救治。

● 医疗救护组。由职工医院领导指挥，人员由职工医院医务人员组成。主要职责：平时做好应急救援准备工作，事故发生后，负责对受伤人员进行紧急救治，决定受伤人员是否需要转院，将重伤人员护送到上一级医院救治。

● 消防组。由安全部领导或临时救援负责人及经警消防队长指挥，小组成员由义务消防队员及经警、消防队员组成。主要职责：负责现场灭火、对设备容器、建筑物喷水、冷却，隔爆控制可燃物，消除着火源，阻止火势蔓延，指定人员打通消防队 119 求援，并负责在门口接警。

● 资金物资供应组。由安全部、工程部、供应部领导指挥，小组成员由司机、仓管员组成。主要职责：负责组织抢险物资的工器具的供给，组织车辆运送物资。

● 环境监测组。由安全部领导负责指挥，小组成员由工程部、生产部、医院、工会及有关人员组成。主要职责：负责与环保部门联系，派员对现场、厂房、大气、周围区域进行监测，确定危险区域范围和危险品的成分、浓度，对事故造成的环境影响作评估，为指挥的决策、消除事故的污染治理及危险物质的处理提供参考意见。

(6) 事故处置

汽油库及生产车间如发生汽油火灾、爆炸事故，应急救援措施为：

● 发生事故立即报告，并报 119，报警时要沉着冷静、及时准确，说明起火的车间部位、燃烧物质、火势大小，同时采取一切办法切断事故源，防止事故扩大。

● 临时应急救援负责人及时向应急救援小组报告，并在第一时间调动经警、消防队、义务消防队员赶赴现场扑救，与经警、消防队长一起指挥救援，不要随便动用周围物质灭火，要正确使用消防器材；汽油起火，千万不能用水扑救，做到先控制，后灭火；先救人，后救物；防中毒，防窒息，要提高自我保护能力，把伤亡人数减到最低限度。

● 在公安消防队未到达火灾现场时，若火势失控，应根据事故状态及危险程度作出相应决定，应急救援人员听从指挥撤离，由专职人员扑救，公安消防队到场后，要服从公安消防指导员指挥扑救。

● 事故调查分析。事故得到控制后，由应急救援领导小组组成分析组，分析事故原因，配合上级有关部门及人员进行事故调查分析，采取防范措施，尽快尽早恢复生产。事故调查报告按规定时间上报有关部门。

(7) 事故应急救援程序

事故应急救援程序见图 1（略）。

(8) 有关规定及要求

● 各部门要根据各自实际情况成立应急救援领导小组。

● 应急救援工作人员接到命令后应服从指挥，迅速赶赴现场。

● 发生事故，做到忙而不乱，有秩序地进行处理，尽最大努力减少事故造成的损失。

● 各车间部门要认真组织员工学习本预案，提高员工的安全意识和自我保护能力。

● 本预案从公布之日起执行。

17. 沧井化工公司积极制定化学事故应急救援预案的做法

沧井化工公司是河北沧州化工实业集团有限公司控股子公司。河北沧州化工实业集团公司是以化工生产经营为主的大型综合经济实体，现拥有沧州化学工业股份有限公司、沧州沧井化工有限公司以及其他全资子公司共七家成员企业，企业总资产 31 亿元，占地面积 8.28 万亩，员工总人数 4 246 人，其中各专业工程技术人员 1 100 人。

沧井化工公司为保证企业、社会及人民生命财产的安全，防止突发性重大危险化学品事故发生，并能在事故发生后迅速有效控制处理，本着“预防为主、自救为主、统一指挥、分工负责”的原则，制定了化学事故应急救援预案，以应对可能发生的意外事故。

沧井化工公司积极制定化学事故应急救援预案的做法和要点主

要是：

(1) 公司厂区基本情况

公司概况（略）。

厂区气象状况（略）。

公司从原料进厂到产品出厂，整个生产过程中存在大量易燃、易爆、易中毒、腐蚀性强的介质，生产工艺又多存在高温、高压，稍有疏忽，极易造成各类事故，如突然发生泄漏或在操作失控的情况下，会存在火灾、爆炸事故和人员中毒、窒息等严重事故的潜在危险。本公司尤以EDC和VCM更具危险性。

公司配有专职消防队，有水罐、干粉消防车，有专职消防队员。公司设有医疗室、医务人员。

(2) 化学危险目标的确定与分布

根据本公司生产、使用、储存危险化学品的品种、数量、危险性质以及可能引起的化学事故的特点，确定以下两个危险场所（设备）为应急救援危险目标。即1号目标：EDC储罐区；2号目标：VCM储罐区。

(3) 应急救援指挥部的组成及职责

沧井公司成立化学事故应急救援指挥领导小组，由总经理、副总经理及生产厂、安全、设备、医务室、环保等部门的有关领导组成。下设应急救援办公室（总调度室），发生重大事故时，以总经理为总指挥，副总经理为副总指挥，负责全厂的应急救援工作，指挥部设在总调度室。

应急救援指挥领导小组职责包括：

● 指挥领导小组职责：负责应急救援预案的制定、修订；组建应急救援专业队伍，并组织实施和演练；检查督促做好重大事故的预案措施和应急救援的各项准备工作。

● 指挥部职责：发生事故时，由指挥部发布救援命令和信号；组织指挥救援队伍实施救援行动，保证灾情发生后，当班人员可以自我保护，迅速准确到位、熟练操作、及时制止灾情的蔓延和扩大；向上级报告和向友邻单位通报事故情况，必要时向有关单位发出救援请求；组织事故调查、总结应急救援工作经验教训，组织并迅速恢复生产。

(4) 应急救援指挥部人员分工

● 指挥部人员主要分工：总指挥——组织指挥全公司的应急救援工作，副总指挥——协助总指挥，负责应急救援的具体指挥工作。

● 总调度室：协助总指挥做好事故报警、情况通报及事故处置工作；负责事故处置时生产系统开、停车调度工作；事故现场通信联络和对外联系，必要时代表指挥部，对外发布有关消息；协助总指挥负责工程抢险、抢修的现场指挥。

● 公安科：负责事故状态下的警戒、治安保卫、疏散、道路管制工作。

● 消防队：负责危险目标、区域内的日常防火、防爆及事故状态下的灭火抢救工作。

● 医务室：负责现场医疗事故救护指挥及中毒、受伤人员分类抢救和护送医院工作。

(5) 救援专业队伍的组成和分工

沧井公司各级管理人员及全体员工都负有化学事故应急救援的责任，各救援专业队伍是化学事故应急救援的主要力量，其任务是担负本公司各类化学事故的救援及处理。

● 通信联络处。由总调度室、生产技术组组成。担负各队之间的联系和对外联系通信的任务。

● 治安队。由公司公安科组成。担负现场治安、交通指挥、设立警戒、指挥引导人员疏散。

● 消防队。由公司安全部门和消防队组成。担负灭火和抢救伤员的任务。

● 抢险抢修队。由公司安全部门、维护厂、各工程公司组成。

担负现场救援抢险、现场恢复工作。

● 物资供应队。由供销运协调组、后勤部门组成。担负现场抢救的急需用品以及伤员的必需品和人员、车辆的安排。

(6) 化学事故的处理方案与程序

沧井公司生产过程中有可能发生EDC或VCM泄漏事故的主要部位为前所述1号目标和2号目标，其泄漏程度视其漏点设备的腐蚀程度、工作压力而不同。泄漏时又因季节、风向等因素，波及的范围也不同。事故原因也是多样的，如操作失误，设备失修、腐蚀，工艺控制失误，外来损坏等。

EDC或VCM的一般泄漏事故，通过安全报警系统或岗位人员巡检等方式及早发现，可及时采取相应的措施进行处理。

EDC或VCM的重大泄漏事故，因为设备的大量泄漏，安全报警系统或岗位人员虽能及时发现，但一时难以控制，应采取以下应急救援措施。

● 最早发现者应立即向公司总调度室、消防队报警，并采取一切办法切断事故源。应急处理时应佩戴好相应的防护用品。

● 总调度室接到报警后，应迅速通知有关部门并要求查明泄漏部位及原因，下达按照应急救援预案处置的指令，同时发出警报，通知指挥部成员及消防队和专业救援队伍迅速赶往事故现场。

● 发生事故的岗位，应迅速查明发生泄漏的部位及原因。凡能经切断物料等处理措施而消除事故的，则以自救为主。如泄漏部位已经不能控制，应向指挥部汇报。

● 指挥部成员到达现场后，根据事故状态及危害程度作出相应的应急决定，命令各救援队伍立即展开救援工作，如事故扩大应请求外部力量救援。

● 生产调度室人员到达现场后，同发生事故的岗位查明物料泄漏的部位和范围后，视能否控制做出局部或全部停车的决定，若需紧急停车，则按照紧急停车的程序执行。及时组织化验人员对泄漏下风向扩散区域进行检测，必要时根据指挥部决定通知区域内的其他人员撤离现场。

● 公安科到达现场后，担负治安和指挥交通，组织纠察，在事故现场周围设岗，划分禁区并加强警戒和巡逻检查，如果物料扩散危及厂内外人员安全时，应迅速组织人员同友邻单位、厂区外过往人员联系，并组织向上风向的安全地带疏散。

● 抢险抢修队到达现场后，根据指挥部下达的抢修指令迅速进行设备抢修，控制事故，以防事故扩大。紧急抢修时应佩戴相应的防护用品，以防中毒和冻伤。

● 医疗救护队到达现场后，应立即救护伤员和中毒人员，对中毒人员根据中毒状况及时采取相应的抢救措施，并对伤员进行清洗、包扎和输氧急救。重伤员应及时送往医院抢救。

● 消防队到达现场后，根据事故的状态进行抢救，如果未发生着火，应对泄漏部位进行水冷却；如果已经着火，应迅速采取措施，对发生着火的储罐进行处理，开启消防泡沫泵进行灭火，并对其他的储罐进行水冷却。如果本公司对事故无法控制，应迅速向市消防支队请求救援。

● 当事故得到基本控制，立即成立两个专业工作小组。①在生产副总经理的指挥下，组成安全环保、生产技术、设备和发生事故的单位参加的事故调查小组，调查事故发生的原因并研究制定防范措施。各专业小组同时向上级主管部门汇报。②在维护副总经理的指挥下，组织机、电、仪和发生事故的单位参加的抢修小组，研究制定抢修方案，并立即组织抢修，尽早恢复生产，夜间发生事故，由总调度室按照应急救援预案，组织指挥事故处理和落实抢修任务。

● 如果事故已经无法控制，处于火场中的容器已经变色或从安全泄压装置中发出声音，指挥小组必须立即做全公司紧急停车的处理，并安排现场所有人员迅速撤离。

(7) 信号规定

公司救援信号主要使用电话、对讲机报警联络。

公司报警电话，即调度室电话：（略）；消防队：（略）；市消防队电话：119；医务室电话：（略）；总经理电话：（略）。

危险区边界警戒线为黑黄线，警戒哨佩戴臂章，消防车、救护车鸣笛、闪警灯。

(8) 有关规定与要求

为了能在事故发生后，迅速准确、有条不紊地处理事故，尽可能减少事故造成的损失，平时必须做好应急救援的准备工作，落实岗位责任制和各项制度。具体措施有：

● 落实应急救援组织，救援指挥部成员和救援人员按照专业分工，本着专业对口、便于领导、便于集结和开展救援的原则，建立组织，落实人员，每年根据人员变化进行调整，确保救援组织的落实。

● 按照任务分工做好物资器材准备工作，如必要的指挥通信报警、洗涤、消防、抢修等器材及交通工具。上述器材应设专人保管，并定期检查保养，以备急用。

● 定期组织救援训练和学习，各队每年按照专业分工训练两次，结合公司实际情况每年组织一次综合性应急救援演习，提高指挥水平和救援能力。

● 对全公司员工进行经常性的危险化学品事故救护常识教育，熟练使用各种防毒器具、消防器材和空气呼吸器等。组织员工进行灾害发生时抢救方法的培训和训练。

● 完善各项制度。①检查制度：每月结合安全生产工作检查，定期检查应急救援工作落实情况及器材保管情况。②例会制度：每季度召开一次领导小组成员和救援队员负责人会议，研究应急救援工作。③消防队昼夜值勤制度：每班八人，车内配备器材，接到事故报警后立即全副武装出动车辆到达事故区，按照调度指挥实施抢救救援等项工作。④总结评比制度：与安全生产工作同检查、同讲评、同表彰奖励。

(9) 附图

危险化学品事故应急救援指挥机构图（略）、危险化学品危险源平面布置图（略）、危险化学品事故应急救援序列图（略）。

18. 合成氨厂制定合成工段高压气体泄漏应急救援预案的做法

大化集团有限责任公司始建于1933年，是中国最大的基本化工原料、化学肥料生产基地，现由大连市政府国资委直接监管。全集团共有33个分、子公司，现有员工7 000人，总资产110亿元；年工业总产值20亿元、销售收入34亿元、利税1.3亿元、进出口总额1.2亿美元。主导产品以年产30万吨合成氨为核心，形成年产80万吨纯碱、50万吨氯化铵、30万吨复合肥、20万吨硫酸、3万吨浓硝酸、10万吨硝铵、4.5万吨硝盐、22万吨焦炭、90万吨海盐及各种气体的生产能力，有年吞吐能力200万吨的自营码头。集团下属合成氨厂、硝铵厂、热电厂、供销公司、大孤山热电厂、碳化工公司等。

近年来，合成氨厂在安全管理上坚持“安全第一，预防为主”的方针，围绕提高本质安全，通过健全安全生产的责任考核，严格现场动态监管，强化隐患查找和整改，加强对员工的宣传教育，不断提升安全生产的管理水平，确保企业的安全生产。为了防患于未然，合成氨厂还积极制定和不断完善事故应急预案，做好防范工作。

合成氨厂制定合成工段高压气体泄漏应急救援预案的做法和要点主要是：

(1) 合成工段的危险性

合成氨厂厂区位于公司界区南端，占地面积61 000平方米，拥有固定资产20.6亿元。主要产品为液氨，副产品有液氮、液氧、液氩、二氧化碳、硫黄等。主要装置生产能力：合成氨30万吨/年，二氧化碳40万吨/年。主要设备设施有空分装置、液氮洗装置、空压机、氮压机、合成氨压缩机、汽化炉、变换炉、甲醇吸收塔、再生塔、氨合成塔、废热锅炉等。

合成氨厂每年需要50万吨煤炭作为原料，合成氨装置向下游产品如纯碱、氯化铵、三硝等提供原料氨和二氧化碳等，是公司的基础和核心生产装置，现有职工333人。

合成工段是合成氨厂生产中心，具有高温、高压、易燃、易爆、有毒等特点。在合成氨生产过程中，如果因生产操作不当或设备故障，造成大量高压气体向外泄漏，就有可能发生重大火灾、爆炸和人员中毒等严重后果，其破坏性非常严重，甚至会影响整个合成氨的生产及周边环境。故在合成工段生产中必须严格执行工艺操作指标和安全规程，严格管好设备及压力容器，防止高压气体外泄。如发生高压气体意外泄漏，必须有一套有效的防范应急救援预案，以防止事态的扩大和减少事故损失。

合成工段存在的危险性：如果在较短时间内，系统内高压气体大量释放到空间，气体体积立即扩大280倍，约在10分钟之内充满空间，形成重大火灾和爆炸危险因素。加之液氨大量外泄，蒸发为气态氨后，占据空间更大，人根本无法生存（氨的最高允许浓度为30毫克/立方米）。

(2) 合成工段高压气体大量外泄的主要部位及原因

● 合成塔出口到废锅一段，由于目前广泛使用提温型内件，合成塔出口温度达350摄氏度，如果选用材质不当或管道、法兰、螺栓有缺陷，管材焊接质量不合格，加之长期使用受到腐蚀和高流速气体冲刷，均可能发生设备管线损坏、气体外泄。

● 氨循环机是合成工段主要运转设备，由于操作不当，塔内压差增大，加之运转部件振动，管道的腐蚀、阀门管件的缺陷，加之开、停、倒车操作失误，均能使大量高压气体外泄。

● 合成氨冷却器由于属于低温设备（其操作温度在－10摄氏度左右），高压管道长期受低温腐蚀，易破裂而产生泄漏。

●合成塔上电极焊盖，由于更换电炉、经常检查、拆装，易产生气体外泄。

●循环机跳闸，若发现处理不及时导致系统超压严重，引起局部管道爆裂或容器、法兰泄漏。

●合成操作工违章作业或合成系统温度下降，处理不及时、不果断，联系不及时，造成系统超温超压，严重时引起局部管道爆裂，设备法兰泄漏。

从一些合成氨厂常见事故情况来看，以循环机操作失误较多。目前合成工段主要装置的使用都达 10 年以上，多数管材均需要检查、测厚，消除隐患，以防事故。

(3) 合成气体大量外泄特点及危害性

●着火。主要部位：合成塔出口、合成塔小盖、管径较小的管道如压力表管等。主要特点：着火快（氢气的引燃能量小）；温度极高，超过 1 000 摄氏度（氢气热值高）；火力强（压力高）；不易被扑灭（多数在气体烧完后方才熄灭）。主要危险性：人员被烧伤，甚至死亡；电气仪表烧坏，厂房设施烧坏。

●有毒气体外泄。主要危险性：氨冷器 1、2 两级放氨。原因：阀门损坏，氨管线破裂。主要特点：短时间不会着火或爆炸，但由于液氨蒸发速度极快（压力高更快），1 千克液氨蒸发后成为 1 316 升氨气，迅速占据空间，使操作人员不能及时处理、关闭阀门，被迫撤离现场，严重时，液氨会灼伤人皮肤，氨气会使人眼睛和呼吸道遭受损伤。

●爆炸。主要部位：循环机及管道。主要特点：①由于管道或阀门等部位损坏处破口较大，大量高压气体冲出后，未及时着火，大量可燃气体充满空间会引起爆炸。②由于高压气体温度较低，或气体中氢气含量较高，或高压状态的液氨突然减压后，气体体积迅速扩大，使混合气中氨成分增多，减小了着火的可能性。③高压气体大量冲出，产生特别巨大的响声，使人有恐惧感。④由于气体中含有大量的氨气，对人伤害特别大，人员不易处理本岗位阀门等，也造成联系、指挥不便。主要危害性：大量高压气体外泄，在短时间内未着火，如外泄不能得到控制，其发生空间爆炸的可能性极大。如果发生重大爆炸，其车间厂房、设备、管道等将全部被毁，人员如不能及时撤离，人身安全将受到严重威胁，后果非常严重。

(4) 突发性气体大量泄漏事故的预防

● 操作人员应严格按照操作规程进行操作，防止因检查不周或操作失误而造成事故。

● 严格执行工艺指标，严禁超压运行。

● 各设备的压力表、安全阀等安全装置要灵活可靠，定期校验。

● 压力容器、设备不准使用玻璃管、玻璃板式液位计，应使用全封闭磁翻板液位计。

● 合成岗位要有防止高压气体串低压系统。

● 加强设备管理，认真做好设备、管道、阀门的检查工作，对不能保证安全生产的设备、管道、阀门要及时进行修理或更换。

● 设备上的螺纹件应按要求上齐，活门压盖上的螺栓要统一长度，不准上双螺母或加厚垫圈。

● 及时消除设备管道的振动，防止因振动、摩擦而造成事故。

● 严禁带压紧固螺栓。

(5) 合成高压气体大量外泄后的紧急救援预案

● 尽量在短时间内切断有关阀门，使泄漏停止（如效果不明显应及时卸压），并联系各有关部门。

● 如外泄气体已经着火，如火势不大，除迅速切断阀门卸压外，应用蒸汽或干粉灭火。如火势较大，则抢险人员应穿戴岗位配备的防火服、呼吸器到现场关闭阀门，确保本人免受伤害。如火势太大，控制不了，应组织人员撤离，并联系消防部门对已着火的厂房设施喷水、降温（水不能喷到高温的设备、管道及电气设施上）。

● 如外泄气体气量不大，又未着火，但氨味较浓，人不能接近，应尽快佩戴自吸式空气呼吸器，关闭各对外联系阀门及应切断的阀门，能制止泄漏最好，如泄漏仍在继续和扩大，应考虑人员撤离现场，并用备用应急水源喷淋泄漏部位。

● 如大量高压气体外泄，又未立即着火，这种情况非常危险，应沉着冷静在最短时间内关闭对外联系阀门，用专用全厂信号（不能用手机或电话）通知总配电房，对合成工段所在地拉闸断电。安排各岗位人员有序撤离到安全处。实行厂区道路管制，车辆疏散。其他远离合成工段的岗位也应紧急停车，防止合成工段岗位发生爆炸后，事故扩大到别的岗位。

● 厂区内正在进行的动火或高处等作业，应立即停止，人员撤离。附：《合成高压气体大量外泄后人员紧急疏散图》（略）

（6）高压合成气体外泄应急救援指挥职责及分工

● 厂合成高压气体外泄应急救援指挥领导小组成员：厂长，负责安全生产的副厂长，生产、安全、设备、动力、消防、卫生部门负责人。

● 领导小组下设现场救援指挥部。地点：氮肥厂总调度室。现场指挥：氮肥厂厂长（副厂长）。夜间：值班干部、调度员。

● 现场救援指挥部人员分工：

——安全科长协助指挥做好事故报警，及时分析事故状态和事故扩大的可能性，并做好情况通报工作。

——消防（保卫）科长指挥灭火、警戒、疏散人员、判断火情发展情况，随时联系消防专业队伍来现场参与灭火。

——生产科长（调度员）负责事故处理时生产联系，指挥未发生事故的工段停车，调度事故现场保证供水、供蒸汽。联系事故区的停送电。

——设备（动力）科长协助工程抢险、抢修等。

——卫生所长负责现场医疗救护及中毒、烧伤、灼伤及其他意外伤害人员的抢救工作。且后勤供应部门负责对处理事故所需的各种器材、工具及其他物品进行及时合理的调配。

19. 金川集团公司制定氧气站与油库事故应急处理预案的做法

金川集团公司是采矿、选矿、冶炼、化工配套的大型有色冶金、化工联合企业，生产镍、铂、铜、钴、稀有贵金属和硫酸、烧碱、液氯、盐酸、亚硫酸钠等化工产品以及有色金属深加工产品，镍和铂族金属产量占中国的90%以上，是中国最大的镍钴生产基地，被誉为中国的“镍都”。

金川集团公司位于中国西部河西走廊的工业城市——甘肃省金昌市，矿区地势比较平坦，海拔高度为1 500米至1 800米，属温带大陆性气候。南距欧亚大陆桥——兰新铁路线22千米，厂区铁路与之相连，铁路、公路运输便利。公司拥有总数达6 300多人的专业技术人才队伍，其中具有高级职称的有800人，具有中级职称的有3 400人，涉及264个专业，员工队伍素质比较高，已经形成了一支经验丰富的工程技术人员和管理人员队伍。

金川集团公司制定氧气站与油库事故应急处理预案的做法和要点主要是：

氧气站火灾爆炸事故应急救援预案

(1) 氧气站的基本情况

氧气站是金川集团公司下属重要单位，主要产品是氧气和氮气。氧气的生产是采用空气深冷分离法制取，制氧的整个过程主要有以下六个阶段：空气中灰尘和杂质的净除；空气经压缩机压缩；除去压缩空气中的二氧化碳、水蒸气和乙炔；将空气液化；液态空气经过精馏分离成氧和氮；氧气产品的储存和运送。以上任何一个环节发生问题都会引起火灾爆炸事故，而且危害性极大，故氧气站属于公司一级防火单位。为防止事故进一步扩大，减少人员伤亡，降低事故损失，特制定此事故应急处理预案。

氧气站平面图（略）、氧气站设备设施示意图（略）、氧气站工艺流程示意图（略）、氧气站生产作业人员岗位情况（略）。

(2) 氧气站消防器材配备情况

● 一冶炼厂氧气站（1 000 立方米/小时）现配有 MFZ8 干粉灭火器 20 瓶，1211 手提式灭火器 16 瓶，消防栓 4 个。

● 一冶炼厂氧气站（6 500 立方米/小时）现配有 MFZ8 干粉灭火器 53 瓶，1211 手提式灭火器 19 瓶，消防栓 7 个。

● 机械厂氧气站（150 立方米/小时）现配有 MFZ8 干粉灭火器 12 瓶，MFZA 灭火器 8 瓶，二氧化碳灭火器 6 瓶，消防栓 2 个。

(3) 氧气的性质

氧气在常温下为无色、无味的气体。氧气具有很强的化学活性，可与一切可燃物进行燃烧，在一定条件下可与金属发生剧烈的氧化反应，释放出大量的热能，与可燃性气体、粉尘混合而易形成爆炸性气体，当各种油脂与压缩高浓度氧接触时，由于氧化放热易形成自燃，而导致事故发生。

(4) 氧气发生爆炸事故的原因

● 管理制度方面。由于管理不严，在现场乱放可燃物（如棉纱、油布、沾油铁屑等），违章动用明火、吸烟等引发火灾爆炸事故。

● 设备使用方面。由于设备失修，存在隐患，违反操作规程，使设备超温超压，特别是安全保护装置失修，不定期检验，使保护装置不起作用而发生爆炸事故。

● 通风不良。由于生产现场的通风不良，当可燃气体或粉尘在空气中达到爆炸浓度，遇火源引起爆炸事故。

● 生产现场的设备、管线没有采取消除静电措施，发生放电引起火灾爆炸事故。

● 避雷装置不当，缺乏检修或没有避雷装置，发生雷击时引起失火爆炸事故。

(5) 氧气站事故防范措施

● 加强管理，严格执行各项管理制度和安全操作规程，加大操作人员的安全教育和培训力度，必须持证上岗。强化各级管理人员和岗位人员的责任心。加大安全检查力度，消除事故隐患，达到预防为主的目的。

● 在做好预防为主的同时，在组织上、思想上、物质和技术上做好事故应急准备，一旦发生事故，及时有效地进行人员疏散和现场抢险工作，避免人员伤亡和事故扩大。

(6) 抢险指挥部及有关部门人员的职责

抢险指挥部设在本单位调度室，一旦发生事故，全体成员应迅速到指挥部报到，并立即赶赴事故现场按照分工投入战斗。

● 厂长：总指挥，全面负责营救遇难人员及抢险工作的部署安排。

● 技术或生产厂长：根据抢险安排，提供解决事故所需的技术资料，协助厂长当好参谋。

● 车间领导：及时查明现场当班的实际人数，组织人员进行事故初期阶段的补救和重要物资的转移，事故严重时迅速带领现场人员撤离疏散，及时向指挥部汇报现场火灾爆炸事故情况，并提出救灾建议和措施。

● 厂调度室：值班调度员根据火灾爆炸事故的性质、大小，首先报告本单位领导或指挥部成员、公司总调度室、公司安环部、公司经理，同时向公司消防大队报警。负责火灾爆炸事故的内外通信联络，保证抢险救灾工作的通信联络畅通无阻，及时传达抢险指挥部的命令，及时了解和掌握事故现场情况，组织事故救护车辆的使用，通知医院做好伤员救护工作。

● 安全科长：协助本单位领导和指挥部处理事故，对抢救工作和进入现场人员进行有效的控制、监督，负责及时提供消防器材和做好现场安全保卫工作，同时做好和上级的联系与协调工作。

● 生产（技术）科长：负责必需的图纸和技术资料，提出事故应急救护建议。

● 机动科长：提供现场设备资料，根据事故性质，为指挥部提出事故抢救建议和提供抢救所需的设备及备品备件。

● 材料供应部门负责人：及时提供抢救所需材料，并迅速运往现场，负责抢救中的物资后勤供应。

● 工会负责人：负责组织人员妥善安置遇难人员，做好事故救护的后勤服务工作。

● 车辆管理部门负责人：提供抢险救护全过程所需的各种车辆，并交由调度室调动。

● 厂办公室主任：负责事故救护中的有关接待工作。

(7) 氧气站事故应急措施

● 氧气站一旦发生火灾爆炸事故，应立即报警，并采取措施截断氧气和其他可燃气体的来源，并立即进行人员疏散。向消防部门报警时要说明事故地点、规模、着火物质、被困人员情况，并留下报警人姓名、单位，同时通知本单位调度室和车间领导。

● 在消防队到场之前，现场人员抓住时机，在现场的车间领导和班组长的指挥下，快速果断地进行事故初期阶段的扑救及人员救护工作，如有人员伤亡应立即通知医院急救科和拨打急救电话进行人员抢救。在单位领导和有关部门人员到达现场后，由指挥部统一指挥。

(8) 氧气站事故应急通信联络

● 火警电话：（略）

● 公司总调度室电话：（略）

● 一冶炼厂调度室电话：（略）

● 机械厂安全生产科电话：（略）

● 公司安环部电话：（略）

附：《氧气站周围环境及人员紧急疏散图》（略）

油库火灾爆炸事故应急救援预案

金川集团所属供销公司油库是重点火灾和爆炸事故预防的要害岗位。由于其储存油品多，油量大，油罐集中，间距近，火灾时极易导致库内各油罐间的连锁反应，严重的可导致油罐爆炸，并可能危及周边广大的生活区、厂区，因此油库的火灾危害性极大。为防止事故进一步扩大，降低事故损失，减少人员伤亡，特制定此事故应急预案。

(1) 油库的基本情况

1）油品种类、库容及储量

● 油库内储存汽油 90 号、93 号、97 号三个种类的油品。汽油储罐有 500 立方米的内浮顶立式油罐 2 个，50 立方米的卧式油罐 3 个，总库容为 1 150 立方米，即 844 吨，最大报警储量为 770 吨。

● 油库内储存柴油 0 号、－10 号、－20 号、－35 号四个种类的油品，柴油储罐有 1 000 立方米的立式油罐 1 个，50 立方米的卧式油罐 10 个，容积 1 500 立方米，即 1 275 吨，最大报警储量为 1 000 吨。

● 润滑油共储存 59 个种类的润滑油品，总仓储面积为 1 400 立方米，可存放最大报警储量为 2 200 桶，计 385 吨。

2）人员情况。燃料库共有职工 39 人，其中油料班 17 人，接运班 9 人，仓库直属人员 13 人。负责汽油库及仓库保卫、消防工作的经济民警 9 名，正常班白天最多时本库职工 24 名，民警 3 名，双休日及夜班最少时有 5 名（本库职工 3 名，民警 2 名）。

(2) 消防器材配备情况

● 汽油库内有固定的消防泵房及 500 立方米专用消防水池，库区有泡沫灭火系统和冷却水系统，有电泵和自备发电的汽油机泵，在外界有电或停电情况下，都可以进行消防扑救。

● 在内浮顶罐的周围消防道路内环有 6 个消防栓，其中 4 个用管道连通于罐内打泡沫液，2 个固定喷头朝罐外壁向防护堤内打泡沫液，外环有 6 个消防栓，用于连接消防带，打冷却水。

● 另外，库区内配备 8 千克干粉灭火器 65 个，32 千克干粉灭火器 7 个。

(3) 油库火灾事故发生的原因

由于油库油品的储存设备设施以地表外露部分为主，地下埋设部分相对要较少，所以油库火灾事故可能发生在卸油、输油、储油及加油各环节。

● 卸油。卸油管线、设备全系统环节在油面与空气接触时易产生静电，导致火灾。

● 储存。内浮顶立式油罐由于采用比较先进的内部浮盘装置，形成油面与空气永久性隔绝，一般不会形成火灾，而13个卧式罐油面始终通过气孔与空气接触，罐内又不可能完全充满，受气温影响而形成油蒸气，当气温上升到一定温度时发生火灾事故的概率增大。

● 输油及加油。输油管线因采用埋设，故不会造成危险，而加油部分因油枪口直接与空气接触，有发生火灾事故的可能。

(4) 预防措施

● 严格执行供销公司制定的《安全管理基本制度》《供销公司安全生产责任制》《安全生产规章制度》以及油库制定的《供销公司燃料库管理制度》汇编中第15页“消防器材管理使用制度”第51项“油库防火制度”。

● 严格执行油库出入库车辆、人员登记制度，严禁烟火和带入火种，禁止无关人员进入库区。

(5) 救灾指挥部及有关部门人员的岗位职责

救灾指挥部设在调度室，由下列人员组成。一旦发生库区火灾，全体指挥部成员应迅速到指挥部报到，应急处理突发火灾事故。

● 供销公司经理：为处理火灾事故的总指挥，全面负责营救遇难人员及抢险部署安排。

● 供销公司负责技术或生产经理：根据抢险安排，提供解决事故所需要的技术资料，当好参谋。

● 库区负责人：及时查明在库区当班的实际人数，组织人员进行火灾初起时期的扑救和重要物资的转移，火灾严重时应及时迅速地带领库区人员撤离火场，及时向指挥部汇报现场火灾发生情况，提出救灾建议。

● 调度室：值班调度员根据火灾情况，首先报告本公司经理，通知指挥部成员及金川集团公司总调度室和有关部门，同时根据情况向公司消防大队报警（火警电话119）；负责火灾事故现场的内外通信联络，保证抢险救灾电话通信畅通无阻，及时传达抢救指挥部命令，及时了解和掌握库区火灾情况；组织事故救护车辆，通知医院做好伤员救护工作。

● 安全科长：协助本公司经理处理火灾事故，对抢救工作和进入库区人员进行有效的控制、监督；负责及时提供消防器材和做好现场保卫工作，同时做好和上级的联系、协调工作。

● 生产（技术）科长：负责准备必需的图纸和资料，提出火灾应急救护建议。

● 机动科长：提供库区电气系统资料，根据火情为指挥部提出事故抢救中电气系统的处理建议及提供抢救所需设备和备品备件。

● 材料供应部门负责人：及时提供必要的抢救所需材料，并迅速运往现场，负责抢救中的物资后勤供应。

● 工会负责人：组织人员妥善安置遇难人员，做好事故救护的后勤服务工作。

● 车辆运管部门负责人：提供抢险救护任务全过程所需的各种车辆，并交由调度室调动。

● 供销公司办公室主任：负责事故救护中的有关接待工作。

(6) 火灾事故应急救护预案

1）初起火灾扑救

● 任何作业人员，在任何时间，一旦发现库区起火都要立即报警，并根据起火物质情况，做出准确判断，如有能力有把握将火扑灭，应首先扑灭火灾；报警时，首先向库区周围人员发出火警信号，同时向公司消防大队立即报警，报警时叙述清楚火灾详细地点、火情规模、着火物质、被困人员情况，并留下报警人姓名、单位，同时通知供销公司调度室。

● 在消防队到达火场之前，库区在场人员应抓住时机，在库区在场的车间主任或班组长的统一指挥下，集中力量、器材，快速果断地进行火灾初起阶段扑灭工作。在各部门人员到达现场后，由火灾领导小组统一指挥。

2）组织扑救遵循的原则。根据燃烧物质的性质、数量、火势蔓延方向、燃烧速度、可能燃烧的范围等作出正确的估计，积极组织灭火力量进行扑救。遇火险时，必须掌握以下原则：

● 先控制、后消灭的原则。即对于不可能立即扑灭的火灾，要首先控制火势的继续蔓延扩大，在具备了扑灭火灾的条件时，展开全面进攻，一举扑灭火灾。

● 救人重于救火的原则。即火灾中如果有人受到威胁，首要任务就是把被火围困的人员抢救出来。在灭火力量较强时，灭火和救人可以同时进行，但决不能因灭火而贻误救人时机。

● 先重点后一般的原则。即人和物相比，救人是重点；贵重物资和一般物资相比，保护和抢救贵重物资是重点；有火势蔓延时，控制火势蔓延是重点；有爆炸、毒害、倒塌危险时，处置这些危险是重点；隔离易燃、可燃物集中区域是重点；控制要害部位火情是扑救重点。

3）火灾严重阶段救护。在火灾初起阶段扑救无效，火灾有继续扩大趋势的情况下，火场外人员在配合消防人员进行进一步灭火的同时，迅速有序地组织现场人员和重要物资的安全疏散，火场中人员及时迅速撤离。

● 人员安全疏散和撤离。火灾时，在场人员有烟气中毒或窒息以及被热辐射、热气流烧伤的危险。因此发生火灾后，首先要了解火场有无被困人员及其被困地点和抢救的通道，以便进行安全疏散。疏散时，如人员较多或能见度较差时，应在熟悉疏散通道布置的人员带领下，鱼贯地撤离起火点。带领人可用绳子牵领，用“跟着我”的喊话或前后扯着衣襟的方法将人员撤至室外或安全地点。在撤离火场途中被浓烟所围困时，由于烟雾一般是向上流动，地面上的烟雾相对比较稀薄，因此可采用低姿势行走或匍匐穿过浓烟，用湿毛巾、湿口罩或湿衣物等捂住嘴、鼻，采用短呼吸法，用鼻子呼吸，以便迅速撤出烟雾区。

● 火灾时人身着火的应急措施。一旦衣帽着火，着火人应尽快地把衣帽脱掉，如来不及，可把衣服撕碎扔掉，或就地倒下打滚，把身上的火焰压灭；在场的其他人员也可用湿麻袋、毯子等物把着火人包裹起来以熄灭火焰，或者向着火人身上浇水，帮助受害人将烧着的衣服撕下或者跳入附近池塘，将身上的火熄掉。切记不能奔跑，这样会使身上的火越烧越旺，还会把火种带到其他场所，引起新的着火点。

● 火灾中物资的疏散。火灾中物资疏散也应该有组织地进行，目的是最大限度地减少损失，防止火势的蔓延和扩大。应急疏散的物资：①疏散可能扩大火势和有爆炸危险的物资。②疏散性质重要、价格昂贵的物资。③疏散影响灭火战斗的物资。

● 组织疏散的要求。①将参加抢险人员编成组，指定负责人，使疏散物资工作有秩序地进行。②先疏散受水、火、烟威胁最大的物资。③疏散出来的物资应堆放在上风向的安全地点，不得堵塞通道，并派人看护。④尽量利用各类运输机械疏散。⑤怕水的物资应用苫布进行保护。

附：《油库周围环境及人员紧急疏散图》（略）

20. 北京京丰热电公司制定防灾减灾预案减轻损失的做法

北京京丰热电有限责任公司是原北京第三热电厂，始建于1959年，2001年6月改制成立公司，现在隶属于京能集团。京丰热电公司位于丰台区云岗西路15号，目前装机容量为150兆瓦（50兆瓦、100兆瓦发电供热机组各一台），年发电能力13亿千瓦时，年最大供热能力 150 万吉焦。担负着地区国防工业多条配电线供电、中央电视台卫星地球站供电、航天总公司科研试验用热、云岗及王佐地区 150 多万平方米采暖供热。公司现在职员工 450 人。

近年来，京丰热电公司以电力、热力生产销售为重点，以为国防科研服务和为北京市经济建设发好电、供好热为经营宗旨，以为股东和社会创造效益为目标。公司发扬真抓实干和敢于争先的企业精神，牢牢抓住“安全是生命、责任重于泰山”这条主线，以降低成本、提高效益为中心，坚持以一流企业为龙头，企业逐渐成为华北电力系统一流火力发电企业。

京丰热电公司防汛减灾预案

为了防止汛期暴雨对机组正常运行的影响，提前做好防汛的各项准备工作，对安全生产尤为重要。各单位安全第一责任人必须认真抓好此项工作，确保公司防汛工作万无一失，各单位要按照防汛责任制认真组织落实到位。

(1) 防汛指挥部和防汛抢险队组成人员

防汛指挥部总指挥：总经理。

副总指挥：党委书记、生产副总经理（兼总工）、经营副总经理、党委副书记、工会主席、实业总公司经理、检修公司副经理、副总工。

防汛办主任：安全生产技术部部长。

副主任：总经理工作部经理、总经理工作部副经理（保卫）、安全生产技术部副部长。

成员：发电部、检修公司、锅炉分公司、汽机分公司、电气分公司、热工车间、燃料部、化学车间、粉煤灰公司、修配分公司、生活分公司、物资分公司等单位负责人（注：防汛日常工作由安全生产技术部负责）。

防汛抢险队员名单

队长：副总工程师

锅炉分公司支队。支队长：分公司主任。队员：（略）

汽机分公司支队。支队长：分公司主任。队员：（略）

电气分公司支队。支队长：分公司主任。队员：（略）

热工车间支队。支队长：车间主任。队员：（略）

修配分公司支队。支队长：修配分公司主任。队员：修配分公司全体人员。

粉煤灰分公司支队。支队长：分公司主管。队员：分公司全体人员。

燃料部支队。支队长：燃料部部长。队员：（略）

化学车间支队。支队长：车间主任。队员：（略）

发电部支队。支队长：发电部主任。队员：当值值长及当值全体运行人员。

公司主要领导及各职能部门负责人的联系方法（略）

(2) 防汛器材和物资的准备（物资公司）

物资公司主要负责防汛器材和物资的准备。

● 物资公司要提前准备防汛器材和物资，如棍泵、潜水泵及配套的电源线和刀闸、胶管、塑料编织袋、编织布、铁锹、雨衣雨鞋等。

● 防汛器材及物资应由专人负责保管，作为防汛专用，不得挪作他用。

● 防汛所用的泵类器材应提前做好检查，并配好电源线、刀闸及胶管，遇有汛情随时可用。

(3) 公司内外生产场所防止漏雨进水工作

各单位要做好公司内、外排洪沟的清挖工作和生产厂房、生产场所防止漏雨进水工作。

● 公司内、外排洪沟的清挖工作由安全生产技术部负责安排，必须在5月底之前完成，并在进水口处做好篦子，以防杂物堵塞排洪沟。

● 公司所属生产厂房、建筑物由实业公司及各运行单位负责检查，发现漏雨、渗水现象及时通知实业公司安排组织维修处理。

● 露天设备（如电除尘、煤罐、灰罐、吸风机等）由设备负责单位检查和维修，没有维修能力的单位在发生情况时，汇报安全生产技术部安排维修和处理。

● 为防止雨水倒灌进入生产厂房淹没设备，锅炉房、汽机房、雨水泵房、消防泵房，发电部负责检查、排水，网控北门及变电站由发电部网控运行人员负责巡视检查。各单位要准备好足够的沙袋置于各生产厂房大门内侧备用。

● 汽机检修分公司在五月底前做好雨水泵的检查和维修工作。燃料部做好输煤皮带排水泵的检查维修工作。机炉房、化学车间等生产厂房内的防汛排水工作由所在单位负责，电气检修分公司要特别注意检查电缆沟的积水问题，汽机检修分公司做好电缆沟排水的协助工作，随时提供运行良好的抽水泵。

● 地面各种井、坑、孔洞的盖板由所在单位负责检查盖好。

● 粉煤灰公司要在五月底以前对灰坝进行检查，必要时对灰坝进行修补，防止垮坝。

(4) 汛期各项检查和维护工作

● 电气检修分公司对电气设备的避雷器进行检查和维护，避免雷击事故发生。

● 燃料部遇多雨天气时要尽快安排卸车，尽可能不压重车，并在雨季前做好干煤储存，必要时与有关部门协商多进干煤，以防煤湿而影响机组出力。

● 发电部及各运行岗位在五月底前准备好塑料布，以备生产厂房漏雨时对设备临时遮盖。汛情时将生产厂房各处门窗关好，变电站的端子箱和室外电气设备的接线盒要认真检查，必要时进行遮盖，防止雨水进入发生短路事故。

● 大车班的车辆包括特种车辆，应随时保持车辆完好、油箱满油、电瓶电量充足，能随时参与抢险工作。

(5) 汛期主要工作

● 防汛值班人员必须坚守岗位，尽职尽责。遇有恶劣天气时要尽快赶到现场巡视，检查了解设备运行及排水情况，组织好抢险工作。因汛期安全生产出现紧急情况时，防汛值班人员和值班长要立即通知有关领导，以便组织抢修处理。公司主要领导及各职能部门负责人的联系方法（略）。如遇大雨天气时，防汛指挥部人员必须立即赶到统一集合地点（生产楼三楼）碰头会议室向防汛总指挥报到，各单位安全第一责任人、生产值班人员、抢险队员及公司各处防汛责任人必须立即赶到现场，听从指挥参加抢险工作。

● 发电部运行人员在大雨天气时，要对设备特别是电气设备进行检查和防雨遮挡，不能处理时要立即通知领导和有关人员。同时，做好雷雨天气时的事故预想，在紧急情况发生时做到沉着、冷静，正确处理，尽量减少汛情对安全生产的影响。

● 电气专业人员在汛情发生时，要对电缆沟进行重点检查，及时排除积水，必要时设专人值班看护。

● 化学车间净水室运行人员负责疏通车库处排洪沟口杂物以防堵塞。

● 通信班应经常检查通信线路，保证汛期的通信畅通。

● 汛情过后，各单位要检查所管辖的设备，做好防潮工作。特别是电气设备、燃煤和怕潮湿的物资等，要及时采取有效的措施尽快恢复干燥。

(6) 汛后工作

● 9 月 15 日后各单位对本年防汛工作进行总结，对因汛情而产生的不安全情况提出防范措施和整改措施。

● 各单位将汛期所使用的防汛器材归还供应公司，损坏的机械工具等维修好后归还，供应公司应妥善保管好防汛器材。

● 所有单位归还防汛器材后，供应公司应清点防汛器材和物资。

防汛工作是公司夏季安全工作的重点，也是保证公司全年安全生产的重要组成部分，各单位安全第一责任人必须高度重视，在保证正常安全生产的同时，认真组织、合理安排防汛工作。特别是在气象预报通知有大雨时，要有充分的准备，要按时到岗值班，认真检查设备和本单位的防汛工作；真正落实各级责任制，做好防汛工作。

(7) 防汛工作责任制划分

● 生产厂房责任人。主要责任：检查房屋漏雨情况，及时通知有关部门解决，如遇阴雨天及时遮盖设备。

● 零米及以下部分责任人。主要责任：防止雨水倒灌淹没设备。

● 排洪沟入口清堵责任人。主要责任：雨水大时，组织运行岗位人员及时清除排洪沟入口箅子的杂物。

● 贮灰场责任人。主要责任：汛期检查坝体及坝内水位情况，防止垮坝。

● 110 千伏变电站责任人。主要责任：检查端子箱门应关好，电缆沟盖板应盖好，发现缺陷应及时通知检修处理。

● 电缆沟责任人。主要责任：防止电缆沟进水，及时排水。

● 排洪沟责任人。主要责任：及时安排开发公司汛前清淤。

● 防汛器材及物资责任人。主要责任：防汛器材及物资的采购管理，做到器材上阵能用，并做好汛后回收和管理工作。

附件（略）

京丰热电公司抗震防灾预案

(1) 抗震防灾领导组织人员

● 抗震防灾指挥部。抗震防灾指挥部组成人员：

总指挥：公司总经理；副总指挥：办公室主任；副主任：主要单位负责人。

● 抗震防灾领导机构：生产组、抢险组、运行组、通信组、生活保障组、医疗急救组、交通组、宣传组、保卫消防组、物资供应组、财务组等。

● 抗震防灾日常工作由安全生产技术部负责，电话：（略）；抗震防灾值班工作由总经理工作部负责，电话：（略）；夜间值长电话：（略）。

(2) 震前减灾工作

● 对建筑物、构筑物进行抗震鉴定和检查。①公司目前与生产有关的建筑物、构筑物较大部分是1992年以后投产使用的，按设计标准应有较强的抗震能力。但由于施工质量有差异，有可能存在质量问题。老公司一些建筑物现仍在使用（如老公司网控室及开关楼、老净水室、原行政楼等）。因此工程科应对公司的建筑物、构筑物每年进行一次抗震鉴定和检查。②生活区建筑的抗震能力也有所不同。1978年抗地震能力达到了7级，其后公司又相继建设的14栋家属楼都已按抗8级地震设计和施工，但施工质量有差异。因此对公司的所有家属楼、单身宿舍楼及幼儿园建筑，每年也应进行一次抗震检查和鉴定。③对于公司所有的建筑物、构筑物应每年进行一次检查，对在检查中发现的异常现象应认真做好记录，若发生较大的变化时应及时上报。以上工作由安全生产技术部限期完成，在每年十月底之前提交检查报告。

● 对生产设备进行防震检查。各生产单位应对本单位所辖设备每年进行一次防震检查，对抗震能力不够的要制定抗震加固计划和措施并上报安全生产技术部，安全生产技术部根据资金情况安排加固工程。对于没有加固价值的，地震中又有可能发生坠物伤人的构件和设施，安全生产技术部应及时安排拆除。各生产单位对本单位所辖设备的检查应在六月底之前完成，将检查情况以书面形式报安全生产技术部。

● 抗震防灾的宣传。普及一般地震知识和宣传应急避震常识；动员实施抗震防灾的应急对策。做好避震防灾宣传工作是地震减灾的重要环节，是减少人员伤亡的重要手段。抗震防灾的宣传工作由宣传组负责完成，可以采用公司闭路电视系统、黑板报、印发宣传资料等形式进行。

● 物资准备工作。物资准备工作应做到平震结合。用于抢险救生的器材有消防车、吊车、各种客货运输车辆、气焊器材等。使用这些器材的单位应做到及时维修保养，做到一旦发生震情能够即刻使用。运输队的车辆包括特种车辆，应随时保持车辆完好、油箱满油、电瓶电量充足，保证能随时参与抢险工作。生产所用的应急物资以平时生产用的备品备件为主，应注意备品备件库房的防震能力。生活应急防震物资应列好品名、数量及供货地点的明细单，有震情预报时及时采购。电气分公司应做好通信设施的维护和检查，必要时添置无线通信设备以备地震时急用。

(3) 预防次生灾害

地震后次生灾害的人员、财物损失在整个地震损失中占有相当的比重，做好防止发生次生灾害是防震减灾的重要环节。次生灾害中火灾是主要灾害，因此在平时应加强易燃易爆物品的管理。

● 班组内严禁存放大量易燃品，必须使用的应按规定少量存放。

● 油站应经常检查储罐及管道，发现问题及时维修。

● 乙炔气瓶应存放在远离生产厂房的位置，危险化学品放射源要专人保管，按指定地点存放防止散失。

● 各单位做好日常消防工作，发现火灾隐患及时消除，并做好消防器材及设备的维护工作。

● 消防保卫部门应做好消防日常检查工作。

(4) 临震安排

● 在临震预报后，立即将预报情况向全体员工传达。

● 抗震防灾指挥部人员及抗震领导机构成员迅速到位，立即行使职能。

● 搭设抗震救灾总指挥部，安排昼夜值班。

● 进行各种防灾、救灾物资的调运及采购。

● 规划、清理、搭设有抗震能力的临时运行班休息室、抗震食堂、医务室及避震场地。公司避震场地设在渔场南侧马路边足球场内，所有临时抗震建筑物均在此处搭建，也是公司人员临时疏散地点。

● 组织落实各专业抢险队。

● 各种机动车辆出库房露天停放，吊车、消防车、挖掘机做到随时待命，机房天车停放在下面没有重要设备的位置。

● 医务室将急救药品转移到安全抗震场所。

● 制定疏散方案。托儿所、生活区的家属人员由抗震防灾指挥部人员组织疏散，并加强公司区域、生活区及公司避震场地的巡逻保卫工作。

(5) 生产岗位和专业指挥系统的震时应急措施

● 发生地震时生产岗位的指挥是当值值长，负责指挥全公司当值运行人员的运行、生产及避震，副值长是6＃机单元运行生产和避震的负责人。

● 地震时的处理原则为保人身安全，保设备安全，保发电运行。

● 在机组运行中发生较强的地震时，若影响到机组运行，使机组掉闸（包括锅炉灭火）时，应按紧急停机程序处理，附属设备掉闸时，则降负荷处理，尽量维持机组运行。如部分系统损坏影响设备及人身安全（如汽水系统爆破、燃料系统损坏）时可停机处理，并做好隔离措施，以便检修损坏设备。

● 运行人员在巡视或操作中发生较强地震时，应立即紧急避震。躲避时注意远离高温、高压汽水管道和热体，注意躲开可能有高空落物的地带，尽量找到能掩护身体且不会使自己从高空跌落的位置藏身，千万不要惊慌失措。

● 注意尽快恢复厂用电源。

● 要注意防止次生灾害的发生，如油系统着火时应及时切断油源。

● 采用各种通信手段立即向上级报告震情、机组状况及大致损坏情况。

(6) 震后抢险

● 初步检查震情，采用各种通信手段迅速与上级部门联系，汇报震情，必要时固定联系用车。

● 震后有自救能力时，首先抢救被埋压的员工和家属。

● 做好伤员的临时护理和转移治疗。

● 组织各专业抢险队迅速到达现场，同时做好外来救援队伍的向导工作。

● 做好震后员工家属的疏散工作，并做好生活安排。

● 做好生活区、公司区域内的安全保卫工作。

(7) 责任与纪律

做好震前预防措施的落实和震后救灾工作，对减少人民生命财产和国家财产的损失具有重要意义，尤其是电力企业对社会的抗震救灾更具有重大的社会责任。因此公司各有关部门单位必须具有高度的责任心和使命感，按责任分工坚守岗位，做好震前防灾和震后救灾的各项工作。凡因玩忽职守、不负责任造成后果或不顾全大局临阵逃脱的有关领导亦应追究其责任，给予必要的纪律处分。

公司抗震救灾基本情况示意图（略）；公司抗震救灾基本程序示意图（略）；公司主要领导及各部门负责人的联系方法（略）。

21. 南京钢铁集团公司在班组中推广应用事故预案的做法

南京钢铁集团有限公司的前身是南京钢铁厂，始建于1958年，1996年7月改制，2000年9月“南钢股份”在上海证券交易所成功发行上市。集团公司拥有采矿、炼焦、烧结、球团、炼铁、轧钢等完整的生产系统和辅助系统，经营范围涉及钢铁生产、流通运输、国际贸易等领域。

南京钢铁集团公司拥有炼铁厂、炼钢厂、焦化厂、棒材厂、带钢厂、中板厂、中厚板卷厂七个分厂，主要从事黑色金属冶炼及压延加工，钢材、钢坯及其他金属的销售；焦炭及副产品生产（危险化学品除外），拥有从焦化、烧结、炼铁、炼钢到轧钢的完整生产系统。主要产品包括中板系列、棒材系列、钢带系列等，具有年产钢550万吨、铁600万吨、材450万吨的综合生产能力，现有职工5 272人。

近年来，南京钢铁集团公司在班组中推广应用事故预案工作，在班组中利用小黑板定期预测日常工作中的事故并采取相应措施来避免事故的发生，旨在提高职工的安全意识及防范事故的能力。自推广以来，该公司轻、重伤事故量大幅度下降，取得了良好的效果，有效地控制了工伤事故的发生。

南京钢铁集团公司在班组中推广应用事故预案的做法主要是：

(1) 事故预案的定义

安全工作，重在预防，只有所有职工都非常清楚地认识到其岗位所存在的不安全因素，在工作时不侥幸蛮干，才能安全可靠地完成工作。因此，事故预案就是班组成员根据岗位中的工作内容预测可能发生的事故，并运用安全管理科学方法，找出可行的预防措施及事故一旦发生后的应急处理方案的一种班组安全管理方式。

(2) 事故预案的格式

根据事故预案的定义，班组预案的基本格式如下：

事故预案

班组名称：皮带上料班
日　　期：________年________月
工作内容：清扫皮带积料
事　　故：绞伤
预防措施：
1. 工作服做到“三紧”，女工长发盘入布帽。
2. 紧急开关完好有效，清扫时必须有专人监护。
3. 严禁在皮带运行时进行清扫。

续表

4. 严禁戴手套清扫皮带的传动部位。 5. 地面严禁有油污、积水等杂物。 6. 清扫时脚要站稳，重心要稳。 处理方法： 1. 立即停止皮带运行，盘车退出伤员。 2. 抢救伤员要轻抬轻放，注意骨折处的固定，以防伤势扩大。 3. 保护事故现场，立即报告安全部门或上级有关部门。

(3) 事故预案的内容及学习形式

事故预案以班组为单位，把小黑板作为学习园地，每次工作前集中班组成员根据岗位特点座谈预测事故、制定预防措施及处理办法并记录汇总。

● 工作内容和事故。尽管多数班组所从事的工作和使用的工具设备等相对固定，但是由于生产的需要，班组的工作也会作相应的调整。为了便于预测事故，必须把工作内容细化，如清扫皮带积料、搭脚手架、加工超长工件、抽煤气盲板等。有的工作内容可能容易引发几种类型的事故，此时应分析事故发生的概率或伤害程度，对最大概率的事故或伤害程度最重的事故优先进行预测分析。如某厂机修车间车工班，工作任务是加工螺纹，可能发生的事故有绞伤、砸伤、刺伤、铁屑伤眼、摔伤等，根据历年事故统计，绞伤比例最大、伤害程度最重，则优先对绞伤事故进行分析，其他类型的事故以后再分别进行分析。

● 制定可行的预防措施。产生事故的原因有许多种，人、物、环境及其他一些因素都可能导致事故的发生，要针对不同的原因分别制定预防措施。可以采用安全工程学的一些办法如鱼刺图、事故树等，结合岗位安全操作规程来分析事故产生的原因及预防措施。例如车工操作事故预防措施应为：①严禁戴手套作业，工作服要“三紧”，长发盘入布帽。②工作前检查车床是否完好，防护装置是否齐全。严禁启动有故障、有缺陷的车床。③运转时严禁用手触摸运转部位，严禁清扫铁屑、装卸工件、调整刀具、测量工件等。④保持地面平整、整洁。

● 事故发生后的处理方法。尽管事故预案制定了预防措施，但如果措施未落实或受其他因素影响，如疾病、饮酒、打闹等，仍然会导致事故的发生，因此，如何正确地处理事故非常重要。一定要根据现场实际情况沉着冷静地采取正确的方式把事故损失减少到最低限度，尽可能避免事故的扩大。以绞伤为例，处理方法为：①立即停车，挂空挡。②盘车立即退出伤者，严禁拽拉伤者，避免伤情扩大，并及时送往医院抢救。③保护事故现场，立即报告安全部门或上级有关部门。

(4) 事故预案的作用

据有关资料统计，我国工矿企业的因工伤亡事故有90%左右发生在班组，绝大多数是从事岗位作业时发生的事故。班组安全工作的好坏体现了一个企业的安全管理水平。因此，要完成企业的安全生产目标，真正落实“安全第一，预防为主”的方针，应把预防班组事故作为安全管理的重点。

实施事故预案所能起到的作用主要有：

● 能够增强职工安全意识，提高职工自我防范、互相保护的技能。近年来，大批新职工进入企业，一线职工中大部分是35岁以下的青年职工，由于受知识、经验、性格等因素影响，部分青年职工缺乏自我防范能力。从近期工伤统计分析得知：因工伤亡人员平均年龄有越来越小的趋势；因人的不安全行为所引起的责任事故也居高不下（占80%以上）。而事故预案是针对人的不安全行为采取相应的预防措施及事故应急处理的管理方法，它要求职工根据各自的具体情况针对班组事故预案经过大家讨论，以最简单、最直观的形式将生产岗位可能发生的事故、预防措施等内容反映出来，做到重点突出、通俗易懂、便于掌握、运用方便。同时，通过自身的参与，使职工充分发挥主观能动性，变“要我安全”为“我要安全”，自觉遵守安全操作规程，从而达到增强职工安全意识，提高职工自我保护、相互保护能力的目的。

● 促进班组安全管理规范化、科学化，提高企业的安全管理水平。一是班组职工通过不断地对事故预案的座谈学习，找出班组生产过程中的全部事故因素，运用统计资料、鱼刺图、事故树等科学方法，结合岗位安全操作规程，分析原因，制定防范措施。这样，在具体工作时，职工心中有数，能够根据事故预案采取措施，从而有效地控制班组伤亡事故的发生。二是通过事故预案使职工直观地认识到事故的危害性。由于安全操作规程部分条款被针对性地运用到实际的事故预测分析中，使学习安全操作规程变得生动活泼，加深了职工的理解、运用，进一步提高了职工对事故预防工作的认识，从而形成了“全员安全管理”的局面，促进班组安全工作逐步规范化、科学化。三是企业安全人员通过收集整理事故预案，从中发现企业安全工作漏洞，确定工作重点，有计划、有针对性地改造一些危险性较大的人机界面，使之达到人机协调，促进了安全管理从经验管理向科学管理、从事后处理向事前预防的转变。

● 推广应用事故预案是落实安全生产方针的具体措施。事故预案工作的开展体现了企业的安全生产工作重在预防，是把安全生产责任制落实到岗位、落实到职工的具体形式。它不是空洞的理论，而是实实在在的内容，它把安全工作重点下移到班组的事故预防上，使每一个职工都能自觉参与这项工作，真正落实了“安全第一，预防为主”的方针，达到人机安全和谐统一并最终杜绝事故的目的。

做好事故预案工作，还应做到以下几点：一是事故预案必须经过班组集体讨论，大家想办法，大家提措施，职工对具体内容必须清楚明白；二是预防措施必须做到切实落实；三是安全人员要经常到班组指导工作，加强考核；四是内容要针对实际，与班组工作融为一体，与安全操作规程相结合，形成一个整体。只有这样，才能真正发挥事故预案的应有作用。

企业制定应急救援预案做法与经验评述

灾害包括自然灾害（洪水、台风、地震、海啸、山体滑坡等）和人为过失造成的事故灾害（火灾、爆炸、中毒、交通事故等），灾害（事故）给人们的生命和财产安全带来了极大破坏。当灾害发生时，如何采取迅速、正确、有效的应对措施，如何把灾害的影响降到最低，把灾害的损失减到最小，比较有效的方式就是事先制定应急预案。

中国有句老话“凡事预则立，不预则废”，意思是不论做什么事，事先有准备，就能得到成功，不然就会失败。应急预案是针对各种可能发生的事故所需的应急行动而制定的指导性文件，它的基本作用就是事先有所准备。应急预案不仅可以指导应急救援人员的日常培训和演习，保证各种应急资源处于良好的备战状态，而且可以指导应急救援行动按计划有序进行，防止因行动组织不力或现场救援工作混乱而延误事故应急救援，从而降低人员伤亡和财产损失。因此，应急预案的编制与实施具有重要的意义。

编制灾害（事故）应急预案，应注意以下事项：

（1）应急预案应具有预见性、科学性和可行性

应急预案有助于实现应急行动的快速、有序、高效，因此，在编制应急预案时，应具有预见性、科学性和可行性，并且还需要分级编制。

● 编制应急预案要有预见性。应急预案应对未来可能发生的灾害（事故）做出具体的描述，对灾害（事故）进行危害识别和风险评价，并分析可能由此而引起的事态扩大、恶化的形式和后果。对危险场所要进行重大事故危险源的辨识。评估对象可依据《危险化学品重大危险源辨识》（GB 18218—2009）和评价结果进行，这是制定灾害应急救援预案的基础和出发点。对已确认的重大危险源，应预测发生重大事故的状态和损失程度以及对周边地区可能造成的危害程度。例如，编制地震应急预案，就应先分析地震对所在地可能造成的危害，由于地震引起的火灾、停电、停水、交通及通信中断等事故，这些事故在平时已经是很严重的灾难，如果集中发生，就更难以应对，所以分析要尽可能详尽，应从灾难状况的角度去思考问题。特别是一些重点设施如石油化工生产装置、发电厂、供水设施、大型水利枢纽，会由于地震引发一连串的灾难性事故，应重点研究应对措施。

● 编制应急预案要有科学性。编制应急预案的最基本目的是最大限度地控制灾害（事故）的影响，把损失降到最低。灾害来临时，面对大量的工作从何下手呢？这就应当依据危害识别、风险评价的结论分出轻重缓急，对重点目标应优先施救。当灾害发生时现场施救的第一目标应当是救人，应急预案的救援措施应当以此为主线展开，当事件的局部已确实无法挽救时，应主动理性地放弃。如石油产品库区的特大型火灾，当事态已经失控时，以采取保护性施救为好。

● 编制应急预案要有可行性。编制应急预案是为了在灾害（事故）状态下能够按照预案有效地组织施救，所以编制预案要根据事故状态下的环境去思考问题。如地震发生时，有可能发生停电、停水。处理地震引发的火灾，就不能按照一般的火灾施救处理。

● 应急预案应分级编制。各级组织由于所辖范围不同，职责、权限不同，对系统的控制能力也不同。政府有政府的职能，应根据自己的职能编制应急预案。企业应该按照自己的所辖范围编制应急预案。如大型企业应根据自身的实际情况编制公司、分厂、各车间的应急预案，这样才能使应急预案更加实用，更加具有可操作性。

(2) 编制应急预案的基本思路和主要内容

编制应急预案的基本思路主要是：将要发生什么——会引发什么——有什么危害——哪些危害最严重——应当采取的控制措施——由谁来组织指挥——需要哪些资源——如何得到这些资源——

如何实施抢险措施——如何恢复。

应急预案应当符合相关的法律、法规、规章和标准的要求，所规定和明确的组织、程序、资源、措施等应当具有针对性、科学性和可操作性，满足安全生产事故应急救援的需要。

企业所编制的应急预案应当包括以下主要内容：

● 应急预案的适用范围；

● 事故可能发生的地点和可能造成的后果；

● 事故应急救援的组织机构及其组成单位、组成人员、职责分工；

● 事故报告的程序、方式和内容；

● 发现事故征兆或事故发生后应当采取的行动和措施；

● 事故应急救援（包括事故伤员救治）资源信息，包括队伍、装备、物资、专家等有关信息的情况；

● 事故报告及应急救援有关的具体通信联系方式；

● 相关的保障措施；

● 与相关应急预案的衔接关系；

● 应急预案管理的措施和要求。

(3) 对编制应急预案的有关规定要求

为了规范生产经营单位生产安全事故应急预案的管理，完善应急预案体系，增强应急预案的科学性、针对性、实效性，国家制定了一系列法律法规、规章标准，主要有：

● 国家安全生产监督管理总局于 2009 年 4 月 1 日公布的《生产安全事故应急预案管理办法》（国家安全生产监督管理总局令第 17 号），生产安全事故应急预案的编制、评审、发布、备案、培训、演练和修订等工作，适用本办法。

● 国家安全生产监督管理总局于 2006 年 9 月 20 日发布，2006 年 11 月 1 日正式实施的安全生产行业标准《生产经营单位安全生产事故应急预案编制导则》（AQ/T 9002—2006），标准规定了应急预案体系的构成，以及综合应急预案、专项应急预案、现场处置方案的格式和主要内容，是企业编制安全生产事故应急救援预案的指导性文件。

● 国家安全生产监督管理总局办公厅于2009年4月29日印发的《生产经营单位生产安全事故应急预案评审指南（试行）》（安监总厅应急〔2009〕73号）。

● 国务院安全生产委员会办公室于2005年11月24日下发的《国务院关于加强安全生产事故应急预案监督管理工作的通知》（安委办字〔2005〕48号）。

除此之外，《国家突发公共事件总体应急预案》《国家安全生产事故灾难应急预案》《国务院有关部门和单位制定和修订突发公共事件总体应急预案框架指南》和《省（区、市）人民政府突发公共事件应急预案框架指南》等，对安全生产事故应急预案的制定、培训、演练、监督管理等做了相关规定和要求。

在国务院安全生产委员会办公室2005年11月24日下发的《国务院关于加强安全生产事故应急预案监督管理工作的通知》（安委办字〔2005〕48号）中，要求：

● 应急预案应当符合相关的法律、法规、规章和标准的要求，所规定和明确的组织、程序、资源、措施等应当具有针对性、科学性和可操作性，满足安全生产事故应急救援的需要。应急预案必须经制定单位组织论证和审查，并经实施应急预案有关单位认可，由制定单位发布，印送与应急预案实施有关的单位。

● 生产经营单位所属各级单位都应当针对本单位可能发生的安全生产事故制定应急预案和有关作业岗位的应急措施。生产经营单位所属单位和部门制定的应急预案应当报经上一级管理单位审查。

● 矿山、建筑施工单位和危险化学品、烟花爆竹和民用爆破器材生产、经营、储运单位的应急预案，以及生产经营单位涉及重大危险源的应急预案，应当按照分级管理的原则报安全监管部门和有关部门备案。

● 生产经营单位涉及核、城市公用事业、道路交通、火灾、铁路、民航、水上交通、渔业船舶水上安全以及特种设备、电网安全等事故的应急预案，依据有关规定报有关部门备案，并按照分级管理的原则抄报安全监管部门。

● 应急预案制定单位应当对与实施应急预案有关的人员进行上岗前培训，使其熟悉相关的职责、程序，对本单位其他人员和相关群众进行培训和宣传教育，使其掌握事故发生后应当采取的自救和救援行动；要定期组织应急预案演习，并按照分级管理的原则向安全监管部门和其他有关部门提交演习的书面总结报告。生产经营单位还应当对从业人员进行岗位应急措施的培训。应急预案所涉及的有关单位对应急预案中明确的与其相关的职责应当组织落实。

● 应急预案的相关法律、法规、标准，适用范围、条件，有关应急资源情况，以及与相关预案的衔接关系等发生变化时，或发现存在问题时，应当及时修订。

需要注意的是，灾害（事故）应急预案的编制涉及多学科、多专业，是比较复杂的，鉴于个人的知识、能力、经验的限制，一个人很难独立完成。所以，企业编制应急预案，应当成立由行政负责人、相关专业技术人员、安全管理人员、现场救护人员组成的应急预案编写组，通过分工协作，相互取长补短，才有可能编制出较为完善的灾害（事故）应急预案。

灾害（事故）应急预案编制完成后，应当定期或不定期地组织相关方进行预案的演练，并通过应急预案的演练，检验预案实施的效果，发现存在的问题，通过持续改进，使之不断完善。

（三）企业进行应急救援演练的做法与经验

22. 重庆天然气净化总厂天然气泄漏事故应急演练的做法

重庆天然气净化总厂隶属中国石油西南油气田分公司，是西南油气田分公司下属的主要生产单位，下辖 8 个分厂，拥有天然气净化装置 12 套，具有日处理原料天然气 2 900 万立方米、年处理原料天然气 100 亿立方米的生产能力，是综合配套齐全、技术先进的大型天然气净化厂。现有员工 2 000 多人。

(1) 企业基本情况

重庆天然气净化总厂的主要生产任务是净化天然气，即脱除原料天然气中的硫化氢、有机硫等有害物质，输出洁净、优质的净化天然气，并利用脱除的含硫化合物生产硫黄。近年来，重庆天然气净化总厂经过重组改制，企业快速发展，生产规模不断扩大，已累计净化天然气 660 多亿立方米，生产硫黄近 40 万吨，为西南地区社会经济发展做出了积极贡献。该厂不仅为国家创造了巨大的物质财富，而且形成了一整套先进的天然气生产及管理理论，并先后编制了《天然气净化操作工职业标准》《天然气净化操作工培训教材》《天然气净化厂劳动定员》《天然气孔板流量计算机系统校验方法》等系列企业标准。

(2) 天然气泄漏的危害与措施

天然气是一种清洁能源，但使用不当也会给人们带来灾害。通常情况下，天然气少量泄漏不会引起着火、爆燃等事故，但如果处理不及时，当室内泄漏的燃气慢慢聚集达到一定浓度，遇明火可能引发局部爆燃着火，造成人员和财产损失。当燃气泄漏量较大时，泄漏的燃气与空气混合达到爆炸极限，遇明火就会发生爆炸，造成人身伤亡和财产损失，严重的还会殃及附近建筑物的安全。

发现天然气泄漏后，应该保持冷静，采取以下措施：一是立即关闭天然气总阀门，阻断气源来源，不要轻易打开和关闭任何电气设备，如电闸、电扇、排气扇、空调等，因为打开或者关闭电气设备，都有可能产生微小火花，引起燃气爆炸。二是疏散人员，尽可能地迅速疏散附近作业人员，阻止无关人员靠近。三是按照预定程序和要求迅速报警，讲清楚泄漏地点、状况等。天然气泄漏后弥漫在空气中，会使人窒息甚至中毒，室内应尽量不留人。如发现起火，可将湿布盖住着火点或使用灭火器。

(3) 应急救援演练的情况

2011 年 3 月 1 日 14 时，位于重庆市万州区高峰镇的重庆天然气净化总厂万州分厂警报声骤起，消防车、救护车、环境应急监测车等各种救援车辆呼啸而至，穿着各色救援制服的救援人员迅速投入到抢险救援之中。这是万州区近年来举行的规模最大、人员最多、装备最精良的危化品生产企业含硫天然气泄漏事故应急演练。

灾情假设为该厂 F-1101A 原料气过滤分离器阀门泄漏后发生闪爆，导致装置区着火，造成 2 名工作人员受伤并被困在脱硫装置区，由于装置阀门受损无法关闭，火势越来越猛烈，随时都有可能发生连锁性爆炸，被困人员生命危在旦夕，现场情况十分危急。

事故发生后，该厂义务消防队员立即切断了电源和所有带电设备，并进行紧急疏散。万州区政府和 119 指挥中心接到报警后，立即启动了《重大灾害事故应急处置预案》，迅速调派区综合应急救援支队和 9 辆消防车、60 余名官兵赶赴现场进行救援。

万州区危化品应急救援队 3 名专家以及万州区环保应急保障队、区气象应急服务队等救援力量也抵达现场，展开气象风向、环境污染检测工作。医疗救护车也赶到现场，及时将中毒人员送往医院。

经现场专家组分析和消防现场侦检，指挥部决定：一是立即抢救伤员，紧急疏散厂区非抢险人员和周边 300 米范围内居民；二是由消防队员立即消灭火势并实施堵漏；三是对脱硫装置区进行全方位冷却，防止其他罐体因温度过高发生爆炸；四是采取隔离的方式，开辟隔离带，从装置区正面和侧面对泄漏物质进行稀释。

同一时间，消防指挥员带领攻坚组，佩戴空气呼吸器和全密封防化服，携带有毒气体检测仪进入泄漏区进行检测，发现被困者并成功救出。15 时 20 分，经现场检测，事故区域的有毒物质被成功消除，现场空气质量达到正常范围，险情全部排除，整个演练全部结束。

此次演练全面检验了重庆天然气净化总厂和万州区综合应急救援支队在处置危险化学品突发事故时的快速反应、应急处置和协调作战能力，为进一步建立和完善科学、有效、运行良好的应急救援体系打下了坚实的基础。

23. 八方公司氯碱厂氯气泄漏事故应急演练的做法

随着石化工业的发展，氯气作为一种化工基本原料，在冶金、纺织、造纸等工业中得到了日益广泛的应用。与此同时，氯气的储存和运输事故却屡屡发生。因此，加强正确使用、储存氯气知识的宣传培训，制定防止氯气泄漏事故发生的对策和措施，明确事故发生后的应急处置方法，已经成为确保氯气安全使用的重要环节。

(1) 氯气泄漏的主要危害与防范措施

氯气的主要危害特性包括以下几个方面：

● 物理特性。液氯为黄绿色透明液体，一旦因各种原因发生泄漏，会在空气中迅速蒸发为氯气。氯气属于剧毒气体，有强烈的刺激性和窒息性臭味。相对密度（空气＝1）为2.48，熔点－101摄氏度，沸点－34.5摄氏度。有腐蚀性，易溶于水、碱液。泄漏时主要沉积在地面，会形成有毒蒸气随风向沿地面扩散，在低洼处或密闭空间内聚集。

● 火灾爆炸特性。当氯气与氢气按一定的比例混合，会因日光照射、遇热、遇电火花而爆炸，生成氯化氢气体，并放出大量的热；氯气与松节油、乙醚、氨气等反应时可着火爆炸。由于氯气具有火灾爆炸的特性，因此特别要注意防火防爆。

● 对人体的毒害性。氯气会与空气中的水蒸气反应生成盐酸和次氯酸雾滴，刺激人体呼吸道黏膜。另外，氯气本身属于剧毒气体，氯气在空气中的最大容许浓度是1毫克/立方米，在空气中的浓度达到0.09%（1 200毫克/立方米）时，5～10分钟即致人死亡；氯在空气中浓度达到0.004 25%（55毫克/立方米）时，30～60分钟即致人死亡；氯在空气中浓度达到0.001 75%（22毫克/立方米）时，30～60分钟致人重伤，在极高浓度下会产生“电击样”死亡。眼睛和皮肤接触液氯或高浓度氯气时，在暴露部位会发生灼伤或急性皮炎。长期接触低浓度氯气，可引起慢性支气管炎、支气管哮喘、职业性痤疮及牙齿酸蚀症等。此外，氯气对环境及植物有严重的危害，应特别注意其对水体的污染。

(2) 氯气泄漏应急处置救援措施

使用、储存、运输氯气的生产经营企业，通过对氯气事故风险的分析，可以有效识别、控制潜在的风险。此外，企业还应制定应急救援方面的措施，防范可能发生的事故，达到降低事故损失的目的。

● 一线人员应严格执行操作制度，杜绝违章指挥、野蛮操作。一旦发现液氯泄漏或氯气泄漏报警仪响起，值班人员应立即戴上空气呼吸器并穿上防化服，进入加氯间进行应急处置。

● 扑救氯气火灾可采用雾状水灭火。当发现液氯钢瓶漏气严重而无法进行封堵时，可将钢瓶浸入适量的石灰水中，使其进行中和反应，或临时进行掩埋。对扩散的氯气可以用雾状水驱散，并往地面上泼洒苏打水等碱性溶液。通常可将在事故中翻落的液氯泄漏钢瓶移至水池，以碱性溶液稀释中和的方法将剩余氯气稀释至无危险浓度，彻底消除危险源。

● 一旦发生生产经营企业难以控制的大量漏气事故，值班人员应立即向消防、安监、医疗救护等专业抢险救灾人员报告，卫生防疫、环保、供水、供电等相关单位应及时赶到现场，协同作战，堵塞泄漏，控制、消除污染和防范二次污染。现场指挥与抢险救援人员必须有周密的协调组织分工，划定警戒区域，设置警告牌，禁止无关人员进入。医务人员及时对泄漏现场中毒人员进行抢救治疗。厂矿生产企业现场、街道居委会及乡镇村委会及时有效地疏散人群，做好组织引导工作。环境监测部门进行空气稀释氯气中和处理，直至空气中氯气浓度达到无危险的程度。

● 生产经营企业还应该注重人员的救护。当发生氯气中毒后，接触工人的黏膜及皮肤接触有强烈的刺激感受，如环境潮湿则形成盐酸，会产生严重炎症，损伤肌体，且可能出现痤疮样皮疹。所以，黏膜和皮肤损伤者应立即用大量清水冲洗患处，必要时送医院治疗。

● 职工在接触氯气后，会出现呼吸道刺激感并引发咳嗽，胸部有压迫感、紧束感、窒息感，严重者会出现胸腔疼痛、咯血、呼吸困难、心率减缓，甚至死亡。应急救援队应及时将中毒者撤离到空气新鲜流通处，必要时给予输氧，并及时送往医院救护。由于接触氯气的中毒者有可能发生肺水肿，故严禁对中毒者施以人工呼吸。

(3) 氯气泄漏应急救援演练事例

2009 年 12 月 15 日 14 时 40 分，安徽省合肥市八方公司氯碱厂液化工序当班员工突然听到一声报警，同时发现厂内液氯 6 号储槽区冒出缕缕黄烟，5 名员工边向外跑边咳嗽，其中 4 人相继中毒倒地。

当班员工初步判断发生了液氯储槽氯气外泄事故，立即向公司总调度室汇报，当班调度迅速将情况报告公司应急指挥中心领导。公司领导当即下令启动公司《危化品泄漏事故应急救援预案》，同时命令公司消防队、职工医院救援队、液氯抢险队进入事故现场，查找漏点，抢险救人。

消防队赶到现场后，经过搜寻发现有 4 名人员中毒，救出后移交给职工医院进行救治。液氯抢险队穿戴防护服、空气呼吸器等进入现场查找漏点，经过查验，发现是 6 号计量槽进口阀法兰下钢管有一砂眼，此时大量氯气正往外喷泄。抢险队经过紧急磋商，决定采用带压补漏技术进行封堵，抢险队长将现场情况报告公司应急指挥中心领导，并请求社会力量支援。

公司应急指挥中心领导立即向所在市安监局报告，安监局立即派人赶赴事故现场，同时向市政府报告。市政府决定启动市级危险化学品事故应急救援预案，分别向市公安局、消防支队、卫生局、疾病控制中心、环保局等部门下达救援指令，各部门接到指令后迅速赶赴现场，进行现场警戒、实行交通管制、救治中毒人员、实施环境监测，最终，这场事故得到了控制。

以上情景是合肥市举办的一场液氯泄漏事故应急处置演练现场。在这场应急演练中，公司的应急预案发挥了作用。此次演练的目的是检验公司专项应急预案的科学性、可操作性。经过演练，确定该公司危化品泄漏事故应急救援预案科学完善，可以启用。

(4) 应急救援预案编制目的及依据

八方公司编制《危化品泄漏事故应急救援预案》，是为了提高公司应对突发事件的能力，特别是处置突发氯气泄漏事故的能力，完善“统一领导、反应迅速、决策科学、处置有序”的应急系统。

公司根据2007年11月1日起施行的《突发事件应对法》、国家安监总局颁布的《生产安全事故应急预案管理办法》、AQ/T 9002—2006《生产经营单位安全生产事故应急预案编制导则》等法律法规，制定了该预案，使预案具有法律依据，可查可信。

● 各级应急指挥系统。根据企业、市级应急响应分级，在发生事故时，各级单位应立即启动应急预案，并按各级应急指挥系统开展工作。该公司危化品泄漏事故预案，明确了危化品泄漏事故应急指挥系统的人员构成，以及各自的职责。

预案要求，公司一旦发生危化品泄漏事故，必须第一时间上报所在市的市级应急救援中心总指挥部。该市应急救援中心总指挥部的总指挥由主管安全的副市长担任，市委副秘书长、市安监局局长担任副总指挥。总指挥部成员包括市委宣传部、市安监局、公安局、环保局、卫生局主要领导，事故单位董事长、总经理等。在前线指挥部中，市安监局局长任指挥长，区长及公司分管安全的副总任副指挥长。前线指挥部成员包括市安监局、公安局、环保局、卫生局、区副职领导等。前线指挥部系统的组成包括公司综合应急指挥领导小组、生产厂专项应急指挥小组、岗位现场处置方案执行小组。其中，公司综合应急指挥领导小组组长为公司总经理，副组长为公司副总经理、总工程师、工会主席、调度长等。生产厂专项应急指挥小组组长为生产厂长，副组长为生产副厂长，成员包括工段长、班组长、安全员等。岗位现场处置方案执行小组组长为工段长，副组长为安全员、值班长，组员为当班操作工。

● 现场处置。预案中的一项重要内容是现场处置工作的安排部署。八方公司在预案这部分内容中，明确了事故现场处置的方法、步骤，控制及急救程序等。

危化企业一旦发生危化品泄漏事故，公司要立即在事故发生地建立隔离区、警戒线，同时组织人员撤离。事故发生后，公司应根据风向、风力、扩散浓度等要素和范围设立隔离区、警戒线，避免事故扩大化。同时，在隔离区的主要干道安排引导人员，控制和管理进入事故现场的人员。此外，还应根据风向的变化及环境检测结果，对周边进行动态控制。

设置隔离区的同时，指挥小组还应立即疏散危险区域的人员。事故抢险与救护人员，应将所有身处危险区域内的、无防范措施的人员护送撤离至安全区域。对于危险区域内具有逃生保障措施的人员，抢险人员应为其指明逃生路径，并组织其撤离至安全区域。对于滞留在危险侵害区域建筑物内，无法撤离的人员，抢险人员应组织其向建筑物高处转移，或采取关闭门窗、通风口等方法应急避险，避免盲目进入危险区域，然后发出求救信号，组织撤离至安全区。公司特别强调的是，由于人员疏散方向为氯气泄漏事故地点的上风侧，公司在此会设立方向指示和安全区标志，避免将人员疏散至低洼区域。

隔离疏散的下一步，就是现场控制，即事故现场处置。在此次应急演练中，抢险队员穿戴防化服与空气呼吸器，接近液氯储槽进行带压堵漏。但第一次堵漏失败，抢险队长立刻将情况报告给了前线指挥部指挥长，请求采取第二套方案对泄漏储槽的液氯进行倒罐(槽)。指挥长同意后，2 名抢险人员开始启动液下泵进行倒罐，同时，4 名抢险队员身着封闭式防化服再次靠近氯气泄漏点采用卡箍(内衬橡胶垫）强行堵漏成功。环境监测人员对现场进行了 2 次监测，消防队员对抢险人员、污染路面进行了清洗消毒。

● 应急救援器材。在一份完善的预案中，还需明确应急救援器材的提供单位、配备、数量及使用等，以保证救援能够顺利进行。以前文所述的应急演练为例，此次参演装备充足，每一家单位都按照预案的规定提供了相应的器材。如：市安监局协调提供了 25 台防爆对讲机；交警支队出动 2 辆巡逻车；消防支队提供了 1 辆抢险救援车、1 辆化学救援车、1 辆洗消车、1 辆水罐车，12 件防化服、12 套空气呼吸器；市卫生局提供了 4 辆 120 急救车、4 副担架、2 件防化服、2 套空气呼吸器；市环保局提供了 1 辆环境监测车、3 件防化服、3 套空气呼吸器；事故公司提供了 2 辆消防车、1 辆救护车、10 件防化服、10 套空气呼吸器。

对于危化品生产企业，需配备一定比例的基本救援装备。包括事故氯吸收装置、通信设施、交通工具、照明装备和个体防护器材等。此外，还需配备齐全的专用应急救援工具。以八方公司氯碱厂为例，厂区长期配有氯气生产、储存专职堵漏的专用器材，如氯气钢瓶丝堵、氯气钢瓶专用扳手、浓度为 10%的氨水、磁压式堵漏器、粘贴式堵漏工具、现场排风装置等。

● 评审、演练、修订。应急预案编制完成后，应组织专家进行评审，并根据评审意见进行修改。评审修改后，经公司主要负责人签署发布。

有了一份完善的预案，针对该预案的培训和演练工作也不可忽视，应急演练是检验应急预案是否科学、可操作的重要环节。对此，公司应组织从业人员进行应急救援预案的培训，逐一落实现场处置方案，做到事故相关人员应知应会，熟练掌握。如果预案涉及社区和居民，也应做好宣传教育和告知等工作。遇到重大的演练活动，公司还应上报市安监局和有关部门，并通报应急协作单位及所在社区，共同参与完成。

演练结束后，公司进行演练效果评价，评估应急组织、技术、装备的能力和预案的有效性，以实现持续改进。另外，各单位还根据同行业的事故案例、本单位工艺变更或危险品企业搬迁等情况，在预案中变更、修订各自的任务。对于修订后需要重新演练的，将再一次组织演练，以检验事故应急预案的可操作性。

24. 上海石化公司组织综合性实战型应急救援演练的做法

中国石化上海石油化工股份有限公司位于上海市金山区金山卫，占地面积 9.4 平方千米，是目前中国规模最大的炼油化工一体化、高度综合的现代化石油化工企业之一，是中国发展现代石油化工工业的重要基地。

(1) 企业基本情况

上海石化的前身是创建于 1972 年 6 月的上海石油化工总厂，1993 年 6 月进行股份制规范化改制，改制为上海石油化工股份有限公司。上海石化现有炼油、化工、塑料、化纤等主要生产装置 69 套，以现代化、大型化、连续化为主要特征。目前，公司拥有年原油一次加工 1 400 万吨，年产乙烯 95 万吨、成品油及化工品 510 万吨、合成树脂及塑料制品 95 万吨、合纤原料及合成纤维 138 万吨的生产能力；拥有独立的水、电、汽、气公用工程供应系统，独立的环保处理系统，以及海运、内河航运码头和铁路、公路运输等设施。公司总资产达到 276 亿元，员工总数达 2.29 万人。

(2) 综合性应急救援演练过程

在国内外一些特大生产安全事故案例中，受限空间特别是密闭空间的中毒、燃烧、爆炸等事故风险，高处坠落风险，以及危险化学品相关风险这三种风险，给社会和人身安全带来的影响是非常严重、恶劣的。从发生频率、后果严重程度以及后续影响来看，位列重大生产安全事故风险的前3位。因此，在应急演练活动中，针对这三项风险的综合性演练就显得尤为必要。

2011年11月15日，梅思安（中国）安全设备有限公司（以下简称“梅思安”）联合上海石化举办了一场综合性的应急救援演练。此次演练综合了受限空间作业、高空救援、化学气体泄漏三项内容。

在演练准备阶段，上海石化与梅思安多次协商，最终选择了上海石化塑料部装置区域一真实的工作场所作为此次演练的场地。梅思安公司也为此次演练派出了专业培训人员，并且提供了相关防护用品，确保此次演练成为一场实战型综合应急演练。

2011年11月15日上午10时整，演练正式开始。

第一个科目是密闭空间应急救援，1名工人进入上海石化塑料部装置区域D-315化学品储罐，进行大修期间的清洗检查。随后不久，外面监护人员发现进入罐内的作业人员晕倒，于是紧急呼叫企业应急中心前来救援。约5分钟后，全副武装的救援小组赶到现场展开救援。4名救援队员相互配合，快速安全地到达储罐顶部，做好自身的坠落防护之后，快速搭建好救援三脚架做好救援准备。其中1名配备了正压式长管供气呼吸器的队员在其他队友的协助下，通过营救单元的滑轮绳索，快速下降到罐底，迅速为被救者套上正压式紧急呼吸器的头罩，打开气阀，强制性为其供应新鲜空气。然后将救援绳索挂钩与被救者安全带挂钩连接，外面的3名队员拉动应急绳索，将被救者提升到罐顶。做好下滑准备工作之后，在地面人员的牵引协助下，3名救援队员相互配合，利用营救单元的滑轮绳索，将被救者徐徐从高达4米多的罐顶安全放到地面早已备好的担架上。

第二个科目是救援技术展示及高空救援演练。首先由救援小组在“梅思安多功能模拟训练塔”上分解展示密闭空间的救援整个过程和关键环节，使大家充分理解刚刚在密闭化学罐中的所有救援细节。紧接着，3名队员表演了高空救援的救援技术。一位配备了全身式安全带的工人在高空作业时，失足踏空悬挂在高空中，此时能否尽快开展有效的救援尤为关键。梅思安公司的专业人员发现险情后，快速架设好营救设备，顺着滑轮绳索迅速接近了被救人员，将被救者身上安全带D形环与自身安全带挂钩连接，然后由其他救援队员拉动救援绳索，安全地将被施救者送到安全地点。

第三个科目是化学气体泄漏逃生及应急救援。演练模拟了某装置区域突发有毒气体泄漏，有人中毒晕倒的情况。事故发生后，气体监测报警声响起，装置区域内所有人员全部佩戴紧急逃生呼吸器撤往上风向。同时，配备了先进救援装备的应急救援中心队员利用先进的热成像仪进行搜索，发现了中毒者倒地的方位，利用佩戴的正压式呼吸器的“他救功能”，将被救者从危险区域紧急撤离到安全区域，并将中毒者移交给医护人员。此时救援还没有结束，救援队员又重新返回事故地点，进行紧急堵漏处置。演练中模拟了其中一名队员背上的气瓶气体余量不足的情况，两名队员立刻用梅思安新型呼吸器的一分钟快充功能，在现场与救援队员相互充气。在此演练单元，救援队员还利用了新型呼吸器的一秒换气瓶功能，在现场立刻转换气瓶，待救援队员呼吸气体补充之后，立即重返事故现场进行应急处置。

通过此次演练，锻炼了应急救援人员的实战经验，同时还检验了救援装备的有效性及科学性。

25. 中国铝业广西分公司煤气厂未雨绸缪应急演练的做法

中国铝业股份有限公司广西分公司前身是平果铝业公司，现为中国铝业公司所属的大型铝冶炼联合企业，一期工程于1991年5月开工建设，1995年年底全面建成投产；氧化铝二期工程于2001年5月开工建设，2003年6月全面投产，现已形成年产电解铝13.5万吨、氧化铝85万吨以及相应的矿山生产能力。

(1) 企业基本情况

中国铝业广西分公司从1995年全面投产以来，始终坚持把安全生产列为企业生产经营管理之首，坚持贯彻“安全第一，预防为主”

的思想，围绕“三全”（全员管理、全过程控制、全方位预防）和“三个标准化”（管理标准化、现场标准化、操作标准化）的管理方式，通过组织开展安全宣传教育培训和各类安全生产竞赛，强化现场安全检查和危险作业审批监护，营造了一个良好的企业安全文化氛围，基本实现了全体员工从“要我安全”到“我要安全”和“我会安全”的转变，有效地减少和杜绝了各类安全事故的发生。公司先后顺利通过了国家“ISO9002 质量体系认证”“ISO14001 环境管理体系认证”“ISO12001 计量体系认证”“职业健康安全管理体系认证”，并先后荣获“全国五一劳动奖状”“中国企业管理杰出贡献奖”，还连续 8 年荣获得“安全生产先进单位”称号。

(2) 煤气厂未雨绸缪进行应急演练的情况

中国铝业广西分公司所属煤气厂，是一个易燃、易爆和易中毒的重大危险源，尤以停电后煤气倒流为主要隐患。近年来，煤气厂未雨绸缪，有意识地预先开展应急救援演练，收到了事半功倍的效果。全员对各种危险源及其防范措施有了较为全面的了解，明确了岗位安全职责，练就了随机应变、从容不迫应对突发性事件的能力。

煤气厂日产发生炉煤气约 1 800 立方米，涉及生产、输送和使用等多个环节，拥有高、中、低压煤气输送管道约 4 000 米、煤气发生炉 18 台、煤气输送排送机 7 台等众多生产设备，主要担负着向氧化铝焙烧炉、碳素厂回转窑、阳极焙烧、热煤炉、电解铝保持炉等生产用气车间供气任务。具有输送量大、工艺高、设备多、管线长和种类多等特点。煤气输送中，只要能保证压力正常往前送即可。但是停电后，排风机就会停转、停止加压，管道内的压力煤气 3～5 分钟后就会因为没有动力而倒流到发生炉，从而与空气及明火接触，引发爆炸事故。

2004 年以来，煤气厂先后多次开展煤气系统大停电和煤气中毒急救大型应急演练，调配了相应的人力、物力参与现场应急联动，进行了隔绝、堵漏、稀释、泄压、急救、灭火和点火等不同应急措施的技术练兵。演练结束后，煤气厂又召集职工及时进行总结、点评，寻找不足之处并加以改进，使预案得到不断完善。发生炉岗位在演练中提炼出了“一开、二关、三拉”六字箴言。即一旦发生停电事故，马上由监控人员通过电话和高音喇叭通知各生产部门，按照预案的方法和步骤展开救援；以最快的速度把发生炉煤气输送出口闸关死，阻止煤气倒流；随后迅速拉掉钟罩阀，从控制事故的波及范围上再加以预防。

26. 大冶铁矿结合企业实际进行防洪抢险应急演练的做法

湖北大冶铁矿隶属武钢集团矿业有限责任公司，坐落于黄石市铁山区，矿区共由 6 个大矿体组成，自东向西依次为尖山、狮子山、象鼻山、尖林山、龙洞和铁门坎，储量比较丰富。大冶铁矿现有职工 3 042 人。

(1) 企业基本情况

大冶铁矿开采历史悠久，文化底蕴深厚，1890 年湖广总督张之洞兴办钢铁，引进西方先进设备、技术和人才，建成中国第一家用机器开采的大型露天铁矿，成为汉阳铁厂的原料基地。

近年来，大冶铁矿强化安全教育，创新工作方法，融入文化理念，坚持在创新安全管理的实践中深化安全理念，督促职工在落实安全管理中养成安全行为，全面提高安全文化执行力。该矿从狠抓安全生产责任制落实入手，树立“查找问题是责任、发现问题是水平、处理问题是关键、解决问题是业绩”的管理理念，全面推进“123”安全工作法，即建立一种精神、解决安全问题不过夜；坚持“两主原则”，主要责任人必须用主要精力抓安全；狠抓基层、基础、基本功“三基”建设，形成制度文化，作为安全文化建设的重要内容融入安全管理。

(2) 防洪抢险应急演练情况

“接总指挥部命令，15 分钟内关闭－50 水平防洪门，各防洪队员，行动!”4 月 26 日，随着湖北大冶铁矿井下车间防洪小分队副队长康某一声令下，该车间铁区井下一场与时间赛跑的防洪实战演习开战。

按事先制定的防洪抢险预案，电工班职工黄某迅速跑至配电室拉闸停电，向前方呼喊一声“停电完毕”后，在原地守候。班长李某在电筒照射下爬上人字梯开始拆摩电线。同时，几名钳工快速赶来拿出扳手拆卸地上铁道。两分钟后，摩电线拆卸完毕。指示“送电”，现场照明恢复。钳工还在忙着拆铁轨，其他人员仔细地检查着防洪门上各处密封点、活动把手。时间一分一秒地过去了，没有人说话，只有扳手拆卸声与活动把手旋转声响作一团。5 分钟了，钳工班长吴某喘着粗气报告“铁路拆卸完毕”，额上已满是汗水。话音刚落，大家一拥而上，喊着号子一起将接近一吨的铁轨与枕木整体抬出。有人不慎摔倒，马上爬起来顾不上拍拍身上的灰接着抬。大家心里只有一个信念：争抢时间，斩断洪魔的利爪。9 分钟了，一切工作准备就绪。随着号子声，宽 3.5 米、高 4 米、重达 3 吨的防洪门逐渐合拢。钳工们迅速旋紧各处门栓，防洪门试关完毕。车间安全员吕某走到门前，拿出电筒照射四周门缝，大声询问门另一侧人员：“有光吗?”另一头回答：“没有。”他满意地点点头，宣布：“用时 9 分钟，提前 6 分钟完成，防洪门密封严密，合格!”在恢复铁道、收拾工具时一名职工凑到安全员身边问道：“真的用了 9 分钟?”回答：“8 分 50 秒。”职工暗自嘀咕：“怎么这么长? 应该还可以快一点的……”

27. 中石化荆门分公司成品油罐区应急演练的做法

荆门石油化工总厂隶属中国石化集团公司，位于湖北省中部的荆门市，有着优越的地理位置，南邻荆州临长江，北近襄樊依汉水，东达武汉通九衢，西处三峡连云贵，公路、铁路和水路交通均十分便利。

(1) 企业基本情况

荆门石油化工总厂始建于 1970 年，是国有特大型企业，同时也是湖北省最大的石油化工企业，1997 年 11 月一次通过 ISO9002 质量体系认证。2000 年，按照中国石化集团要求，完成整体重组改制，划分为中国石化集团荆门石油化工总厂和中国石油化工股份公司荆门分公司。总厂、分公司（以下合称荆门石化）曾先后被国家有关部委授予全国 500 家最优工业企业、全国行业十强企业、全国最佳信誉企业、全国最佳工业企业，全国最佳形象 AAA 级企业等荣誉称号。

目前，荆门石化拥有蒸馏、催化裂化、催化重整、延迟焦化、干气制氢、酮苯脱蜡、润滑油加氢、聚丙烯等 39 套炼油化工生产装置，是全国石油炼制加工手段最齐全的骨干企业之一，现加工能力为 500 万吨/年，正向 800～1 000 万吨/年迈进；可生产燃料油、润滑油、溶剂油、化工原料、石蜡、沥青、石油焦、液化气、聚丙烯 9 大类 100 多个品种、牌号的石油化工产品，年销售收入达 150 亿元左右，每年给国家创税 7 亿元左右。

(2) 成品油罐区燃烧爆炸事故应急演练

2009 年 12 月 28 日 15 时 30 分，随着“轰”的一声巨响后，中石化荆门分公司成品油罐区上空浓烟滚滚。

“消防大队吗？我是成品车间当班班长陈兵，我们车间 233 号罐发生爆炸，火势很大，现场有多人受伤，请速来救援。”

“请安排专人到路口引导消防车，我们立即赶到。”

15 时 33 分，中石化荆门分公司总经理闻讯赶到现场，组织指挥相关部门进行自救。

接到事故报告后，荆门市副市长率领安监、公安、环保、卫生、气象等部门及区政府负责人赶到事故现场。

“不好，与 233 号罐相邻的 232 号、234 号油罐由于长时间受到烘烤，罐体变形，引起油品泄漏，发生二次闪爆，现场火势增大。”工作人员报告。

“最大限度地控制火势蔓延，确保救援人员安全，等待增援。”

副市长命令。

荆州、襄樊等周边地市消防队接警后，赶往事发地点增援。

在消防水龙的掩护下，4名抢修、堵漏人员带着专用工具，冲进抢修地点实施堵漏抢修。经过全体救援人员的努力，救援工作顺利完成，最大限度地减少了事故损失。

"'维安—2009'湖北荆门重大危险化学品事故应急救援联合演练非常成功。我们的应急救援队伍到位快，进入状态快，投入抢险快，安监、公安、消防、卫生、环保等部门配合默契。"在应急救援演练结束后，湖北省安监局局长作出了这样的点评。

(3) 面对事故临危不乱正确处置

2008年3月，中石化荆门分公司曾经发生过这样一起事故：因为管道检修时更换的垫圈型号不对，蒸馏车间的重油出现泄漏。泄漏的重油达500多摄氏度，一遇到空气中的氧气就发生自燃，一路流淌一路燃烧，还产生浓黑的烟雾。值班人员及时发现了险情，在戴上防护用具后，立即向车间值班室报告。随后，这名工作人员冲上楼，找到了事发地点，很快将阀门关死。车间启动应急预案，仅用15分钟就成功扑灭了大火。由于处理及时，此次事故没有造成人员伤亡，经济损失也不大。值班人员受到中石化总部的嘉奖。

值班人员面对事故临危不乱，能正确处置，这与中石化荆门分公司多年来重视安全生产工作，经常举办应急救援演练是分不开的。中石化荆门分公司规定，每名员工每季度至少要参加一次车间级的应急救援演练，每年至少要参加一次公司级的应急救援演练。

针对这次演练，中石化荆门分公司在预案编制、完善方面，花了半年时间，做了大量的前期准备工作，修改上百次才最后定稿。因为场地的原因，考虑到安全问题，参加观看演练的人员被控制在300人以内；为了使更多的人受到教育，对应急救援怎么防、怎么救，特别是对完整的应急救援程序有所了解，当地特别安排了电视台对这次演练全程现场直播。

出于实战的考虑，演练现场安排在中石化荆门分公司内的一个小山坡上。这里地势复杂，救援难度大，山坡上油罐林立，233 号成品油罐就在油罐区的中间，相邻的还有 232 号和 234 号油罐，厂区内还有 90 座储罐。荆门市安监局副局长评价说："这次演练的最大特点就是逼真，这也是这次演练预案编制的难点。我们在编制预案前就请来专家，做了大量的论证工作，考虑到中石化荆门分公司的应急救援队是一支能征善战的高素质救援队伍，参加演练的设备也是当前最先进的设备，就是万一真的出现险情，他们也能在第一时间内把险情控制住。"

在演练现场，最显眼的莫过于中石化荆门分公司那辆举高 30 多米的高喷车。这辆高喷车以泰山压顶之势喷出灭火剂，使火势迅速得以控制。据了解，这辆车是目前国内最先进的救援设备之一。近年来，中石化荆门分公司加强应急救援管理，使所有职工都成为义务消防员，还投入了大量的物力、财力，配备了国内最先进的救援装备，成立了一支专业的危险化学品应急救援队伍。

养兵千日，用兵一时。中石化荆门分公司总经理讲："这次演练花费将近百万元。我们每年至少要举办一次这样的大型演练，再加上车间级的演练、救援队的设备更新和添置等，一年下来不会少于千万元，但是这些投入还是很值得的。"

28. 石家庄市公交二公司乘客被困应急救援演练的做法

石家庄市公共交通总公司是石家庄市属国有企业，始建于 1956 年。经过 50 多年的发展，到 2010 年企业已成为大型公交企业，拥有营运车辆 3 136 部，其中天然气公交车 2 000 部，占总车数的 64%；营运线路 158 条；日均运客量 130 多万人次，年运送乘客实现 4.5 亿多人次；有 8 800 多名职工。

(1) 企业基本情况

石家庄市公共交通总公司下辖 6 个营运公司、1 个保修公司和 8 个直属单位，6 个营运公司共有 30 个营运路队，分别担负着市内和市辖县客运工作，保修公司负责营运车辆大修及高保作业。8个直属单位分别是物资供销公司、公交旅行社、生活服务公司、职工医院、教育培训中心、基建处、票结中心和公交派出所。目前拥有国家级青年文明号线路2条、国家级巾帼文明示范岗线路1条、省级青年文明号线路3条、省级工人先锋号线路2条，同时拥有一大批国家级、省级、市级先进车组和先进个人。

企业连续多年被评为“市级文明单位”“省级文明单位”，2007年被授予河北省“五一奖状”及“河北省AAA级劳动关系和谐企业”称号，2008年被中华全国总工会授予“全国五一劳动奖状”，2009年被中央精神文明办评为“全国精神文明建设工作先进单位”。

(2) 积水造成乘客被困的应急救援演练

“各位乘客，别紧张，请听从救援人员指挥，协助做好救援工作……”防汛救援小分队一赶到，队长李某便立即向公交车上的乘客交代起了逃生注意事项。

这是河北省石家庄市公交二公司正在进行防汛救援演练。据了解，该市市区有多处地下通道和路段容易发生积水，往年曾发生过机动车辆被淹和车上人员被困的情况，因此，该公司结合自身公交线路情况开展了这次防汛救援演练。

演练假设一处地下通道由于突降大雨积水过深，一辆公交车困在那里，车上乘客无法从车门正常下车逃生，并且积水还在继续上涨。这时，公交车司机拨打了该公司应急救援小分队的电话。

8名救援人员迅速赶到，用伸缩梯把公交车和慢车道高处栏杆连了起来。李某带着3名救援人员依次快速地爬到了公交车车顶。随后，李某和1名救援人员通过公交车天窗跳进了公交车里，另外2名救援人员在车顶待命。

“大家不要急，一切听我指挥，你们的配合是成功救援的关键。”看着车内10多名乘客，李某向乘客演示起了如何通过天窗爬上车顶，“大家双手向上举起，与肩同宽，救援人员举起你的一刹那，一定要绷直身体，等臀部过了车顶，要迅速蜷身。”话音刚落，李某已经把其中1名乘客拉到了天窗下。

或许对这样的救援不太熟悉，或许是没有听清楚之前的讲解，这名乘客做起动作来显得有些笨拙。在李某的多次纠正下，该乘客顺利被举了起来，与此同时，车顶上的2名救援人员迅速将她拉了上去。有了这名乘客的示范，后面的乘客摆起姿势来也有模有样了，救援的速度快了许多。不一会儿，十多名乘客全部被救上了车顶。

而此时，救生圈也被绳索传到了车顶上，并套在了1名乘客身上。“大家要注意，考虑到伸缩梯的承重力，爬伸缩梯时前后乘客之间的距离要拉开。”救援人员大声说。

这时，1名乘客已经踩到了伸缩梯上，她的后背刚被车顶上的救援人员松开，双手已经被站在高处接应的另外2名救援人员接住了。1名乘客救援成功了，2名，3名……几分钟后，十多名乘客一个不落地全被救到了高处的安全地带，救援结束了。

演练过后，李某表示，通过这次演练，发现了不少需要改进的地方，一是紧急情况下乘客容易紧张，对救援人员讲的注意事项听不进去，以致耽误了救援时间；二是乘客在救援中容易犯“自由主义”，不听从指挥，比如，爬天窗时不按正确姿势去做，不带救生圈等。对此，公司下一步要面向广大乘客加大这方面的宣传教育力度，让他们掌握一些公交车突发事件逃生本领。

29. 北京熊猫烟花公司仓库防火防盗应急演练的做法

熊猫烟花集团股份有限公司从2005年收购上市企业浏阳花炮，到2010年收购东信烟花集团，逐步实现对中国优秀烟花企业的并购与重组，现在已经成为一家大型烟花爆竹生产企业。

(1) 企业基本情况

熊猫烟花集团目前在湖南、江西拥有8家功能完备且标准化、现代化的烟花爆竹制作厂，总占用面积超过700万平方米，员工超过 3 000 人，主要生产消费类烟花和专业类烟花，覆盖了几乎所有烟花类别。

熊猫烟花集团所生产和经营的烟花鞭炮产品品种齐全，涵盖消费类和专业类所有类别，共近 3 000 余个品种。从 2006 年起，熊猫烟花集团由专注外销转为国内外销售并举，同年 10 月，成立集团首家全资子公司——北京市熊猫烟花有限公司。在此后的 5 年中，熊猫烟花集团加快了布局全国的步伐，相继在山东、山西、河南、湖北、云南等地设立子公司，并在江西成立了中国唯一的国家级烟花研究院，从事烟花技术与产品的研发及中华古老烟花文化的挖掘。

(2) 烟花仓库防火防盗暨消防应急演练

2011 年 8 月 24 日下午，北京市熊猫烟花有限公司在仓库举行防火防盗暨消防应急演练。

“呜，呜，呜……”一名值班人员发现 1 号库房冒出烟雾，立即通过中控室向值班领导汇报，并拉响警报启动应急预案，另一名值班人员奔向变电箱，及时切断电源。其他人员迅速跑向防火器材柜，取出灭火器和高压水枪，不超过 1 分钟，两支高压水枪就将水喷向仓库屋顶。此时，有人捂着毛巾往外跑，有人把伤员扶出来……几分钟后，消防队赶到现场，仅用 15 分钟就将大火扑灭。在应急演练现场，演练过程紧张有序，人员反应迅速，分工明确，配合默契。

“如果没有平时百次、千次对各项应急预案进行‘培训—演练—修订—培训—演练’，此次演练是达不到员工对自身扮演角色熟悉、相互之间配合默契这种程度的。”公司总经理讲。作为一家高危企业，该公司平时是如何开展应急演练的？除了应急演练外，在仓储安全管理方面还有哪些做法？

(3) 举行演练为了实施自救

北京市熊猫烟花有限公司是经北京市政府批准在北京地区专营烟花爆竹批发和零售的企业。该公司仓库位于北京市房山区韩村河镇，占地面积达 20 公顷，有 10 栋现代化库房，周转储存能力达 40

万箱，是北京乃至全国最大规模的烟花爆竹仓储物流中心。仓库一旦发生事故，后果不堪设想。

公司总经理讲："近期发生的多起烟花爆竹事故再次给我们敲响了警钟，我们不仅要落实好平时预防措施，更要考虑当事故发生时，在救援人员赶到之前，如何实施自救。举行演练就是出于这种考虑。"

该公司每年都要举行两次大型应急演练，每月至少举行一次小型应急演练。大型演练除了公司全体人员外，安监、消防、公安、卫生等相关部门也参与其中。大型演练针对仓库局部范围内发生火灾而实施的人员救护、财物转移、安全疏散等，小型演练针对盗窃、人为入库破坏、煤气泄漏、交通事故等。大型演练安排在 7 月或 8 月及销售旺季到来前的 11 月或 12 月。北京夏季高温、高湿、雷雨天气多，而每年 11 月、12 月是烟花爆竹开始配送、销售的季节，时间短、工作量大、人员和车辆高度集中，容易出现险情，所以要举行演练，确保能够有效地实施自救。

(4) 强化管理为了防范麻痹

该公司仓库目前有 62 名管理人员，包括 2 名安全主管、14 名专职安全员、16 名仓库守护人员等。仓库实行领导 24 小时轮流带班执勤制，每班至少 2 名人员。周六周日也是同样的安排，遇到节假日，值勤等级还会提高。在仓库中控室，配置有红外可视图像监控系统，仓库各个角落的情况在屏幕上一目了然。翻开桌上的《仓库守护人员值班情况登记表》，值班时段、值班人员、仓库前门后门、车辆，以及灭火器、门窗、消防栓井盖等检查内容都有记录。值班人员讲，他们每隔一小时做一次记录，24 小时不间断，发现严重异常情况立即报警，同时报告仓库负责人，仓库负责人接到事故报告后，会迅速启动事故应急救援预案。

在仓库设置有"温度、湿度记录表"，库房每个时间段的温度、湿度都记录在案。此外，仓库还有"公司领导定期、不定期安全检查记录”“仓库专职安全员、仓库保管人员、仓库守护人员每日安全检查记录”“在职、新入职人员安全培训、考核、演练记录”等台账。

公司在安全管理上，淡季比旺季更为严格，淡季时人们思想容易麻痹。每年 5 月至 10 月，也就是所谓的淡季，公司会强化安全管理，增强安全防范意识，做好各个环节的培训，制定和修改各类事故应急预案，并举行演练。

公司还根据制定的安全教育培训和考核管理制度，定期或不定期地对仓库管理人员进行培训，并将培训记录和考核结果与员工绩效考核挂钩。培训内容包括安全生产知识、消防知识以及监控、测温测湿、车辆故障检查等操作知识。

(5) 应用科技为了提高效率

近年来，该公司在科技监控和 ERP 进销存物流系统方面共投入 400 多万元，其中红外可视图像监控系统和 ERP 进销存物流系统花了近 200 万元。2011 年春节，公司启用电子标签管理系统，在每箱烟花爆竹上张贴具有全球唯一代码的可存储信息的 RFID 电子标签。在烟花爆竹出入库时，将出入库信息写入电子标签，并上传到电子标签管理平台，使得非法烟花爆竹不可能进入仓库。同时，仓库为了保障安全，除了安装防爆灯具和防雷防静电设施外，还采用目前国际最先进的 360 度摄像头，可看到 80 米以外的场景。每隔 120 米安装 1 个红外线灯，可做到 24 小时动态监控。

目前，该公司正着手将电子标签的应用，从每箱烟花爆竹的管理，延伸到车辆、人员、物资的管理，对仓库范围内的人、财、物进行系统化管理，预计投入 100 万元。同时，公司正在研究消除烟花爆竹仓储、运输等环节因冬季天气影响而出现的安全隐患，在得到国家专业部门评估和主管部门批准后，将对硬件设施实行升级改造，预计投入 300 余万元。

烟花爆竹是一个传统行业，同时又是一个高危行业，需要大力推广新技术、新方法、新设备来提高烟花爆竹的安全管理水平。然而，科技手段只是工具，更重要的是应用它的人。因此需要不断增强人的安全意识，不断开展安全培训，从而发挥科技手段的更大作用。

30. 郑州铁路局客运段未雨绸缪防火防爆演练的做法

郑州铁路局是国有特大型铁路运输企业，位于全国路网中心。与北京、武汉、西安、济南、兰州、成都、上海、南昌局相邻。目前全局管辖营业线路 38 条（包括支线），营业里程 6 634 千米，线路总延展长度 15 928.3 千米，其中正线 10 086.6 千米。

(1) 企业基本情况

郑州铁路局地处河南省会郑州，是全国路网节点之一，也是国家综合交通枢纽之一，与北京铁路局、济南铁路局、西安铁路局、武汉铁路局、上海铁路局及太原铁路局相邻。所辖京广、陇海、焦柳、郑西高铁、京港高铁等营业线路和郑州等铁路枢纽纵横交织成网，构成东达沿海、南通两湖、西连秦晋、北接京津的铁路网络；线路贯通河南省，延伸至山西部分地区。

2011 年年末，郑州铁路局有各类基层单位 57 个。其中，生产一线运输单位车站 8 个，车务段 4 个，客运段 1 个，机务段 3 个，供电段 3 个，车辆段 3 个，工务（工务机械、桥工）段 5 个，电务段 3 个，支线公司 2 个。年末职工总数 123 712 人。

(2) 客运段防火防爆演练

2009 年 5 月 15 日，郑州铁路局客运段 K154 次列车 17 号车厢的列车员突然发现电茶炉间起火了。他立即拿起灭火器进行扑救。火势较大，他一边关闭车厢总电源，一边拉下紧急制动阀，并通过手机将情况告知列车长，与邻岗服务员一起对旅客进行疏散。

这是郑州铁路局客运段日前举行的防火防爆演练中的一幕。演练中，那凝重的表情与标准的动作，列车广播里急促的通报，各行动小组奔跑的脚步，使空气中充满了紧张的气氛。环环紧扣中，演练在有条不紊地进行。

列车长以最快的速度赶到现场。广播员在反复提醒：“列车工作人员请注意，17 号车厢发生紧急情况，请带灭火器迅速到 17 号车厢集合。”她还不忘安慰全车旅客：“各位旅客，列车发生意外情况，现在是临时停车。列车工作人员已经采取措施，请您不要惊慌，听从列车工作人员的安排。”

广播就是命令！早已进行分工的乘务组全体人员，根据事先安排，从不同的车厢向 17 号车厢飞奔。乘警长带领的一组人员最先赶到。脚步刚刚停稳，他便立即向列车长报告：“报告，扑救组集合完毕，请指示。”列车长的声音洪亮而清晰：“请立即组织火灾扑救。”于是，乘警长作为扑救组组长将组员带到指定位置，迅速组织灭火。

很快，在一声紧似一声的报告声中，救护组、联络组、防护组也全部到位，各小组都按照分工紧张而有条理地做着工作。救护组人员进行伤员救护，联络组人员负责各小组之间的信息联络，防护组人员进行列车防护。其中，防护组组长下发了三项通知，三项通知的要求是运转车长负责列车尾部防护，机车乘务员负责列车头部防护，检车员负责列车运行方向右侧防护。

火势被控制住，伤员被抬下车……广播员悦耳的声音再次响起：“险情已经排除，请各位旅客回到自己的座位。为了您的安全，请不要把头或手伸出窗外，列车马上就要开车了。”

由于程序正确、行动迅速、处置到位，这次演练得到有关人员的肯定。郑州铁路局安监室主任评价：“演练说明了平时的培训是到位的，希望大家继续加强学习，对演练中的一些细节要知其然，还要知其所以然。”据他介绍，列车上对火灾的处理非常重要，尤其是客车的安全运行，其重中之重，就是抓防火。“抓住了防火，就成功了一半。”

列车徐徐开动，路边的景物无限地在前方展开，仿佛旅途中那么多的未知——列车设备是否正常，前方道路状况如何……或许，这正是旅客运输过程中应急工作的特点：主动预想，被动接受。在主动预想中时刻做好准备，在被动接受中无怨无悔地付出。

31. 西钢集团开展人员煤气中毒应急救援演练的做法

黑龙江西林钢铁集团是一家钢铁生产企业，经过40多年的建设和发展，目前已经形成年产钢450万吨的产能，实际钢产量占全省产钢总量的70%以上。2007在中国制造业企业500强中，西钢名列第422位。

(1) 企业基本情况

西林钢铁集团1966年建厂，建厂初期，年产生铁10万吨、钢8万吨、钢材6万吨，是一家地方小厂。经过40多年的发展，生产规模达到年产钢450万吨的产能，实际钢产量占黑龙江省产钢总量的70%以上。截至2010年年末，企业总资产175亿元，在册职工12 067人。

西林钢铁集团有采矿、选矿、焦化、烧结、炼铁、转炉炼钢、电炉炼钢、轧钢等主要生产工序。主要生产建筑用热轧圆钢、建筑用热轧带肋钢筋、中型圆钢、角钢、槽钢、工字钢、轻轨等优质产品。公司在哈尔滨、大连、长春、佳木斯、齐齐哈尔、牡丹江、大庆等地设立经销分公司，产品销往国内二十几个省市（含香港），并远销日本、美国、东南亚等地。西钢生产的天鹅牌钢筋混凝土用热轧带肋钢筋和优质碳素结构钢多次获“省名牌产品”“全国用户满意产品”称号。

(2) 人员煤气中毒应急救援演练

2011年3月19日，黑龙江西钢集团公司炼铁总厂焦化分厂在生产过程中，换向工黄某和陈某在焦炉地下室一前一后进行巡查工作，两人边走边看，仔细查看各处。

“你看，那儿好像躺着一个人。”黄某顺着陈某手指的方向看去，果然看到一个人躺在高炉煤气管道旁边的地上。“快走，看看去!”是炉长关某。二人迅速查看周围情况，排除触电的可能，再看地下室内固定式煤气检测报警装置没有报警，手提便携式煤气报警仪也显示正常。二人推了关某两下，关某丝毫未动。“不好，他可能是高炉煤气中毒！煤气报警设施可能已经失灵!”二人立即从原路快速撤出事故区域。作业现场的气氛异常紧张。

陈某拿起电话向调度室及有关单位领导报告事故，测温工陈某迅速启动地下室轴流风机，背起空气呼吸器，这时相应的救护人员也赶到现场。值班调度接到报告后，立即启动煤气中毒应急救援预案，通知各相关单位赶往事故现场，一场紧急救援迅速展开。

这时，厂长杨某的手机响了起来，号码显示该电话来自厂调度室。“厂长，焦炉地下室发生煤气中毒事故，人员现已昏迷，请指示!”“你先不要通知120，这是我安排的一次演练，厂内的一切应急救援工作正常进行!”“好的!”通话结束后，杨某继续在焦炉地下室角落观察着事情的进展。

按照救援预案，各救援组按照分工，有条不紊地迅速组织救援。厂内轴流风机启动，大马力通风。中毒者已被救援人员救出，平放在通风处，敞开领子，进行人工呼吸抢救。

抢救后，“伤员”突然坐了起来。在场人员愣了一下，厂长杨某向大家解释：“我临时安排了个人假装煤气中毒，看看大家对煤气中毒事故的应急处理能力，检验一下平时开展的煤气中毒事故应急救援演练的效果。这是紧张的10分钟，也是成功的10分钟。”事后，一个蒙在鼓里的人说：“当时很紧张，一点心理准备都没有，就按照平时的演练开展救援。”

焦化分厂平时就要求各单位做好应对事故的思想准备、预案准备、物资和工作准备，定期开展应急演练，加强部门协调配合，建立联动机制。于是，就有了这次成功的演练。

企业进行应急救援演练的做法与经验评述

应急预案演练是企业安全生产管理中一项综合性、全员性、经常性、基础性的工作，其根本目的是要提高企业在处置突发事件中的组织指挥、配合响应、物资供给、技术支持、心理素质等方面的综合能力。要使应急预案演练收到预期效果，就需要有认真的态度，特别要注意防止不能从严、不会从严、不敢从严这三种倾向。

(1) 要防止不能从严的倾向

一些人认为，应急预案演练是企业领导、安全生产管理部门的事，对于在应急预案演练中全员参加、全要素训练、全方位投入、全过程控制，达到上下协同、左右配合、立体演练的重要性认识不足，使得应急预案演练不够严密。为此，企业必须建立健全保障从严开展应急预案演练的制度，从应急预案演练计划的下达、项目的安排、过程的监督以及人财物的投入等方面，都要严格对照应急预案演练的大纲和计划逐项落实，每演练一个科目、一项内容、一个阶段，都要按照演练标准和预期目标进行严格验收，发现不到位特别是弄虚作假的项目或环节，除了要重新演练外，还要根据企业安全生产规章制度严格处罚。应急预案演练是一项复杂的系统工程，必须有一支懂安全、善组织、会协调的骨干队伍挑起组织应急预案演练的大梁，严把演练的各个关口，才能确保预案演练的效果。

(2) 要防止不会从严的倾向

在基层开展的应急预案演练中，一些组织者对需要演练的应急预案不熟悉，不能及时发现演练中存在的问题，无法做到严之有理，严之有据，严到点子上。因此，应急预案演练的组织指挥者，必须熟知应急预案内容，准确把握演练的标准。在组织演练时，要科学设定演练目标，通过企业全体人员的不懈努力，能够实现演练目标。演练目标过高，脱离企业和职工队伍实际，很难达到目标；目标过低，难以起到演练应有的作用。同时，要熟知预案演练的组织方法，只有方法正确，才能严而有道，严而有序，事半功倍。否则，无论组织者投入多大的精力，设置多么严格的标准，其结果只能是事与愿违。科学的演练方法应该来自于演练大纲，而不是那些经不起实践检验的“土办法”。只有对预案演练大纲规定的演练方法了然于胸，才能把从严演练落到实处。

（3）要防止不敢从严的倾向

实践证明，从严开展应急预案演练，需要投入一定的人力、物力和财力，有时可能与生产经营等其他工作产生冲突，影响企业一时的经济效益；在演练初期，由于一部分人对预案不熟悉，心理素质不过关，相互配合不够默契，有可能在演练的过程中出现意外。面对这种状况，一些人就缩短应急预案演练的时间，降低难度和标准，让从严开展应急预案演练喊在口头上、写在文件里、讲在会议中。磨刀不误砍柴工，开展应急预案演练花费了一点投入，占用了一点生产时间，从表面上看好像是影响了企业的经济效益。其实，安全才是最大的效益，最大的节约。如果没有安全作保障，企业的正常生产就无法保证，一旦发生生产事故，将造成巨大的经济损失，其产生的恶劣社会影响和对职工群众产生的伤害用再多的金钱也难以弥补。因此，在应急预案演练中不能因为担心发生风险就降低演练等级和标准。否则，在演练中避免了暂时的风险，降低了参与应急预案演练人员的危机感，反而会给安全生产埋下更大的隐患。从严组织应急预案演练对于组织者来说是一个严峻的考验。敢不敢在演练中来实的、动真的，不是方法问题，而是态度问题。只有严格按照标准组织职工进行应急预案演练，才能使演练收到预期的效果。

（4）采取多种形式促进应急演练

对于应急演练，企业需要根据实际情况，采取灵活多样的形式，不断促进应急演练。下面简单介绍宁波市镇海区安监局在应急演练上的新思路、新形式。

宁波市镇海区是我国华东地区重要的石油化工基地和液体化学品集散地，区内拥有浙江省国家级石化工业专业园区，区内有中国石化镇海炼化、镇海国家石油储备基地、宁波港液体化工储罐区，以及荷兰阿克苏诺贝尔、韩国爱敬、德国林德气体等知名化工企业。为了有效应对危险化学品引发的火灾、爆炸、毒气泄漏等突发状况，镇海区安监局将应急救援体系建设作为安全生产的一项重点工作。为深化应急救援体系建设，全面提升区域安全保障水平，探索出了一条“政府主导、依托企业、服务社会”的体系建设新思路，并且在应急演练形式上，也是多种多样的。

一是举办应急处置技能大赛。2010 年年底，镇海区举办了第三届应急处置技能大赛。在比赛中，有的参赛选手仅用 15 秒就完成了空气呼吸器的佩戴，其他参赛人员这一比赛的平均成绩为 30 秒。而在以前，他们完成同样的动作需要 15 分钟。在三四年之前，化工区的员工绝大部分是外来务工人员，安全意识不强，也没有多少安全生产知识和技能，看见过防化服的就没有几个人，更别说完成空气呼吸器的佩戴。通过应急处置技能大赛，促进了员工的知识学习，提高了技能。

二是为提升企业一线职工的应急处置及自救能力，镇海区安监局在宁波市消防支队的支持下，成立了应急处置技能培训基地。基地每年培训 300 余名一线车间工人，用军事化的管理、训练和系统直观的教学，充实职工的安全生产知识技能。由于外来务工人员流动性大，一些职工往往刚培训完就离开了工厂，对此，所采取的对策是“再招人再培训”的韧性方法，无论是短期工还是长期工，新来的员工都必须先经过培训才能上岗。

三是不断进行实际演练。2010 年，镇海区安监局仅针对危化品行业就举行了多次演练，包括危险货物运输交通事故应急演练、危化事故医疗救援应急演习、镇海口岸化学品突发事件应急处置联合演练、液体化工储罐区火灾失电事故应急训练、丙烯腈泄漏演练、海上危险化学品泄漏事故应急演练等。通过一系列实战演练活动，提高了企业的救援能力，为突发事故的紧急救援打下了基础。在不断演练过程中，逐渐向更深层次发展。例如演练目标设置，从单一情景事件逐渐向复杂情景事件转变，从以危险化学品演练为主向多领域合作转变。演练项目的设计，往往以同类行业已发生事故为原型，更加贴近行业实际，从而锻炼和考验救援队伍的指挥能力和协调配合能力。

（四）企业应急救援事例分析与做法借鉴

32. 济宁中银电化公司电石运输车火灾应急救援的做法

“安全第一，预防为主”。济宁中银电化有限公司始终把“安全”放在生产的第一位，为了预防各种事故，该公司制定了各种事故救援预案，并有针对性地进行实战演练。《厂外停放电石重车爆燃事故预案》就是该公司根据实际情况制定的社会救援预案。此预案对预案的职责、工作程序、电石重车爆燃事故的启动和内容都作了详细规定。由于该公司具有完善的预案和救援措施，顺利地进行了一次电石运输车火灾的救援，成功地完成了一次社会救援。

（1）电石的物化特性

电石的化学名为碳化钙，工业电石因含杂质多为灰黑色，遇水发生化学反应生成乙炔气和氢氧化钙，生成的乙炔气在空气中遇火花易燃烧，浓度在爆炸范围内极易发生空间爆炸。因工业电石中含有其他杂质，与水反应生成乙炔气的同时还生成磷化氢、硫化氢等有毒物质，所以生成的气体有臭味，在空气中也易与空气中的水蒸气反应而粉化。

在危险化学品分类中，电石属一级遇水易燃品，在电石的生产、运输、储存等环节中，严禁雨淋、水浸、受潮。当发生火灾时也不能用水、泡沫灭火剂或四氯化碳灭火剂（四氯化碳与乙炔反应生成爆炸性物质氯乙炔、二氯乙炔），只能用干沙、干粉灭火剂、二氧化碳灭火剂或用氮气灭火。

（2）应急救援经过

2005 年 9 月 29 日，天空下起一阵阵蒙蒙细雨，10 时 18 分左右，在济宁中银电化有限公司调度中心的调度员听到一声沉闷的爆炸响声，随后接到护卫队人员的报告：一辆山西运送电石的车辆在电化路上发生爆鸣并着火。该公司调度马上启动厂外停放电石重车爆燃事故预案，组织人员进行救援。

该公司生产调度紧急从各生产岗位抽调部分人员，携带干粉灭火器赶往现场协助灭火（根据事故预案，如事故险情严重，应立刻拨打火警电话“119”，请求消防指挥中心派消防人员来支援。因事故在能控制的范围内，该公司未拨打“119”）。该公司领导也十分重视，知道情况后赶往现场组织救援抢险。公司巡检调度赶到现场后，视具体情况，马上安排将着火的电石车开往安全空旷地段，当电石车到达预定位置后，首先组织护卫队人员对现场实施交通管制，以防危险扩大。接着马上组织人员用干粉灭火器对电石车进行灭火。为确保人员安全，该公司领导还调用公司铲车到现场协助救援。当火扑灭后，又组织人员将电石运至能避雨和通风的安全场所，并安排人员看守，以防电石再次着火。

(3) 应急救援分析

事故发生后，由于该公司快速反应，及时启动事故救援预案，并科学决策，果断地快速处理，避免了事故的恶化，使事故得到了成功的救援。

● 快速反应。该公司调度中心接到事故报警后，作出的反应及时、准确、快速，为救援工作争取了时间。

● 科学的预案。由于该公司已有预案，且预案相对比较完善，为救援提供了重要参考方法和措施，使在处理事故时有章可循、有条不紊、科学合理。

● 果断处理。当事故发生后，该公司领导和当班调度及时赶到现场，敢于果断下命令，应急预案得到了较好的实施，为成功救援起了决定性作用。

(4) 应急救援几点体会

● 应加强危化品的安全管理宣传教育，加强危化品生产、运输、储存、使用等各个环节的管理，防患于未然；加强对从事危化品工作的相关人员的教育培训，对违反者必须严惩，从源头避免事故的发生是根本。

● 对各个环节应建立预案。有了有针对性的各个环节的预案，这样在任何一个环节对所发生事故处理时就能有章可循，处理事故才能做到科学、果断、快速。济宁中银电化公司成功的应急救援就证明了这一点。

● 实战性的联合演练是基础。济宁中银电化公司建立了各种事故预案，建立预案的同时，还有针对性地进行了实战性联合演练，在处理这场事故时就是因为有实战经验，在处理问题时突出了快、准、稳，把事故处理得快速及时。

33. 南京钢铁联合公司煤气管道火灾事故应急救援的做法

南京钢铁联合有限公司是南京钢铁集团有限公司与上海复星集团下属的三家公司共同合资成立的江苏省特大型钢铁企业，地处南京市沿江工业开发区。

(1) 企业基本情况

南钢公司是集采选矿、钢铁冶炼、钢材轧制为一体的冶金企业，公司本部分新、老两个生产区域。新区拥有一条现代化的宽中厚板（卷）生产线及其配套设施，主要设备包括两座 55 孔焦炉和一座 60 孔焦炉、一台 180 平方米烧结机和一台 360 平方米烧结机、一座 2 000 立方米高炉和一座 2 550 立方米高炉、两座 120 吨转炉、一台宽板坯连铸机和一套宽中厚板（卷）轧机。其中轧钢生产线集成了当今世界最先进的生产工艺和技术，采用了先进的生产管理手段，其工艺装备和产品档次均达到国际一流水平。目前南钢产能已达到 650 万吨。公司产品涵盖中板、螺纹钢、高等级管线钢板、高强度高等级造船板、低合金高强度结构板、桥梁用板、锅炉用板、压力容器用板、工程机械用板、优质碳素结构钢板等。公司先后多次荣获“全国质量效益型企业”“全国用户满意企业”等荣誉称号。

(2) 事故原因

2000 年 11 月 24 日夜，南钢公司厂区大雾弥漫。22 时 30 分左右，炼铁车间 4 号炉煤气管道突然吐出火舌，烈火熊熊。4 号炉上空，高压煤气喷出四五米高的蓝色火焰，并发出“呼呼”的响声，形势极为惊险。在南钢厂区，煤气管道纵横密布，大火若得不到控制，便可能导致煤气罐爆炸，后果不堪设想。

发生爆燃的煤气管道，是南钢公司的焦炉煤气管道。事故发生时，南钢 3 名检修工正在对该段管道进行维护检查，不料煤气管道接口阀门处突然发生爆燃。面对突如其来的烈焰袭击，3 名检修工猝不及防，被灼伤后从高处坠落下来，被现场人员送往医院救治，其中一人伤势较重，但无生命危险。

火灾事故发生后，南钢公司领导及本厂消防队员迅速赶到现场扑救，但火势太猛、火情复杂，大火难以有效地控制。于是迅速报警，请求支援。南京市消防支队接警后，调集各消防中队前往支援，各路消防战士从四面八方火速赶往南钢。

(3) 应急救援过程

23 时 30 分，浦口中队两辆消防车、18 名消防战士，接警后 20 分钟即赶到了事故现场。其后，扬子石化消防队、高新消防队、特勤消防队等消防队伍先后赶到，参与抢险。南京消防支队的领导亲临现场指挥灭火。南京共有 7 个公安、工企专业消防队，28 辆消防车，140 多名消防战士奋战在南钢灭火第一线。

在事故现场，100 余米长的路上，10 余辆消防车拖着长长的水管，从各处的消防栓取水。消防战士们持着高压水枪，对准火舌及周围的煤气管喷射。在 2 个多小时的时间内，10 余支消防水枪一刻不停地对着火焰和周围的煤气管喷射。消防水枪喷射的目的主要是冷却管道，防止温度过高发生爆炸。而在此时，扑灭大火的时机还没到，因为此时煤气管道内的压力太大，一旦火被扑灭，管道内的煤气就会喷射出来，弥漫整个现场，极易引发管外大爆炸。而且在目前的情况下，也不能一下切断管道输气阀门，因为若贸然切断阀门，煤气与明火就会发生回流，引起管内煤气爆炸，因此只有对管道气体逐步减压，并往管道内充入氮气以稀释可燃气体含量，待稳定燃烧时，才具备条件，发动最后总攻，将火魔降伏。

凌晨 1 时 40 分，灭火时机终于来到，火焰开始稳定燃烧，两台架着干粉灭火炮的消防车开到了火场中心区。

灭火方案开始实施，现场总指挥、南京市公安消防局局长向消防战士下达了用干粉炮灭火的命令，并嘱咐现场的消防队员，务必准备好湿毛巾和空气呼吸器，在干粉炮炸响后，捂住口鼻阻止有害气体的侵袭。

1 时 53 分，在数支水枪喷射的同时，两声沉闷的炮声响起，烈火迅速被压了下去。两分钟后，刚才还不可一世的火魔在白色的粉尘中消失，浓烟腾起，迅速“淹没”了消防战士。

大火扑灭后，南京市煤气公司专业人员赶到现场，用仪器对现场可燃性气体含量进行测定，结果显示一切正常，属于安全值范围内，抢修人员迅速攀上煤气管道，进行紧急抢修。一场重大火灾事故得以消除，灭火战斗取得胜利。

34. 大庆石化水气厂生产装置突然断电后安全抢险的做法

大庆石化公司是中国石油天然气股份有限公司的地区分公司，是以大庆油田原油、轻烃、天然气为主要原料，从事炼油、乙烯、塑料、橡胶、化工延伸加工、液体化工、化肥、化纤生产，并承担工程技术服务、生产技术服务、机械加工制造、矿区服务等职能的特大型石油化工联合企业。现有二级单位 34 个，员工 3.1 万人，生产装置 137 套。

(1) 企业基本情况

大庆石化公司水气厂是大庆石化公司的主要辅助生产厂，成立于 1983 年，地处大庆市龙凤区卧里屯乙烯厂区。设有 10 个职能科室，10 个基层车间，一个材料供应站，现有职工 912 人，拥有各类设备 7 490 台，固定资产原值 13 亿元，固定资产净值 5.5 亿元。

水气厂主要担负着石化装置生产所需氧气、氮气、氩气、压缩风、工业水、循环水、脱盐水及乙烯厂区职工生活用水的供给任务，同时负责工业污水和固体废弃物的处理，以及乙烯厂区内外热网管线的维护、检修工作。1996 年引进法国技术和设备，建成生活水深度处理装置，水质达到 2000 年国家一类水质标准。

(2) 应急救援经过

2009 年 3 月 11 日晚至 3 月 12 日凌晨，一场突如其来的暴雪袭击黑龙江省大庆市，气温骤降。由于供电线路不堪重负跳闸，导致大庆石化水气厂各主要生产装置断电，相继被迫停车。水气厂作为大庆石化公司的主要辅助生产厂，一旦无法正常生产，将直接影响化工生产和社区居民的正常生活。

面对突发险情，水气厂领导、各科室相关人员和各车间主要领导第一时间到达现场，勘查情况，组织员工紧急启动应急预案，全力投入到抢险工作中。厂领导班子召开紧急会议，听取各车间关于抢险应急工作的汇报，并结合各装置现状，对下一步具体工作进行了周密部署。在没有完全恢复稳定供电的情况下，该厂从确保员工人身安全和生产装置安全的前提出发，一方面，严格落实防冻措施，做好防冻工作，积极组织岗位员工清理厂区积雪，同时通知车队、各车间注意用车安全，避免交通事故；另一方面，该厂组织关键科室职能人员坚守岗位，并组织各车间技术人员深入装置区排查险情。

各科室、车间迅速行动起来，部分休班的员工主动回到了岗位上，投入到紧张有序的抢险工作中。

(3) 应急救援处置措施

3 月 12 日 4 时 28 分，空分车间空压机跳车，空压站 4 号、5 号机也相继跳车。值班人员和车间主要领导赶到现场，组织岗位员工启动应急预案，一方面外送液氮，确保化工主体装置生产用量；另一方面调整生产工艺，处理主要装置停车后的后续问题。多名员工一夜没有休息，坚守岗位，确保液氮输送过程安全可靠。红旗泡电路系统出现故障，工业水源水告急。工业水车间领导接到报告后，立即组织员工启动应急预案，调度室副调度长坚守在现场协调，岗位员工冒着风雪逐个检查阀井，确保应急方案运行时每一个步骤的安全。

这个时候，已经工作了一整夜的热网车间夜班员工主动请缨，加强对设备的监控维护，迅速组织恢复生产。供水车间员工深入装置，仔细检查管线、暖气及防冻防凝重点部位，逐项检查确认，确保生活水装置停运期间无冻凝事件发生。安全环保科组织职能人员深入到污水一车间、污水二车间，逐一排查环保设备运行情况。污水一车间按照设备“操作提示卡”要求，组织员工对原水泵、污泥脱水系统和焚烧炉等停运设备进行重新开工，同时按照应急预案要求，采取多项措施，防止冒池等生产事故发生。

在险情发生后，由于水气厂干部员工沉着应对，科学指挥，采取有效措施，在短时间内安全地完成了险情排除工作，24 小时内各主要装置陆续恢复运行，为确保化工主体装置按时恢复生产和社区居民生活提供了必要保证。整个抢险过程安全有序，经过 20 多个小时奋战，3 月 13 日 14 时 20 分，该厂各装置相继恢复运行，及时外送氧气、氮气、工业水和循环水等，为化工厂区生产装置恢复生产和社区居民正常生活提供了保障。

35. 天然气分离厂储气罐出现大量泄漏应急救援的做法

中海石油（中国）有限公司天津分公司创建于 1966 年，是中国海洋石油有限公司（中国）下属的一家境内分公司，主要负责渤海海域石油天然气资源勘探开发生产，位于天津市塘沽区。目前有员工 700 余人，固定资产总值约 150 亿人民币，累计发现原油地质储量 30 多亿吨，拥有 17 个海上油气田，40 多座生产平台，4 个陆地终端，年油气生产能力已超过 1 000 万方油当量。

(1) 天然气使用的危险性

天然气是一种多组分的混合气态化石燃料，主要成分是烷烃，其中甲烷占绝大多数，另有少量的乙烷、丙烷和丁烷。它主要存在于油田和天然气田，也有少量出于煤层。天然气燃烧后无废渣、废水产生，相较煤炭、石油等能源有使用安全、热值高、洁净等优势。

天然气常见杂质为有机硫化物和硫化氢（H_2S），在大多数使用天然气的情况下都必须预先除去。尽管天然气是无色无味的，然而在送到最终用户之前，还要用硫醇来给天然气添加气味，以助于泄漏检测。天然气不像一氧化碳那样具有毒性，它本质上是对人体无害的。不过如果天然气处于高浓度的状态，并使空气中的氧气不足以维持生命的话，还是会致人死亡的，毕竟天然气不能用于人类呼吸。作为燃料，天然气也会因发生爆炸而造成伤亡，虽然天然气比空气轻而容易发散，但是当天然气在房屋或帐篷等封闭环境里聚集的情况下，达到一定的比例时，就会触发威力巨大的爆炸，爆炸可能会夷平整座房屋，甚至殃及邻近的建筑。

(2) 应急救援经过

2004 年 3 月 29 日上午 10 时 34 分，葫芦岛市消防支队指挥中心突然接到报警：中海石油（中国）有限公司天津分公司位于龙湾新区东窑村的天然气分离厂一个储气罐出现天然气大量泄漏。如果遇到火星，将引起大面积爆炸。接警后，葫芦岛市消防支队派出四个中队的 14 台车辆、69 名指战员迅速赶往现场。“天然气储气罐第二个阀门断了，得赶快堵上，不然就完了。”分离厂的工人焦急地对消防战士们叫喊着。

上午 10 时 39 分，消防指战员到达事故现场后，发现位于厂区东北角的容积 1 000 立方米的球形液化石油气储罐周围已被大量的烟气所笼罩，罐底正在大量向外喷泄液化气，喷口发出巨大的“刺刺”声，储罐周围 200 平方米的地面全部弥漫着白色的烟气。经询问知情人，当时罐内液面高 6.1 米，内有液化气 237 吨。在周围不足 100

平方米范围内，共有 5 个 1 000 立方米容积的液化气储罐，如果通明火或静电，将引发连锁爆炸，整个厂区便会被夷为平地，现场的消防官兵、厂内技术人员将面临严重的生命危险，且周边的村庄群众将遭受灭顶之灾，后果不堪设想。

在紧急情况面前，有关部门果断采取措施：在储罐外围 3 千米范围内设置警戒区域，禁止人员、车辆通行。使用开花水枪对泄漏处进行稀释，防止有毒气体扩散或达到爆炸浓度。利用厂内设施实施倒罐，同时，打开罐顶的放空阀减压。指战员们冒着随时可能发生爆炸的危险，坚持战斗在最前沿。水枪阵地的官兵连续 5 个小时站在没膝深冰冷刺骨的水中近距离对泄漏处实施稀释。

“封锁分离厂周边地区所有街道，周围地区居民迅速撤离。”赶到现场的指挥人员下达了疏散命令。以分离厂为中心，从葫芦岛市龙湾大街开始，消防战士在当地公安民警的配合下设立封锁线，禁止所有非抢险车辆和人员进入。与此同时，葫芦岛市消防支队向葫芦岛市政府、市公安局和辽宁省消防总队汇报事故的严重性。11 时 16 分，接到报告的葫芦岛常务副市长、副市长及随后赶来的辽宁省消防总队领导亲临一线指挥。

由于漏气的储气罐周围还有 7 个装满石油的储油罐，为了保证人员安全，消防队员先在厂墙西侧用消防车上的两门水炮将水流射向漏气的罐子，降低泄漏气体的浓度。消防员一共设立 5 个水枪阵地，一个水炮阵地向罐体喷水，稀释泄漏的液化气，并且进行堵漏。在距离现场方圆两千米范围内建立警戒线，严防火源。

罐内大约有液化气 42 吨，液压 3.3 个大气压。扑救中又有大量液化石油气泄出。针对此情况，现场指挥部决定扩大警戒范围，以防止随时可能发生的爆炸。葫芦岛市公安局 300 多名民警立即行动，将警戒线范围扩大。泄漏出来的液化石油气如果爆炸，就会产生连锁爆炸，并列的 5 个液化气罐都会爆炸，这 5 个液化气罐一共装有 5 000 立方米的液化石油气，如果爆炸，其爆炸力相当于一万多吨

TNT 炸药的威力，差不多相当于第二次世界大战时美国投放在广岛的原子弹，整个葫芦岛市新城区都将受到严重损害。

(3) 消防人员冒死抢险堵漏

液化石油气在气化时吸收大量的热量，所以泄出点温度急剧下降，喷出的水在泄漏点的金属管附近冻结成了厚厚的冰。因为结冰，所以液化气泄出量明显减少。然而，14 时 40 分，泄漏点冻结的冰突然脱落，泄漏点的管口又“刺刺”地冒出白气，液化气又开始大量泄出。指挥员决定用木头楔子堵塞泄漏的管口。

消防战士身穿防化服和呼吸器，顶着冒出的液化气冲了上去。这时只要有一点火星，泄漏出来的液化气就可能发生爆炸。虽然战士们身穿的都是防静电的衣服，但危险来自液化气本身。液化气一般都含有杂质，这些杂质在喷出泄漏管口时，可能因为摩擦产生静电火花引发爆炸。

泄漏液化气的管口温度在−50 摄氏度左右，由于泄出的液化气压力过大，第一次用木楔堵漏没能成功。储气罐周围防护沟的积水已齐腰深，消防战士站在凉水里，第二次用木头向里顶也没成功，消防人员只好手持木头楔子，用铜锤向里钉。消防战士手上戴着皮手套，一挨上泄出点附近的金属，手套立即被冻得像铁片一样，消防战士将手套上的冰磕掉以后再干，16 时 06 分，泄漏点终于被彻底堵住。

这起事故的发生，是违章作业造成的。当日，液化气分离厂发现一个阀门前的压力表出现故障，工作人员在更换压力表，向下拧表时，压力表管被拧断，导致液化气泄漏。对于进行这样的操作，应该将罐内液化气放净，然后充装进惰性气体，才能进行操作。否则，就有可能发生液化气泄漏事故。

36. 液化气运输车罐体安全阀损坏泄漏事故应急处置的做法

2005 年 6 月 15 日 17 时 40 分左右，西安天力危险品运输公司一辆载重 15 吨的油罐车，从咸阳运输液化气行驶至陇海铁路线杨凌西农路立交桥时，因车体超高卡于立交桥下，罐体顶部安全阀损坏，导致液化气体大量外泄。

(1) 事故应急救援情况

陇海铁路杨凌段有两座立交桥，西农路立交桥是高度较低的一座，过去曾发生过车辆被卡的事件，但另一座立交桥较高，一般车辆通过都无障碍。据警方介绍，事故发生时，肇事车辆前面的引导车顺利通过立交桥，肇事司机以为所驾车也能通过，结果被卡。幸运的是，液化气泄漏后的一段时间内铁路桥上没有火车通过，否则后果不堪设想。

接到报警后，杨凌示范区公安、消防、交警等部门第一时间赶到现场，杨凌示范区管委会迅速成立抢险指挥部，采取紧急措施：通知铁路部门将陇海铁路上行驶的火车暂停于 5 千米之外；立即疏散了出事地点周围 1 千米内的万余名居民；封闭了所有通往出事地点的路口，防止行人、车辆通过；切断出事地点周围 1 千米内的所有电源，关闭天然气管道，并通知医院随时做好抢救准备；消防战士向出事地点喷水，防止出事车辆发生闪爆。

陕西省副省长闻讯后迅速赶往现场指挥抢险，并通知省安监局领导组织专家迅速赶到现场进行抢险。省安监局接到事故报告后，启动应急救援预案，陕西省安监局局长及应急救援处人员会同有关专家第一时间赶到事故现场参与抢险。

(2) 应急救援措施

发生事故后，司机惊慌失措，发动机也没有熄火就离开了现场，后被当地警方控制。专家们赶到事故现场后，发现汽车被卡到那里，进不来，出不去，液化气还在泄漏。由于液化气比重大，泄漏后气体全沉到地面上。车卡的地方刚好是一个低洼地带，靠近地面的全是液化气，抢险难度很大。

专家封某、杜某和两名消防官兵冒着生命危险深入到液化气槽车泄漏位置，勘查泄漏点破损情况及气罐呼吸阀受损程度，评估气罐的压力，为抢险方案的尽快确定提供了重要依据。

事故抢险指挥部根据专家建议确定了救援方案：首先派人把汽车电源切断，向排出的液化气喷水，稀释液化气浓度；把汽车轮胎气压降下来，降低整车高度；拆掉桥上限高栏工字钢；实在不行只能采取危险的倒罐方法。抢险中，汽车轮胎气压降下后，高度下降了十几厘米，但工字钢一直取不下来，最后决定把事故车拖出来。因找不到麻绳，最终只能用钢丝绳拖车。专家要求必须用橡胶把钢丝绳包起来，在拖车过程中还不断用高压水枪对着钢丝绳喷水，以防止产生火花。车拖出来后，即进行倒罐。16 日 4 时 20 分，险情基本排除。整个抢险过程没有发生人员伤亡。

16 日 4 时 15 分，肇事车被安全拖出陇海铁路线杨凌西农路立交桥。4 时 40 分，中断近 11 个小时的陇海线恢复通车，被疏散的 1.2 万多名居民陆续返回家中。

(3) 成功抢险的原因

杨凌液化气抢险结束后，6 月 16 日陕西省安委会办公室即向全省发出了《关于“6·15”石油液化气泄漏事故抢险工作情况的通报》，对参与抢险的相关单位和个人进行表彰。

事故发生后，杨凌示范区管委会立即启动特大安全事故应急救援预案，疏散人员，实施交通特别管制，电力部门采取停电措施，陇海铁路咸阳段中断行车，控制了险情的进一步扩大。

两名专家不顾生命危险，深入到液化气槽车泄漏位置勘查，为抢险方案的尽快确定提供了重要的依据。

省消防总队调遣消防队伍和近百名消防官兵赶赴事故现场，为抢险工作取得成功起到了决定性作用。

长庆油田分公司、省天然气有限责任公司、西安市天然气公司等在接到省安全监管局的援助请求后，行动迅速，派出了最优秀的技术专家和抢修队伍，为抢险工作提供了有力的支持。

为此，陕西省安委会办公室决定对两名专家和参战的所有消防官兵、公安干警在这次抢险工作中的出色表现予以通报表扬；对参加抢险的省消防总队、杨凌示范区管委会、长庆油田分公司、省天然气有限责任公司、西安市天然气公司等给予通报表彰。

37. 运输溶剂油车辆相撞导致溶剂油泄漏应急救援的做法

2005 年 4 月 15 日下午，一辆车牌号为闽 C40353 的运煤车和一辆车牌号为闽 A07967 的 10 吨油罐车相撞，溶剂油泄漏满地，大爆炸一触即发。消防官兵在当地交警等有关部门的积极配合下，采取警戒、防护、堵漏、倒罐、转运措施，顽强奋战两个多小时，成功地实施救援，化险为夷。

（1）启动应急救援预案

当日 16 时 13 分左右，泉州市公安消防支队接警后，立即启动应急预案，迅速调派了泉州市丰泽区消防大队、特勤一中队、二中队三个消防队 12 辆消防车和 70 余名官兵赶赴现场进行抢险救援，并迅速联合交警等有关部门成立了现场指挥部。

指挥部经研究迅速将现场救援人员分成三组，第一组由丰泽区消防大队（一部）和特勤二中队组成，负责协同交警警戒和疏散附近群众，隔离一切火源，防止车辆和无关人员进入现场，并命令进入现场的救援人员关掉手机；第二组官兵架设两支泡沫水枪，向油罐和地面喷射泡沫，覆盖流淌的溶剂油，以防止产生火花引燃油蒸气；第三组由丰泽区消防大队（一部）和特勤一中队组成，利用堵漏工具实施堵漏。

（2）紧急堵漏

消防官兵到现场时，油罐车的左侧车身破了一个洞，大量的溶剂油正往外喷。一组消防队员立即弄来了几个大水桶，不久即装满了五六桶泄漏出的溶剂油。看见靠近事故车的路上流淌着大量的油，路边的小沟也满是油，几名消防队员急忙铲土将河沟堵住，防止溶剂油往下游流淌污染环境。

同时，另一组消防人员将油罐车左侧车轮垫高，避免溶剂油大量外泄。随后，消防队员对缺口进行堵漏。一名消防队员拿着裹着毛巾的木塞小心翼翼地塞向缺口，用锤子砸，经过多次努力，到 17 时 10 分，终于用木塞将缺口堵住，溶剂油停止泄漏。此时，奋勇堵缺口的消防队员早已是满身油迹。

随着泡沫不停地喷射，油罐车逐渐冷却，情况初步得到控制，但危险还没有消除，当务之急就是将溶剂油卸走，将油罐车拖离现场。

(3) 采取调车倒罐措施

正当现场指挥人员商讨调车事宜时，事故油罐车司机简师傅提醒，该公司有一辆开往晋江的空载油罐车会随后到来，可以进行倒油。17 时 52 分，这辆油罐车在交警的引导下，小心翼翼地与事故车辆并排停在一起。

吸油是一件危险程度很高的工作，稍有不慎，即可引发爆炸。为了防止发生意外，消防官兵再次对现场喷洒了泡沫。几分钟后，两辆油罐车的四周堆积起了约有 5 毫米厚的泡沫。现场工作人员将接口接上事故车辆的油罐，打开事故车辆的阀门，接着开始将里面的油吸到另外一辆油罐车里。

吸油工作进展很顺利，18 时 30 分，事故油罐车的油已经大部分换到另一辆车里，消防队员开始用水稀释路上的氟蛋白泡沫液，清洗路面。

(4) 危险施救

本次抢救行动，消防部门出动了 12 辆消防车，由于消防水罐车在灭危化品火灾中不能派上用场，现场唯一的一辆丰泽区消防大队去年刚购买的泡沫消防车立了大功。

泉州市消防支队支队长介绍说，此次是用氟蛋白泡沫处理泄漏的溶剂油，因为泡沫具有流淌性，能够覆盖流淌出的油，使之与空气隔离，避免起火爆炸，但是氟蛋白泡沫有效覆盖时间只有十多分钟，消防人员需不停喷射。这种泡沫相当昂贵，每吨价格近万元，在这次抢险中估计用了近两吨泡沫。

据了解，这种溶剂油的燃点比汽油还低。溶剂油泄漏后，车辆就像个大炸弹。当天下午，泉州市气温升高，幸亏没有引起爆炸，否则后果不堪设想。

38. 满载液化石油气槽车翻车事故应急处置的做法

2002年12月4日，一辆满载10吨液化石油气的槽车翻倒在湖南省益阳市安化县境内，车体及气罐阀门均已变形，存在气体泄漏危险，一旦发生泄漏，即使无外界火源的作用，也会因高速泄漏的气体与罐壁摩擦产生静电导致爆炸和火灾事故，附近居民生命及财产安全将受到严重威胁，情况十分危急。接到紧急求援报告后，救援队伍迅速赶到现场，经过仔细勘测、周密部署、科学决策、慎重处置，成功将这一特大险情予以排除。

(1) 应急救援基本情况

出现险情的液化石油气槽车系湖北省荆门市自来水厂液化石油气站液化气运送车。12月4日3时许，槽车在为湖南省安化县杨林乡塘市气站送气途中，由于驾驶员路况不熟，操作不当，翻倒在距气站约300米处的路边水田中。事故点与路面落差约7米，距路面水平距离约7米。经事故现场勘察确认，槽车车体和气罐阀门均已变形，液位计失灵，方向盘扭曲，油箱受损漏油，车辆底盘大梁弯曲，车身与水田约成90度，左侧陷入水田约50厘米。事故现场路面狭窄，吊车难以作业，救援工作困难重重。

(2) 应急救援处置措施

● 制定方案，紧急部署。事故发生后，益阳市安化县消防大队协同当地公安人员警戒现场、疏散附近人员、调集部分救援力量监视槽车，严防发生意外。12月5日晚，益阳市消防支队接到增援的命令后，连夜组织人员制定事故处置方案，并请求当地政府有关部门准备好稻草、棉被、麻袋、15吨和30吨吊车各1台，以及黄油等救援物质。同时要求安化县消防大队连夜准备好救援、防护器材装备，确定参加事故处置人员，搞好战前动员，做好增援准备。

● 缜密勘查，科学决策。12 月 6 日 12 时 40 分，抢险组到达事故现场后，立即对事故车辆进行勘查，用可燃气体检测仪对每一个部件、每一段管道逐一进行检测。检测后，立即对变形的管道、阀门逐一用毛巾、封堵胶等实施加固和封堵，防止起吊槽车时因振动和摩擦发生漏气。在益阳消防支队制定的事故处置方案基础上，救援队伍结合现场勘查情况，进一步提出了切实可行的救援实施意见，决定首先将槽车拖至靠近公路处，把槽车摆正，然后再将槽车起吊至公路安全地带。

● 果断处置，成功排险。16 时 20 分，现场救援行动开始，现场检查组首先到现场进行监测并加固该车的导除静电装置，得出现场暂时安全可以安排起吊的结论。救援人员利用泡沫覆盖翻车时漏出的油渍，防止油品失火，然后卸下车内所有可能产生火花的电瓶和设施，清理驾驶室异物，再次对槽车各管道阀门捆扎的毛巾进行检查加固，防止起吊时液化气泄漏。吊车组操作人员在检查组人员的监督下用麻袋、棉被将涂抹过黄油的钢丝绳包裹起来，套在槽车首尾两端。现场抢险人员做好战斗准备。

17 时 15 分，一切就绪，开始起吊，与此同时，槽车在两支开花水枪的喷射下，缓缓吊起，往公路一侧拖动，1 小时之后，槽车向路面靠近了近 3 米，距公路仍有 2 米多的距离，不便于起吊，吊车操作人员正准备启动吊车时，有关技术人员仔细观察后发现槽车泄气管陷在淤泥里，拖动槽车时可能遭到损坏引起液化石油气泄漏，果断下令停止起吊，安排人员在泄气管一侧挖出 1 个 1 米见方的空坑，使泄油管悬空，消除这一隐患之后，吊车再次起吊，槽车被拖移至预定位置。

18 时 50 分，吊车挪动位置后再次吊起槽车，将槽车车头悬空尾部放在路面上。20 时 40 分，槽车终于被安全吊到公路上并移到安全地点带。随即，对槽车进行检测，确认罐体、管道、阀门等安全无泄漏气体迹象，标志着安化县境内湖北荆门10吨位液化石油气槽车特大险情被成功排除。

39. 郑煤集团超化矿煤矿透水事故应急救援的做法

2004年4月11日16时32分，郑煤集团超化矿发生一起煤矿透水事故，12名矿工下落不明。河南省、郑州市有关部门和郑煤集团负责人立即赶赴现场指挥救援，迅速启动煤矿安全事故应急预案，制定4项营救方案，互补互动，加紧抢险。每天出动700多人力，不惜一切代价全力营救。

16日上午9时30分，最后一名被因人员获救回到地面，郑州煤炭集团公司超化矿困在井下109小时的12名人员全部生还。有关专家称，此次救援创造了煤矿事故救援史上罕见的奇迹。

（1）一个合适的方案

救护人员在12日早6时半左右通过第一淤积区，进入巷道侦察，在距迎头约300米处发现巷道冒顶，侦察工作受阻。指挥部针对冒顶、淤煤等新情况，立即采取了多项预案，多管齐下，分头救援。一是尽量加快上副巷加固悬空支架、清出巷道淤积物进度，保证抢险人员进出畅通，工作完成后，从上副巷开掘绕巷，绕过冒落区，实施救援。二是利用下副巷现有的运输系统，从下副巷开掘巷道，从被困人员可能所在地点贯通救人。三是为保证及时向被困人员输送氧气和食物，采用快速冲击钻进技术，从地面向遇险人员被困地点垂直打钻。四是查清小煤窑补给水源和越界开采的情况，由当地政府安排启动小煤窑所有排水设备，实施强力排水，减少小煤窑向超化矿涌水量。

事实证明，从上副巷开掘绕巷，绕过冒落区的决策非常正确。4月15日13时许，正在井下抢险的救护队员在上副巷绕巷的掘进过程中，听到上副巷被困人员敲打水管传递的信号，随后又听到喊话要求送风。指挥部果断决定改变绕巷开掘方向，加快掘进速度，以最短的时间与被困人员所在的上副巷贯通。同时加大向人员受困区域压风量，保证氧气供应。救护、医疗人员在公司领导的带领下，在井下待命救援。16 日早晨 6 时 34 分，绕巷与上副巷贯通。7 时 50 分，12 名被困人员被确认全部生存。8 时 46 分，第一名被困矿工获救升井。

(2) 灵活的决策和执行机制

这次抢险救援一直实行主要领导一线指挥，随时掌握情况，随时调整方案，随时拍板决策，减少环节。在救援的关键时刻，绕巷离被困人员只有 2 米就能贯通的 15 日晚，郑煤集团总经理赶到井下，一直指挥救援到 16 日全部被困人员获救并部分人员升井后，他才回到地面。

超化矿有一支特别能战斗的抢险救灾队伍。超化矿救护大队一位副大队长说，许多救护队员 5 天来除了上井简单休息外，一直在井下抢险，其中一名队员 5 天只上井吃过一次饭。从领导到一般队员，许多人都是三四天没有睡觉，有的救护队员 5 天里就没有脱过衣服。

这次救援采取许多新技术，得到了相关部门的大力配合和支持。事故第二天，地处河北涿州的中国煤田地质集团的快速冲击钻机就紧急调运到了超化矿的事发现场。西安一家单位送来了国内最先进的窥测仪，通过它可以看到钻孔的情况。平顶山煤炭集团也给抢险指挥部送来了新型的钻机，以帮助挖掘坑道。

(3) 实施自救赢得生命

4 天 5 夜，整整 109 个小时，12 名矿工基本没有吃过一口干粮，没有喝过一口干净水，他们活过来了。为什么？来听听矿工钱某讲述的 12 名矿工在井下进行自救的细节：

11 日下午 4 点半，21051 掘进面发生透水，5 点钟左右，我与其他几位领导和同事下井查看水情，处理事故。在 7 时 10 分突然水像山洪一样冲了出来，我们几个人赶快往高处跑，那里有一个瓦斯排放站，空间比较大，相对安全。这时巷道里的水越来越多，一直涌了上来。我们赶快抓着机械的传动皮带，往上跑。好在没过多长时间，巷道里的水又慢慢流了下去。我们才没有被水流冲走，淤积的煤也没有把巷道口堵死。

● 讨论自救方案。12 名被困的人员当中，有 4 人是搞技术出身，4 个人商量了一下，决定要尽可能地自救，等待救援。

● 及时避险。被困人员首先是撤到相对高的瓦斯抽放巷内避险，在大水过后，又撤到较为安全的地点等待救援。所选的地方要求与水流比较近，便于观察水情，一旦有情况，可以随时处置，同时离瓦斯比较远。为了保险起见，被困人员用一个瓦斯检测仪，一直在监测头顶上的瓦斯浓度是否超标。为了增加氧气，把通水管打破，让其变成通气管，增加巷道里的氧气。

● 节省体力。安顿下来后，被困人员马上把 12 个人分成 6 组，每组值班巡逻 3 个小时。值班的任务主要是看水，如果水有变化，立即通知。除了值班的外，其余的人为了节省体力，一律要待在原地不动，一般不要开口说话。为了节省矿灯，除了一个供照明用外，其余的一律不准打开。

钱某讲：井下透水后，我们所带的粮食被水冲走了。四天五夜里基本上没有吃东西，能吃的就是稀薄的空气，渴了就喝一点矿井里的水。当时规定，必须等到非常渴的时候才能喝水，喝的时候也不能大口喝，不能双手捧，只能单手托，只托三下。这是因为煤矿井下的水不干净，如果喝水太多，排泄得多，会消耗体能。在这中间，煤矿代总工程师还找到了两袋七八天以前的、已经变成煤泥般的食物，但是大家一直没有吃，主要是担心吃坏了肚子，如果拉肚子，体能消耗得更大。当时大家已经意识到吃的严重性，于是把巷道里的榆木和槐树放在水里泡，这两种树皮泡软后可以吃。

在巷道里，被困人员一直坚信外面的人们在进行施救，在设想救援方案时，我们也与救援人员想到了一起，尽可能地想尽办法告诉救援人员我们还活着。我们找到纸片，上面写上我们的名字和所在位置，让纸片顺着水漂出去。还把废旧的塑料袋剪成非常明显的小碎片，让人一看就知道是有人专门剪的，让这些碎片顺水而下。我们还找到了一瓶矿泉水瓶装的煤油，顺着管子倒下去，时不时倒一点，让外面闻到不间断有人倒煤油，说明我们还活着。事后才知道，由于水大，我们这些东西救援人员根本没有看到，煤油他们倒是闻到了，但以为是矿里的机器里流出来的，也没有在意。

此外，我们还有人把矿灯绳挽起来打上个结，在外面的两个线头上，一个绳头完整没有破坏，表示“1”，一个绳头分成两个岔，表示“2”，打结表示我们还在一起。大水把我们的矿灯绳冲出来后，争取能让救援人员发现。能让我们与外界传递信息的还有通水管，在水少的时候，我们就爬着管口附近向外喊话。终于有一次，我们听到了外面的回音。我们趴在水管上喊“送风”，果然送来了风。与外界取得了联系，一下子鼓舞了我们的信心。

在被困期间，被困人员也曾有过一次绝望。有一次发现水又涨了上来，涨得很大，但是幸好，水涨了一会儿没有再涨了，否则一旦水淹了巷道，有天大的能耐也没有办法活了。就在我们快要坚持不住的时候，救援我们的巷道终于贯通了，救护队员进来，清点我们的人数，12 个人都还活着，我们终于又可以到井上来自由自在地生活了。

40. 宝成铁路 K165 次列车车厢坠河应急救援的做法

2010 年 8 月 19 日，四川省广汉市境内发生 K165 次列车车厢坠河事件，无一人遇难。“零死亡”的背后，是铁路部门严格的安全应急制度、地方政府完备的救援网络，使得短短二十余分钟内，千余名乘客在车厢坠河前撤离。随后的 3 个多小时内，所有乘客均被妥善转移安置。

(1) 临危不乱，安全意识化为本能反应

8 月 19 日 15 时 15 分左右，一列西安至昆明的 K165 次列车运

行到四川德阳至广汉间的石亭江大桥，这时，石亭江大桥突然因水害发生倾斜，两节车厢悬吊在河面之上，情况万分危急。

值乘这趟客车的是成都铁路局机车司机曹某。这位已安全行驶超过50万千米的司机说："在感觉到情况不对时，我立即采取了紧急停车措施，几乎是靠着身体本能反应作出的决定。"事后证明，正是曹某的这种"本能反应"，为千余名乘客，尤其是困在桥上的8节车厢中的700多名乘客赢得了"救命时间"。

参与现场救援的一位铁路工作人员心有余悸地告诉记者："如果司机没有紧急刹车，列车将加大对钢轨和大桥的冲击力度，加剧大桥的不稳定性，甚至可能导致列车翻车。"

曹某身边有一本"司机手账"，上面清楚记载着发车前铁路部门的调度命令：18日至19日有暴雨。曹某在上面写着应对计划"执行汛期行车办法，防洪看守点及早呼叫。宁可错停，不可盲行，宁停勿撞。"

曹某将计划中的后一句称为"12字方针"，他说："对机车司机来说，这12个字就是安全的法宝。我们不仅每月都有针对安全行车的学习，一到汛期，还有应急演练和竞赛，司机人手一本《非正常情况下行车办法》和《汛期安全行车手册》，就是要让安全意识化为自己的本能反应，达不到要求是不能上车的。"

就在2010年7月，成都铁路局还专门组织了全局应急救援演练。每趟列车出乘时，调度员都要将线路上的天气、汛情和防洪措施通报给司乘人员。

曹某说："因为事先已经获知了行车路线在下暴雨，部分地段可能会涨水，所以我的脑子里就绷起一根弦，一感觉不对劲就马上刹车，如果再多考虑一两秒钟，真不知会发生什么事。"

(2) 环环紧扣，千余人与死神赛跑

从K165次列车刹车，到2节车厢坠河，仅有二十余分钟。正是机车司机、乘务人员的密切合作，整个应急程序环环紧扣，为千余名乘客迅速有序地撤离提供了保障。

曹某讲："刹车后我立即通知了车后的运转车长，我们下车查看情况后认为必须马上疏散乘客，并将情况通知给了乘务组，乘务员立即开始组织撤离，中间没有任何停顿。"

K165 次列车出行前的应急演练也成为这次全部人员成功撤离的关键因素。列车长王某说："接到通知后，我们所有的乘务员都按照事先演练过的应急程序组织乘客紧急撤离。虽然大家都非常紧张，但脑子里有操作流程，没有耽误时间。我们先打开了其他车厢的车门让旅客下车，等到前几节车厢清空之后，我们马上赶到悬空的 14 号、15 号车厢。当确定所有乘客都下车后，乘务员们才离开。由于撤离及时、有序，乘客们对我们没有怨言。"

乘客邱某回忆起当时的情景仍很害怕："当时大家以为死定了，有的人哭喊着要往外跑，但乘务员告诉大家不要惊慌，在座位上不要乱动，他们会组织我们有序撤离。如果没有组织引导，大家很可能会挤成一团，谁也跑不掉。"

(3) 网络健全，各路人马及时出动

这起列车车厢坠河事件中，地方政府建立的救援网络，使得救援人员迅速赶到现场，砸开车窗帮助乘客逃生。所有乘客随即被妥善转移安置，现场秩序井然。

广汉市公安局小汉派出所所长刘某等 8 名民警第一时间赶到大桥参与救援。刘某事后讲："近段时间汛情严峻，小汉镇内有河流、桥梁，因此我们加大了出警力度。8 月 19 日 15 时许，我们正在石亭江的下游排除一处险情，得知有列车在大桥上遇险后，我们以最快速度赶到了现场。看到列车乘务员正在组织乘客撤离，我们也找了两把榔头冲上大桥，砸碎车窗玻璃往外拽乘客，并且分派人手将撤出来的乘客带到安全地带，维持现场秩序。"

广汉市小汉镇方碑村村民曾某是第一时间自发参与救援的当地村民之一。他说："由于汛情严峻，我们全镇每一个靠近河道的村都有村民防洪队。当天我们正在石亭江大桥边抢修一处防洪堤，亲眼看到桥上的列车出事了。”曾某讲：“我们马上冲到桥上，捡起路基上的石头砸碎车窗玻璃，我记得我1个人就拽了12个人出来。当时的雨非常大，大桥不断晃动，等到所有人都出了车厢，还没完全走下桥，桥那头的两个桥墩就倒了，两节悬空的车厢也掉下了河。如果再晚一点，后果就严重了。”广汉市副市长兼公安局局长在指挥小汉派出所民警赶赴现场的同时，迅速启动了处置灾害事故一级应急响应预案，800余名警员、消防战士赶往现场参与救援，疏导交通，40多辆转移乘客的大巴车随后赶到。最终，地方政府、铁路部门和当地村民一起，妥善处置了这起突发事件。

41. 乌鲁木齐富丽华大酒店火灾发生后应急救援的做法

新疆乌鲁木齐富丽华大酒店前身是津京美食娱乐有限公司，现有近1 000名员工。公司本着以人为本的发展战略，依托边城，立足企业，辐射全疆，开发连锁化、规模化经营。公司在发展过程中，取得了良好的经济效益和社会效益。

2005年4月26日凌晨2时30分，19层高的三星级涉外酒店——富丽华大酒店里，有的客人已入睡，大部分客人在16、17两层KTV包厢内娱乐，不料一场大火突袭而至。在这生死关头，富丽华大酒店的员工迅速启动应急预案，按照平时掌握的疏散逃生技能，积极引导客人疏散。结果，在短短8分钟内，将376名客人安全疏散，无人员伤亡，火灾损失降到了最低限度。

乌鲁木齐富丽华大酒店火灾发生后应急救援的做法主要是：

(1) 火灾：深夜突袭来

富丽华大酒店由于地理位置优越，“五一”黄金周临近前，来自国内外的游客争相入住，酒店内的歌舞厅、夜总会也是常常座无虚席。

4月26日凌晨2时30分，酒店外墙冒出的一道火光划破了夜色，酒店楼体东南角外侧突然失火（现已查明是酒店某室内遗留火种沿窗掉落，引燃酒店大楼外墙装饰的铝塑板与建筑墙面夹缝内的杂物而引发）。火势从6层迅速蔓延到19层，人员集中的6层至14层客房和16、17层夜总会、歌舞厅等部位片刻间被熊熊大火包围。熟睡中的客人被刺鼻的浓烟呛醒，正在歌舞厅、KTV包厢内娱乐的客人面对突如其来的灾祸惊慌失措，一时间，大楼内呼救声、惊叫声、哭喊声连成一片。加之整幢大楼忽然停电，漆黑一片，慌乱的人群顺着消防应急指示灯光，摸索着拥堵到安全出口，整个楼道都被焦躁的人群挤得水泄不通。

(2) 救人：紧急大转移

据介绍，当时较早发现火情的是富丽华大酒店保安部经理王某。当时他正在酒店门前维持车辆秩序，抬头看到酒店6层外沿有火光冒出，便立即拨打“119”报警，并用对讲机向酒店领导和消防控制中心报告，随即快速跑到酒店内组织疏散人群和灭火。

酒店消防控制中心得讯后，立即启动平时早已制定好的火灾应急疏散预案，打开消防广播，迅速通知各部门、各楼层立即采取救助措施，并通过广播稳定顾客的情绪，讲解逃生自救方法，请客人们配合酒店员工有秩序地逃生。很快，酒店当日值班领导赶到消防控制中心，按照预案下达救人灭火指令。

客房部领班牟某按照疏散救援预案，召集在18、19层的全体服务员，分成两组从14层往下开始疏散顾客。酒店工作人员用扩音器告诉拥挤在楼道内的客人，打湿衣物或毛巾捂住口鼻，有秩序地跟随服务员从两侧的疏散楼梯向楼下疏散。服务员嘴里不停地大声喊话：“请大家跟我来，不要慌……”牟某带着值班服务员每人手拿电筒和粉笔，逐个房间敲门搜索有无顾客被困在客房内，每打开一个房间确定无人后，服务员就用白色粉笔在门上画一个勾，以防重复搜救耽误时间。在1317号房间，牟某连敲了几次门都没有回应，她赶紧用备用钥匙打开房门，发现里面一位外宾因饮酒过量还在昏睡，便立即与服务员马某抬起这名外宾就往安全出口走，直到将其安全救出。

富丽华大酒店16层和17层夜总会内共有34个包厢，发生火灾时，正值娱乐消费的高峰期，里面有200多名顾客被困。娱乐部总监陈某为避免顾客混乱，将每个包厢的服务员集合到一起分配任务，要求他们免收当晚所有的消费款，按照应急预案履行职责，带领本包厢的顾客沿安全通道疏散。一些包厢内的客人害怕楼内火势大不敢离开包厢，服务员们就耐心地向他们讲解楼体结构和逃生常识，最终将客人们全部安全带出。

酒店6层以下的人员在发生火灾后都已自行逃出，6层至19层内的被困人员也相继疏散到一楼大厅。由于酒店大厅出口安装的是旋转门，无法满足大量客人同时通过的需要，许多人被堵在了大厅。酒店工作人员将疏散下来的客人排成队，由两名工作人员手动操作旋转门，有条不紊地逐个将客人送出楼外。酒店门外的门卫对疏散出来的客人一一进行登记，再对照原先的入住记录查询有无漏救者。

凌晨2时38分，富丽华大酒店内的376名客人全部疏散到安全地带。

(3) 灭火：内外搞合击

本着"先救人、后灭火"的战术原则，酒店保安部经理王某和工程部主管朱某带领单位义务消防队及技术人员在疏散救人的同时，迅速组成了灭火组扑救初期火灾。他们启动酒店内的自动喷淋系统和防排烟系统，打开防火卷帘门，加大室内消火栓压力。王某带领义务消防队员负责实施灭火，他们利用室内消火栓的2支水枪堵截火势，用强大的水压将楼体上的燃烧物击落。王某的胳膊和胸部不慎被砸伤，保安员朱某的眼睛和眉毛也被飞溅下的火星烧伤，剧烈的疼痛阵阵袭来，但他们没有丝毫退缩，仍咬紧牙关坚持战斗，并且又分别在10层和19层楼顶进行扑救，以防火势蔓延。

凌晨2时42分，乌鲁木齐市消防二中队接到消防指挥中心命令后，迅速出动7辆消防车、30名指战员赶赴现场救援。同时，当地消防部门在现场成立火场指挥部，调集更多的消防人员前来增援，并与交通、医疗、供电、供水等部门取得联系，请求他们协助作战。15 分钟内，乌鲁木齐市近半数消防官兵会战富丽华大酒店，在酒店员工的配合下全面搜索有无被困者。同时，掩护酒店义务消防队员撤离火场，利用上下、内外合击的战术扑救火灾。

3 时 25 分，在酒店火灾发生 55 分钟后，大火被彻底扑灭。据统计，这次高层建筑火灾中，酒店共救出 376 人，无一伤亡。

（4）启示：平时练硬功

高层建筑和人员密集场所一旦发生火灾，极易形成立体燃烧，蔓延迅速，历来是人员疏散和火灾扑救的难点。富丽华大酒店为何能在这起火灾中最大限度地降低了损失？这不得不归因这家企业平时在消防工作中练就了一身硬功。

据了解，富丽华大酒店是乌鲁木齐市消防安全重点单位之一，当地消防部门指导酒店建立健全了各项消防安全管理制度，制定了详细的火灾应急疏散预案。就在酒店发生火灾前一个月，酒店还组织员工对应急预案进行了演练。

在消防部门的指导下，该酒店逐步树立了单位消防安全责任主体意识，将消防安全作为酒店经营管理的一项重要工作来抓，先后投资 200 多万元完善了酒店内的消防报警系统和消防设备。

火灾发生后，酒店各岗位人员能迅速反应，疏散被困顾客有序逃生，并及时利用酒店内部的消防设施扑救初期火灾。这既得益于平时的演练，也得益于酒店内部消防设施的日常维护保养。

此外，酒店还建立了全员消防安全培训制度，层层签订了消防安全责任书，坚持新招员工必须经消防安全培训合格才能录用，自动消防设施操作人员必须经消防部门进行专业培训，并取得专业上岗证才能聘用。酒店内的保安和义务消防队员，有 80%以上都是复员军人，其中多数都是退役的消防战士。酒店还制定了严格的消防安全奖惩措施，将消防安全与全体员工的工资待遇挂钩，充分调动了员工做好消防安全工作的积极性。

企业应急救援事例分析与做法借鉴评述

对于企业来说，预防和减少事故的发生，是企业安全生产工作的重心。但是由于安全的相对性，任何预防措施都很难完全避免事故发生。所以，应急救援工作对控制事故的发展和后果、减少事故损失十分重要。我国政府对事故应急救援工作十分重视，颁布了相应的法律法规和规范，建立了相应的应急救援组织，制定了各级各类应急预案，生产经营单位也按照国家的相关要求在应急救援方面做了大量工作。

应急救援工作最终成果要体现在实战上，这方面有许多成功的案例，如上面所述应急救援事例。但是，在应急救援中不科学、不规范、不专业的应急救援事例也很多，这样做的结果是不仅没有减少人员伤亡和财产损失，反而使事态扩大，造成更严重的后果，教训极为深刻。

惨痛的教训进一步说明，应急救援一定要科学化、规范化和专业化。

科学化是指应急人员要有与事故应急救援相关的基本科学知识，有针对不同类型的事故采用科学的方法和手段施救的能力和水平。要做到科学化，必须加强对应急救援人员的教育和培训，相关人员必须具备基本的科学素养。在许多失败的救援事例中，失败的一个重要原因就是缺乏基本的科学常识，未佩戴任何防护器具便进入有毒有害的环境，不讲科学地蛮干，结果只能使应急工作雪上加霜。

规范化是指应急工作要遵循一定的程序和步骤。在紧急状态下，用什么样的程序和步骤开展救援工作，先干什么后干什么十分重要，如电气火灾在不切断电源的情况下去施救，显然程序不合理，容易导致人员触电事故的发生。因此，这就要求在编制应急预案的时候，要对一些细节规定得更加具体，程序和步骤制定得更加明确，并在演练中注重对程序和步骤的熟悉和掌握。

专业化是指应急人员和队伍应是专业的，或非专业队伍的应急人员经过了专门的教育和培训，掌握了相应的专业知识。一般来说，没有应急救援知识和能力的普通民众不宜参加直接的应急救援行动。这就要求一方面要加强应急队伍的建设，提高应急人员和队伍的专业化水平和能力；另一方面要在全社会大力加强应急救援基本知识的普及，使更多民众具有应急救援的基本常识。

三、企业应急救援与应急处置管理问题解答与探讨

我国作为世界上人口最多的发展中国家，正处在经济与社会发展的快速转型期，也是公共安全突发事件的易发期。面对经常发生的各类突发事件，企业必须要提高警惕，居安思危，预先防范，制定相应的应急预案，做好思想和物质上的准备，真正做到有备无患，这样才能应对突发事件，有效化解突发事件造成的危害。对于应急救援与应急处置管理工作，许多企业还不十分熟悉，也缺乏相应的经验，许多问题还需要深入探讨、分析，需要不断总结经验教训，不断探索进步。

1. 建立健全应急机制，提高应对事故灾难和风险的能力

近几年，一系列突发事件和事故灾难，给了我们一个深刻的启示：一定要在全社会建立应急机制，从而提高政府和企业应对突发事件和风险的能力。

(1) 居安思危，增强搞好应急管理工作的紧迫感

由于我国处在并将长期处在社会主义初级阶段，公共安全基础工作薄弱，特别是正值经济转轨、社会转型、快速发展和矛盾凸显的历史时期，公共安全形势严峻。据有关统计，近年来平均每年因自然灾害、事故灾难、公共卫生和社会安全事件造成的非正常死亡人数超过20万人，伤残人员超过200万人，经济损失超过4 500亿元人民币。

我国特有的地质构造条件和自然地理环境，又是遭受自然灾害最严重的国家之一。20世纪发生的破坏性地震，我国占全球的1/3，死亡人数占全球的1/2。仅1976年的唐山大地震，就造成24.2万人死亡，16万人重伤，经济损失上百亿元。我国有22个省会城市和2/3的百万以上人口的大城市位于地震高烈度区。另外，我国又是受

热带气旋影响最大的国家之一，平均每年有10次台风和热带风暴在我国登陆；全国有2/3的国土面积不同程度地受到洪水威胁，特别是长江、黄河等七大江河中下游地区，许多地面都处在洪水水位以下，洪涝灾害威胁严重；崩塌、滑坡、泥石流等地质灾害平均每年造成千人死亡；森林、草原火灾年年发生，经济损失达数十亿元，甚至上百亿元。总之，自然灾害频度高、分布广、损失大。

近年来，全国安全生产工作坚持以防止和减少事故为目标，以服务经济建设为中心，以改革创新为动力，以队伍建设为保证，从完善法制建设、创新体制机制、强化监督管理、加大投入和宣传教育等关键环节着手，肩负重任，不辱使命。我国安全状况总体平稳，事故率持续下降，重特大事故明显减少。但是，同整个公共安全形势一样，必须居安思危。

大量事实证明，世界上任何一个国家的政府能不能有效地管理和处置危机，能不能维护正常的社会秩序，能不能保障人民群众的生命财产安全，已经成为检验这个政府能否取信于民的重要标志。所以，制定、修订突发公共事件应急预案和建立健全应急体制、机制、法制（简称“一案三制”），成为维护国家安全、构建社会主义和谐社会的重要手段，成为全面履行政府职能，提高执政能力的迫切需要。所以一定要进一步增强紧迫感、责任感和使命感，务必把“一案三制”工作摆上各级政府和全社会工作的重要议事日程。

(2) 有备无患，切实加强应急体制、机制和法制建设

2004年以来，根据党中央、国务院的统一部署，各地各部门在认真总结历史经验的基础上，吸收和借鉴国外经验，坚持科学民主决策，依法制定和修订了一批应急预案。启动应急预案已成为各级领导和企事业单位的自觉行动。

● 认真坚持六条应急管理原则。总结多年来应对突发事件和风险的经验教训，必须坚持：以人为本，减少危害；居安思危，预防为主；统一领导，分级负责；依法规范，加强管理；快速反应，协同应对；依靠科技，提高素质。

● 对突发公共事件实施分类管理、分级负责。突发公共事件是指突然发生，造成或者可能造成重大人员伤亡、财产损失、生态环境破坏和严重社会危害，危及公共安全的紧急事件。根据突发公共事件的性质、演变过程和发生机理，突发公共事件主要分为自然灾害、事故灾难、公共卫生事件和社会安全事件四类。但是，要特别注意各类突发公共事件的相互联系、相互影响和相互渗透，往往会发生次生、衍生事件，或几个突发事件同时发生。例如，2005 年 11 月 13 日吉林石化公司双苯厂发生的爆炸事故，引发重大水环境污染事件，进而演变成跨省、跨国的社会安全事件。

● 建立健全突发公共事件应急预案体系。大量事实证明，当特别重大突发公共事件发生时，如果一级等一级下指示再行动，比各级按照应急预案自动启动的效率要差 300 多倍。当灾害迫在眉睫或正在发生时，第一时间处置的好坏往往决定了伤亡损失的大小和处置成本的高低，第一时间现场指挥人员和遇险人员的行动是否正确合理，往往决定了他们在灾难中能否生存。应急预案不是万能的，但是没有应急预案是万万不能的。

● 建立健全应急工作体制、机制和法制。应急管理体制方面：主要是在党中央、国务院的统一领导下，坚持分级管理、分级响应、条块结合、属地管理为主的原则，建立健全集中统一、坚强有力的指挥机构；发挥政治优势和组织优势，形成强大的社会动员体系；建立健全以事发地党委和政府为主，有关部门和相关地区协调配合的领导责任制；建立健全应急处置的专业救援队伍、专家咨询队伍，充分发挥人民解放军、武警和预备役民兵的重要作用。

运行机制方面：主要是建立健全社会预警体系，形成统一指挥、功能齐全、反应灵敏、运转高效的应急机制。包括建立健全监测预警机制、应急信息报告机制、应急决策和协调机制、分级负责与响应机制、公众沟通与动员机制、应急资源配置与征用机制、奖惩机制和社会治安综合治理、城乡社会管理机制等。

法制建设方面：主要是依法行政，努力使突发公共事件的应急处置逐步走向规范化、制度化、法制化轨道，并注意通过对实践的总结，促进法律、法规和规章的不断完善。

(3) 全面落实科学发展观，建立科学的应急体系

● 进一步加强领导，提高各级领导处置突发公共事件的能力和水平，强化全民的忧患意识和社会责任意识，普及灾害中自救和互救常识。只有各级领导和广大群众既有了忧患意识，又有了自救、互救和应急知识，并通过培训和演练具有了技能，才能说我们中华民族的综合素质真正提高了。

● 按照条块结合、资源整合和降低行政成本的要求，充分利用现有资源，避免重复建设。

● 借鉴国内外经验，立足中国国情，符合本地实际。要充分发挥社会主义中国的政治优势、组织优势；要在实践中检验和不断完善应急预案。当前特别要抓好基层，包括社区、农村和重点企事业单位应急预案的编制工作，做到“纵向到底，横向到边”。要组织培训和应急演练，提高指挥员、救援人员和职工群众的应急管理水平、专业技能和自救、互救能力。

● 要把建立健全大城市突发公共事件的应急机制作为重点。这是由城市灾害的多样性、复杂性、连锁性（次生、衍生和耦合），受灾对象的集中性、灾害的严重性和放大性所决定的。同时必须认识到，高风险的城市和低设防的农村，这就是我国的国情。要充分发挥大中城市在应急救援工作中的骨干和辐射作用，加强农村应急救援工作。

● 要按照及时主动、准确把握、客观全面、正确引导、讲究方式、注意效果、遵守纪律、严格把关的原则，做好突发公共事件的信息发布工作。

● 依靠科技，提高素质和装备。要高度重视运用科技提高应对突发公共事件的能力，加强应急管理科学研究，提高应急装备和技术水平，加快应急管理信息平台建设，采用先进的监测、预测、预警、预防和应急处置技术及设备，充分发挥专家作用，形成国家公共安全和应急管理的科技支撑体系。

● 切实抓好预防工作。认真贯彻和落实科学发展观，坚持统筹兼顾、协调发展，把安全工作纳入各地、各部门和企事业单位发展的总体布局，做到同步规划、同步实施、同步发展，加强重大危险源的普查监控和重大隐患的整改，加强应急能力的科学评估，切实实施公共安全保障工程，最大限度地减少突发公共事件的发生和造成的损失，保障人民生命财产的安全。

2. 高危企业应该建立应急救援互助机制

近年来，国家出台了一系列的应急管理法律、法规与管理标准，并初步建立了以政府为主体的应急管理体系。提高事故应急处置效率，实现互相支援、良性互动，是应急体系建设的有效补充。通过建立完善的应急体系，将进一步提升高危企业防范与应对事故灾难的能力。但是，高危企业如何与周边单位间建立应急互助机制，这还是一个在实践中需要探索的问题。

(1) 周边单位参与应急救援的难点问题

问题之一：无数血的教训已经证明，当事故灾难未降临到自己企业头上时，一般对事故的突然性和救援的紧迫性没有切身感受，高危企业对如何与周边单位间建立应急互助机制的必要性往往认识不足。

问题之二：由于各单位相互之间缺少有效的信息沟通平台，造成了周边单位无法及时得到准确、充分的信息，无法确定事故的地点、性质、保护对象、救援方法等必要信息，以致影响应急救援的科学性和有效性。

问题之三：由于各单位应急管理自成体系，无明确的相互联系机制，平时也没有通过联合应急救援演练和针对性培训，不能使周边各单位结成一个应急救援体系，一旦某一企业发生事故，周边企业救援行动无法有效融入发生事故企业的应急体系中去，结果导致救援效果差，无法形成合力，甚至还有可能出现越帮越忙的现象。

问题之四：“一方有难、八方支援”，是中华民族的优良传统，一旦发生事故，周边单位必然会组织应急力量进行增援，但由于既没有建立合理的救援投入补偿机制，又没有明确的法律规定，参加应急救援必将增加援助单位的负担。因此从长远看，是不利于机制建设的。

(2) 建立应急互助机制的必要性

高危企业与周边单位建立应急互助机制的必要性如下。

必要性之一：建立应急互助机制是现有应急管理体系的有效补充。目前的应急管理体系，是按行政区划单位为基础的纵向的自上而下的分级应急系统，缺少各单位和部门之间有效的协调联动机制，但由于事故具有不确定性和突发性，往往在意想不到的时间、地点，以人们意想不到的方式发生。而应急活动的复杂性在于，众多来自不同单位的应急力量参与处置活动时，在信息沟通、行动协调与指挥、授权与职责、通信等方面可能存在组织和管理的问题，因此，应急管理不仅要纵向的应急管理，而且需要各单位、各部门之间进行横向的协调、联运。企业建立周边应急互助机制，能有效加强应急处置的能力，弥补现有应急管理系统的不足。同时，通过应急互助机制的建设，可以了解企业与周边地区危险源分布状况及应急物资储备和应急队伍建设情况，为政府进行应急物资储备建设和应急队伍布局提供参考。

必要性之二：建立应急互助机制可实现资源共享，使参与双方达到双赢。企业应建立自己的应急物资储备，这是建立应急互助机制的物质基础。建立互助机制，可以在事故发生后使用其他单位的应急物资、人员、技术等。周边单位是企业的邻居，也是事故发生后最先受到影响的单位，从自身安全角度讲，应急互助同时也是保护救援单位自身安全。

必要性之三：只有建立起周边单位应急互助机制，才能适应企业安全生产工作的需要。企业在进行自身应急系统建设、建立周边单位应急互助机制时，首先必须对自身存在的危险源和安全隐患进行详细的调研，在参考本单位和同行业历史事故的基础上，再对周边单位应急资源和力量，以及需要保护的对象进行调研，确定在危机发生时，能得到的外部支援程度和需要保护和救护的外部群体的数量，从而指导自身的应急力量建设，确定应储备的应急物资和装备的数量，救援队伍的人数、规模等，这样才能更适应企业安全生产工作的需要，不会出现应急资源不足或应急资源过剩问题。

(3) 企业建立应急互助机制的建议

在提高与周边单位建立应急互助机制必要性的认识基础上，要做好这项工作，建议应关注并处理好以下问题。

● 建立应急互助机制的范围。对互助单位的基本要求：单位必须具有独立行为能力；具有一定的应急资源储备、应急救援队伍或专业技术力量，可提供应急救援帮助，即具备相互支援的基础；应优先选择同行业或相近行业的企事业单位、高等院校等建立互助机制，这将使互助救援更有效、更专业。

地理位置要求：互助双方必须在一定距离范围内，能及时到达事故发生区域。如果是信息或技术上的互助支援，则可不受地理位置限制。

应急互助组织在应急处置中的行动范围和准则：根据国家有关法律规定，事故应急管理的领导和责任主体是各级政府，因此，应急互助机制的活动必须在政府的安监部门领导和监督下进行。

● 应急互助机制建立的原则。一是互助互利、自愿参与原则。应急互助机制的建立应在平等互利的基础上，各方自愿参与的原则下进行。二是公开透明、对外开放原则。应急互助机制应向所在地其他单位和社会公众公开，以便发生紧急情况时，不致引发疑惑。

同时必须到政府安监部门的应急管理部门备案，接受其监管和指导，以便充分融入到社会救援体系中。三是协调调度、统一指挥的原则。应急互助机制，必须建立统一的临时性协调调度组织，或约定应急救援组织形式，以便在发生紧急情况时能最大限度地发挥互助机构各成员单位的作用。

● 应急互助机制的主要内容：

建立统一指挥机构。最大限度地发挥互助机构各成员单位的作用，形成应急救援的“合力”。

建立指挥通信平台。应急救援机构和机构负责人通信联络应保持畅通，有条件的情况下要建立网络信息平台，解决机构间信息沟通问题。

建立应急救援机构间交流学习平台，提高事故防范能力、应急管理水平和应急处置能力。如建立危险应急信息沟通平台，交流危险源防控信息，紧急情况应急处置及救援方法、防护措施、应急救援物资储备情况等内容，并且这些信息要定期更新；建立应急知识教育培训平台，对应急处置人员进行培训；建立事故预防工作交流学习平台，定期开展日常隐患互查、危险源辨识与管理、风险评估等交流学习活动，以促进双方隐患管理和事故预防工作。

建立统一的应急互助方案或应急预案和定期应急联合演练机制。通过持续改进，不断完善应急预案，同时向当地政府有关部门提出所属区域规划和应急能力建设的意见和建议，避免由于规划问题出现高风险，同时对现有重点危险源周边的规划建设进行干涉，从而降低风险，提高所在区域的事故防范能力和合成应急能力。

建立应急物资消耗和人员费用的补偿机制。明确互助各方的职责、义务、互助范围等，并通过协议等形式由双方的法人代表或法人授权的最高管理者确认。

应急互助机制下各单位应在政府有关部门统一领导下，承担所在区域内的应急救援义务，对无应急处置能力的单位提供支援。

● 应急救援的组织形式。应急互助机制的建立一般应由重点企业、行业协会等发起组织，所在地企业自愿参与并应通过协议、共同章程、联合应急预案等形式对各方权利、义务、应急互助内容等进行明确规定。其应急救援大致可按三种组织形式进行。一是发生紧急情况时，由发生企业报告当地安全生产应急管理主管部门与发起单位，由当地安全生产应急管理主管部门与发起单位统一指挥调度所有互助单位参与应急救援。二是由发生紧急情况的企业通知互助单位应急组织，并统一指挥调度所有互助单位进行应急救援。三是前两种形式的混合型，由发生紧急情况的单位的应急指挥机构担任现场指挥，由发起单位组织所有参加互助的单位进行应急救援。

3. 企业应急救援预案编制与实施要点

应急救援预案的建立与实施，对于企业提高生产安全事故应急救援能力，降低企业生产安全事故损失具有重大意义。而应急救援预案的建立与实施对许多企业而言是一个较新的课题，如何制定科学、全面的应急救援预案，使其更具有可操作性及预防减灾性，已成为企业在建立与实施应急救援预案时所共同关心的问题。鉴于此，下文立足企业建立与实施应急救援预案的全过程，来探讨其中的相关问题。

(1) 预案编制准备

● 成立预案编制小组。为了做好预案的编制工作，应成立预案编制小组。预案编制小组的负责人应由企业领导担任，这样可以增强预案的权威性，促进工作的实施。小组成员应是预案制定和实施过程中起重要作用或是可能在紧急事件中受影响的人员，包括企业管理、安全、生产操作、保卫、设备、卫生、环境、维修、人事、财务等应急救援相关部门，还应包括来自地方政府机构应急救援机构的代表，这样可消除企业应急预案与地方应急预案的不一致性，也可明确当事故影响到厂外时涉及的单位和职责，有利于救援时的协调配合。预案编制小组应对整个预案的编制过程制订详细周密的计划，使预案编制工作有条不紊地进行。

● 相关资料收集、整理。在编制预案前，需进行全面、详细的资料收集、整理。企业需要收集、调查的资料主要包括适用的法律、法规和标准，企业安全记录、事故情况，国内外同类企业事故资料，地理、环境、气象资料，相关企业的应急预案等。

● 危险源辨识与风险评价。危险源辨识与风险评价是应急预案编制过程的基础和关键，因此企业在编制预案前，首先应对本单位的重大危险源进行辨识，然后对重大危险源的潜在事故和事故后果进行风险评价，根据风险评价结果来编制事故应急救援预案。

● 应急资源与能力评估。依据危险辨识与风险评价的结果，对已有的应急资源和应急能力进行评估，明确应急资源的需求和不足。应急资源与能力评估应包括如下内容：一是企业内部的应急力量的组成、各自的应急能力及分布情况；二是各种重要应急设备设施、物资的准备、布置情况；三是当地政府救援机构或相邻企业可用的应急资源，如地方应急管理办公室、消防部门、危险物质响应机构、应急医疗服务机构、医院、公安部门、社区服务组织、公用设施管理部门、相关合同方、应急设备供应单位、保险机构等。

(2) 预案编制过程

应急预案编制过程是一项细致的工作，不能马马虎虎、粗枝大叶，更不能敷衍了事。应急预案编制过程主要包括：

● 明确应急救援组织机构、人员及职责。从事故报警到如何实施应急行动或疏散程序。这些行动由企业的哪些部门或人员来完成，即要预先明确各有关部门或人员的应急职责与任务，这是确保应急过程中有关人员迅速各就各位、各司其职，使应急救援工作能迅速有序进行的重要前提。在职责分配时应全面分析并确定需要采取的各种应急行动。例如，紧急疏散、现场警戒、灭火和抢险、通知受影响的相邻单位、指引和接洽外部消防队伍等。应当注意的是，在确定部门职责时，不能仅限于应急行动过程，还应包括事前应急预防、应急准备及事后应急恢复等各阶段的职责。

● 确定预案文件体系结构。不同类型、不同规模、不同风险的企业，可以针对企业实际应急需要和自身的管理模式，采取不同的应急预案文件体系结构。

在此推荐采用“总预案＋程序＋说明书＋记录”的四级文件体系结构，这种应急预案的文件体系结构与企业建立的质量、环境和职业健康安全管理体系的文件体系结构形式一致，层次清晰，不同层次的人员可以有选择地使用预案文件，具有较强可操作性。其中：

一级文件——总预案：对预案的指导思想、企业基本情况、重大危险源的确定与分布、应急救援组织机构设置、救援专业队伍的组成及分工、信号规定及汇报制度、事故处理、制定预防事故措施、紧急安全疏散、工程抢险抢修等方面作原则性的规定。

二级文件——程序：说明某个行动的目的和范围。程序内容十分具体，其目的是为应急行动提供指南。程序书写要求简洁明了，以确保应急队员在执行应急步骤时不会产生误解。程序格式可以是文字、图表或两者的组合。程序文件包括预防程序、准备程序、基本应急程序、专项应急程序、恢复程序等。

三级文件——说明书：对程序中的特定任务及某些行动细节进行说明，供应急组织内部人员或其他个人使用。

四级文件——记录：包括制定预案的一切记录，如培训记录、文件记录、资源配置记录、设备设施相关记录、应急设备检修记录、消防装备保管记录、应急演练的相关记录等。

● 撰写应急预案

根据已确定的组织机构、人员与职责及预案文件体系结构，制定预案编写任务清单，把预案编写工作落实到具体的部门和人员并确定完成各项工作的时间进度表。

编制预案时应注意的几个问题：一是充分收集和参阅已有的应急救援预案，以最大可能减少工作量和避免应急救援预案的重复和交叉，并确保与其他相关应急救援预案（地方政府预案、上级主管单位以及相关部门的预案）协调一致。二是合理组织预案的章节，以便每个不同的使用者能快速地找到各自所需要的信息，避免从一堆不相关的信息中去查找所需要的信息。三是保证应急预案每个章节及其组成部分，在内容相互衔接方面避免出现明显的位置不当。四是保证应急预案的每个部分都采用相似的逻辑结构来组织内容。五是应急预案的格式应尽量采取范例的格式，以便各级应急预案能更好地协调和对应。

(3) 预案评审与发布

为保证应急预案的科学性、合理性和有效性，预案编制完成后，应组织各级、各类管理人员，应急响应人员，预案编制人员及有关机构和专家对预案进行评审。

应急预案评审通过后，应由企业最高管理者签署发布，并报送上级主管部门和当地政府负责安全监督管理综合工作的部门备案。

(4) 预案实施

应急预案的实施包括开展预案的宣传贯彻，进行预案的培训，落实和检查各个有关部门的职责、程序和资源准备，提高参与应急行动所有相关人员的应急救援技能等，为预案的演练做好充分的准备。

为做好预案的实施工作，企业应制订预案实施计划，确保预案的宣传、贯彻、培训按计划进行，确保应急资源按需配备并可用。

针对预案，应制订培训计划。根据各级各类人员在预案组织实施过程中所承担的职责与任务的不同（应包括事故发生后受影响的场外人员）确定相应的培训内容及培训方式，使培训工作具有针对性和实效性。

(5) 预案演练

预案的演练是指按一定程式所开展的模拟救援演练。其主要目的在于验证应急预案的整体或关键性局部是否可以有效地付诸实施；

验证预案在应对可能出现的各种意外情况所具备的适应性；找出预案可能需要进一步完善和修正的地方；确保建立和保持可靠的通信联络渠道；检查所有相关组织机构、人员是否已经熟悉并履行了他们的职责；检查并提高应急救援的启动能力。

演练结束后应组织预案演练的控制人员和评价人员对演练的效果做出评价，并提交演练报告，详细说明演练过程中发现的问题。按照对应急救援工作及时有效性的影响程度，对应急预案加以改进和完善。

(6) 预案修订与更新

预案的修订与更新是实现企业事故应急救援预案持续改进的重要步骤。应急救援预案是企业事故应急救援工作的指导文件，同时又具有法规权威性，通过定期或不定期的应急演练、应急救援后应对之进行评审，针对企业实际情况的变化以及预案中暴露出的缺陷，不断地更新、完善和改进应急预案文件体系。

当发生以下情况时，应对预案进行适时的修订与更新，以保持预案的科学性和适用性。这些变化包括企业的布局和设施发生变化，预案演练或紧急情况过程中发现问题，政策和程序发生变化，组织机构或人员发生变化，救援技术的改进，采用新技术、新材料、新工艺，自然条件变化等。

4. 企业生产作业现场应急预案编制要点与要求

应急预案在应急系统中起着关键作用，它明确了在突发事故发生之前、处理过程中以及处理结束之后，谁负责做什么，何时做，以及相应的策略和资源准备等。它是针对可能发生的重大事故及其影响和后果严重程度，为应急准备和应急响应的各个方面所预先做出的详细安排，是开展及时、有序和有效事故应急救援工作的行动指南。

(1) 应急预案的三个层次

应急预案一般可以分为三个层次，即综合预案、专项预案和现场预案。

● 综合预案是一个城市、一个企业的整体预案，从总体上阐述城市或者企业的应急方针、政策、应急组织结构和相应职责，以及应急行动的总体思路等。

● 专项预案是针对某种具体的、特定类型的紧急情况而制定的，它是在综合预案的基础上充分考虑了某种特定危险的特点，对应急的形势、组织结构、应急活动等进行更具体的描述，具有较强的针对性。

● 现场预案是在专项预案基础上，根据具体情况需要而编写。它是针对特定的具体场所，即以现场（通常是事故风险较大的场所或重要防护区域）为目标所制定的，特点是针对某一具体现场的特殊危险及周边环境情况，在详细分析的基础上，对应急救援中的各个方面做出具体、周密而细致的安排，因而现场预案具有更强的针对性和对现场具体救援活动的指导性。

编制好现场应急预案对于预防重大事故发生，减少人员伤亡和事故损失具有重要意义。

（2）现场应急预案的编制要点

● 对重大风险（危险源）的现状要进行应急形势分析。对本单位、部门存在的重大风险进行应急形势分析，确定可能导致的事故严重后果，可能发生事故的重点部位、伤害的后果等，是编制好现场应急预案的前提和关键。因此，要求相关技术人员对所要编制应急预案的重大风险进行认真分析、科学研究，准确得出事故可能发生的形势和后果，为编制应急预案做好准备。

● 制定切实可行的预防措施。在现场应急预案中，很重要的一点是要树立“预防为主”的意识，尽可能地避免事故发生，因此，在现场应急预案中必须明确事故应急处理各类人员的具体职责以避免事故的恶化。具体包括以下内容：①确定事故发生重点部位，避免外来人员接触，必要时设立警示标志。②要明确责任人、检测的方法、方式、频次以及设备设施停止运行的标准和相关的记录要求。③明确发现异常情况的汇报途径。④对相关人员的安全教育、安全提示等。

(3) 统筹安排，认真做好事故的应急准备工作

根据预测事故后果，充分做好应急人员、物资、设备的准备，随时应战，具体内容包括：

● 应急机构的设置、职责的落实；

● 应急人员的具体分工（重点在车间）；

● 应急物资设备的准备和日常检查维护；

● 应急人员的训练等。

(4) 现场应急预案的响应

充分明确事故发生时各类人员、各个部门应急行动的具体要求。内容包括：

● 明确报警方式、电话、事故通报要求；

● 人员疏散的路径、方法；

● 伤员现场急救方法；

● 事故状态下岗位人员采取的具体措施（操作方法、步骤）和做法等；

● 警戒区域的设立等。

(5) 做好应急恢复工作，及时总结经验

具体内容包括：

● 明确各种事故状态后应急结束和恢复状态的程序、标准和要求；

● 对事故损失进行评估；

● 事故原因调查分析；

● 清理事故现场；

● 总结事故教训及应急救援的经验教训，以进一步完善应急预案。

(6) 现场应急预案的其他要求

● 现场应急预案经过修改完善后，要形成正式的书面文件，下发至相应部门、人员。

● 各相关部门要组织相关人员进行学习和定期演练，以确保事故状态下，应急预案执行无误，减少事故损失。

5. 企业事故应急救援的指挥问题

随着工业经济的不断发展，发生重特大事故的可能性在不断增加，事故危害及损失程度也越来越严重。近年来，我国连续发生的重大事故，造成了人民生命财产的巨大损失和恶劣的社会影响。

事故应急救援能否成功实施，对于降低事故损失起着决定性作用。事故应急救援的过程是各个部门协同作战、统一调度、将事故损失降到最低程度的过程。指挥在事故应急救援中起着至关重要的作用，试想在救援过程中，如果指挥能够很快发现问题，阻止事故进一步恶化，便能有效减少人员伤亡和财产损失。但是如果指挥的专业知识、实战经验等存在缺陷，很有可能造成更大的人员伤亡和财产损失。在过去的事故应急救援中，暴露出了指挥系统的一些问题，如指挥系统过大、指挥员命令错误等，导致事故的进一步扩大甚至更大的人员伤亡。下文就事故应急救援指挥系统存在的问题展开讨论。

(1) 指挥系统的原则

应该说，坚持扁平化原则、权威性与灵活性结合原则、准确性原则、分级指挥原则以及以人为本等原则，才能更好地提高指挥系统的效率，为有序、有效地开展事故救援打好坚实的基础。

● 扁平化原则。应急救援的指挥系统不宜过大，层次不宜过多。系统过大往往导致命令出现偏差、发布命令时间过长等情况，延误最佳作战时机，影响事故救援效果。一般指挥系统的层次不宜超过3级，以2～3级为宜。一般为总指挥、各救援队伍指挥、救援队伍参战人员3个层次。即使是国家级事故应急救援，指挥系统也应以简单有效为宜。

● 权威性与灵活性结合原则。权威性是指事故应急救援现场指挥发出的命令具有权威性，救援人员应服从并执行；灵活性是指在事故现场出现突发事件的情况下，救援人员临时改变救援措施的变通形式。事故现场瞬息万变，一般的小事故随时可能转化成爆炸或着火、大面积坍塌等重大恶性事故，危及现场救援人员人身安全，因此救援人员在进入事故现场后，应该适时根据现场变化情况，调整救援战术。如与总指挥发出的命令有偏差，调整后应及时向总指挥汇报现场情况以及调整结果，以便进一步采取救援措施。在事故现场，原则上应坚持命令的权威性，遇紧急情况可适当采取灵活措施。

● 准确性原则。现场指挥发出的命令应该准确、明了、简短，不宜发出可能产生偏差、误解的命令，以免影响事故应急救援。

● 分级指挥原则。事故救援现场一般都比较混乱，因此，各救援队伍应坚持分级指挥的原则。各专业救援队伍无权指挥其他救援队伍，也无权越级指挥，各专业救援队伍参战人员只对本队伍指挥负责，各救援队伍指挥对总指挥负责。

● 以人为本的原则。救援指挥的各种命令都应该建立在以人为本的原则上。以人为本，体现在两个方面，一是应该以抢救现场伤亡人员为基本原则，二是应充分保护救援人员的生命，不能盲目救援。

(2) 指挥者应具有的素质

指挥者是事故现场的灵魂，他的个人素质可能影响甚至决定事故救援的效果。对于专业事故救援指挥者，应具有以下几方面素质，才能在事故救援中充分发挥作用。

● 扎实的理论基础、丰富的实战经验。扎实的理论基础以及丰富的实战经验对于事故救援现场指挥作出正确的命令起着决定性的作用。作为一名专业救援队伍的指挥，应结合日常演练，学习事故救援的各方面理论知识；事故救援结束后，应及时总结救援中存在的问题，在日常演练中及时调整，不断完善救援技术，提高救援效果。

● 遇事冷静、处理果断。事故救援现场，指挥者应始终保持清醒的头脑，认真研究现场事故发展情况以及专家建议，及时下达作战命令。现场状况出现重大变化时，指挥者应在保护人员为主的原则下，及时采取措施，控制事态发展，避免出现混乱场面，使救援行动陷于瘫痪。

● 较强的协调能力。现场专业救援队伍指挥者，应能根据现场情况以及总指挥下达的命令，协调组织好自身的救援力量，积极开展事故救援或协助其他救援队伍进行救援。

对于救援行动中的总指挥，除应具有以上相应的素质外，还应从全局出发，指挥整个救援行动。因此，总指挥应具有较强的全局观念，能从大局出发，统一调度、指挥各个专业救援队伍，使救援行动有效、有序地进行。一般来说，重特大事故救援行动因牵涉部门较多，其总指挥由当地政府相关负责人担任；一般事故的救援由相应企业或其主管部门负责人担任。

(3) 指挥中应注意的几个问题

● 切忌盲目冒进。救援现场时间就是生命，指挥者如果在没有充分准备的条件下下达救援命令，就可能会造成更大的人身伤亡，影响救援效果，甚至使救援行动陷于瘫痪。因此，指挥命令应建立在科学分析的基础上，切忌盲目冒进。

● 撤退命令一定要及时下达。如果预测现场情况将发生重大变化或事故将进一步扩大时，总指挥应果断下达撤退命令，给救援人员足够的撤退时间，减少无谓的人员伤亡。

● 及时准确上报事故救援进展状态，以便于指挥调度。现场救援指挥，应及时将现场情况向总指挥汇报，总指挥应根据汇报情况，会同相关专家，认真研究现场情况，预测事故发展趋势，及时作出战术安排。

● 专业救援队伍指挥应稳定作战人员心态，消除其紧张情绪，阻止队员因紧张情绪而产生的盲目蛮干。

● 指挥人员应积极参加演习，提高指挥能力。在日常的事故救援演练中，应专门有针对指挥人员的演练，以提高指挥人员的指挥能力，提高事故救援效果。

(4) 现场指挥的基本程序

事故救援现场复杂多变，但一般指挥应按照下列程序展开工作。

● 现场分析灾情（包括征求专家意见）。总指挥组织相关专业人员、专家，根据现场灾害情况，综合考虑人员分布、周边环境、设备状况、物料状况等因素，分析现场事故危害程度。

● 预测事故发展趋势，确定初步事故救援方案，制定各阶段的应急对策。总指挥组织相关人员研究预测事故可能的发展趋势、危害范围、危害程度，结合现场救援力量，确定初步事故救援方案，并预测可能出现的意外情况，制定意外状况的应急对策。

● 确定各救援队伍的任务、目标，并下达至各专业救援队伍。根据初步事故救援方案，分配各专业救援队伍任务，下达命令，展开事故救援。

● 协调各救援队伍，合理分配救援力量。总指挥根据现场突发事件，及时合理分配救援力量，确保救援行动顺利开展。

● 宣布救援结束。事故救援行动圆满结束后，由总指挥宣布救援行动结束，并向有关媒体介绍应急救援行动情况。

事故应急救援现场复杂多变，现场指挥难度较大，各级指挥人员只有通过不断学习、演练，总结不足，实战中才能取得良好的效果。只要尊重客观规律，科学指挥，一定能减少因指挥原因而造成的人员伤亡、财产损失。

6. 应急演练还需要离矿工近一些

近日在重煤集团调查得知，矿工中知道井下发生事故时逃生知识的占99%，但有过实际逃生经验的只有极少数人。在煤矿工作了20年的矿工李某讲，他从没有参加过煤矿应急演练。

已经从事采煤工作十多年的王师傅说："矿上安全工作还是抓得很紧的，经常开会学习，我们也晓得一些逃生的理论知识，但真到出事的时候就啥都搞不懂了。"他说，他曾经历过一起事故，在事故面前逃生知识全都忘了，头脑一片空白，心里发慌，不知如何面对，好在当时事故未造成大的影响。此外，在调查许多矿工之后了解到，他们几乎都没进行过逃生演练，对灾难的心理承受能力很弱，一旦灾难降临，很多人都不知如何应对。

(1) 逃生经验是护身符

调查发现，拥有逃生经验是一笔财富，是矿工保护自己性命、逃离劫难的一种本领。

据媒体报道，2004年12月13日，湖南湘潭县谭家山镇新立煤矿因压风机起火发生火灾，21名矿工被困井下。32岁的李某是这次事故中第一个被从井下救出的矿工。出事时和他在一起的还有4个人，相距前后不到100米。当天18时许，在他前面干活、负责推平板车的张某告诉他，压风机短路着火，要他去切断电源。张某话音刚落，李某就看到眼前闪出一团巨大的电火，离他大约40米远。刹那间，滚滚浓烟朝他们逼近，他们5个人只有一步步往后退。

此时，李某凭着自己在煤矿干过18年的经验，第一个念头就是冲过火团，跑到火源的另一端切断电源，占据安全区风巷口。他告诉另外4人必须冲过火团，然后用尽全身力气冲过了火团，而其他人十分慌乱，没有越过火源，最后都倒地中毒死亡。李某说，他从14岁就开始在矿井下作业，类似这种死里逃生的情形已经历过两次。"冷静是很重要的。"李某总结了他的逃生之道。

2002年，重庆南桐煤矿发生特大透水事故。当时，每小时1万立方米的涌水量灌入井下，眼看着大水快要淹没了整个工作面，许多老矿工都吓得哭了，慌忙中不知如何逃生。在南16408采煤工作面的矿工吴某，有着14年的井下工作经验和一次逃生经历，他冷静地组织矿工们逃生。最后，一个班组的矿工全部生还。

重煤集团鱼田堡煤矿的矿工张某则深有感触地说，拥有自救经验对矿工来说无疑多了一道护身符。2002年6月13日，鱼田堡矿西侧浏家河河床突然垮塌，河水以每小时1万立方米的流量涌入矿井，造成了堪称世界矿难史上罕见的特大洪水穿井事故，直接威胁着井下数十名矿工的生命。张某凭借十多年的井下经验，硬是冲破重重困难，将受困的63名矿工全部解救。

(2) 逃生经验不足埋隐患

面对事故，是否拥有逃生经验，直接关系到矿工的生死存亡。矿工如何逃生，经验至关重要。

曾多次参与抢险工作的重煤集团打通一矿救护中队队长罗某说，因为缺乏逃生经验，许多矿工错过了救援时机。2003年9月23日，綦江大山煤矿采风区自燃，造成回风巷6名矿工一氧化碳中毒。在困境中，被困矿工不知所措，坐着等死，连携带的自救器都忘记使用。当救护人员赶到现场施救时，已有2名矿工窒息死亡，另外4人经抢救脱离危险。

罗某说，矿工极度缺乏自救演练，战胜灾难的心理素质差。剖析矿难原因，他认为在很多时候，只要矿工能够正确应对，是可以逃生的。他希望煤矿能举办矿工自救演练，不仅能减少矿工兄弟伤亡，还能给救护人员争取更多的营救时间，减少悲剧的发生。

重煤集团安全监察部部长何某说："灾情发生后，很多时候只要逃生方法正确，还是能够生还的。"他说，尽管矿工们平常接受了安全知识学习，但面对突如其来的险境，多数矿工会忘得一干二净。《煤矿安全规程》规定，煤矿每年至少组织一次应急演练，但大多数矿井并没有在矿工中开展演练。演练只是在救护队员中开展，普通矿工没有机会参加，面对灾难无法从容应对。事实表明，事故发生后，救援是重要的，但很多幸存者的经历说明，自救更为重要。

(3) 演练规定不能成摆设

据《煤矿安全规程》有关条文规定，煤矿企业每年至少组织一次矿井应急演练。然而调查得知，重庆地区几乎没有煤矿在矿工中开展演练。某矿安全副矿长说："像我们这种高瓦斯矿井，每年要进行瓦斯爆炸模拟演练，让全部矿工都参加不切合实际，现在生产任务重，再说像我们矿要进行一次瓦斯灾害演练，光是一台自救器就是1 000多元，还要造成一些井下设施受损，投入起码上百万元，如果出现人员伤亡，责任谁来承担?"

据了解，许多矿井每年都制定了应急预案，目前最大的问题是有应急预案但是没有应急演练。现在的应急预案多是书面设想，基本上没有实际演练，起不到应有的作用。

当前，各煤矿都在加紧生产，没有时间和精力组织矿工开展应急演练，而把救护、救灾工作交给了矿山救护队。此外，还有不少矿山经营管理者认为，出事故毕竟是少数，每年投入大量资金在矿工身上搞演练，也许搞演练的费用比事故死伤赔偿经费更高，存在着侥幸心理。同样，还有的管理者认为，矿工搞演练，有事无事拉警报不吉利。与此同时，矿工演练还需要矿山投入大量的资金和时间，让一些煤矿感到难以承受。

重庆煤矿安全监察局副局长田某说，组织矿工参加演练对矿工逃生十分重要，但应急演练在重庆地区的煤矿企业较少实施。他说，重庆地区的煤矿矿工自救理论知识学得不少，但缺乏自救演练，在灾难面前不能很好应对。他认为，煤矿开展矿工自救演练，能很好锻炼矿工面对灾难的应对能力和心理承受力。因此，煤矿组织矿工参加演练增加些投入是值得的。应急演练可以用金钱来衡量，但如果发生一次大的矿难造成的损失则是一个无底洞。让矿工拥有自救技能，对减少人员死亡十分有用。伤亡减少，对煤矿来说也是最大的经济效益。

7. 建立科学合理的化工企业应急反应系统

随着工业的发展，特别是石油化工工业的发展，突发性火灾、爆炸、泄漏等重大灾害性事故时有发生，为防范和应对这些突发性灾害事故的发生，建立相应的应急反应系统已显得十分必要。

应急反应系统的建立是一项复杂且具体的工作，也是安全管理的重中之重。事故发生后应急处理的关键是快、准，所以应急预案具有紧急反应和长期戒备的特点。建立一套科学合理的应急反应系统，其目的是在事故发生时，能够有条不紊地按照事先设计好的应急方案处理事故，充分利用一切可能的力量，采取一切有效措施，迅速控制或消灭事故，保护职工和附近居民的健康与生命安全，将事故对环境和财产造成的损害降低到最小程度。

(1) 事故应急预案的编制是建立事故应急反应系统的基础

编制事故应急预案是一项综合性的工作，制订应急反应计划时要考虑各种因素，如企业内部和周边环境、工厂生产特点、产品特性、报警信号传递、气候和方向等。科学合理地建立应急预案，其步骤和内容应包括：

● 对危险目标进行辨识。特别是对重大危险目标的辨识，即储存或处理超过临界量的特定物质的设备与设施。

● 对危险目标的周围情况进行明确。事故的危害程度不仅取决于危险品本身，而且与事故过程和当地气候条件以及周围环境状况有关。

● 应急预案组织的落实。事故发生时，要建立以应急救援指挥部为核心的应急反应系统，通过平时的模拟演练，按照分级管理、分工负责的原则明确各自的责任，成立相应的救援专业队，如防化学专业队、治安和消防专业队、通信联络队、抢险抢修队、医疗救护队、后勤运输与物资保障队，快速采取协调一致的控制行动来控制和减少事故的影响。

● 对救援装备进行维修、保管。救援装备主要包括抢修抢险设备、个人防护用品、医疗救护器械、检测仪器、通信联络器材，这些装备平时需要专人维护、保管、检修，确保这些设备始终处于完好状态。

● 对事故进行分级，并对可能发生的灾害事故制定有效的预防措施。无数的事例和经验证明，虽然事故发生的可能性是随时存在和具有偶然性的，但事故是可以预防的。针对可能发生的火灾、爆炸、泄漏灾害事故应制定出相应的预防措施。

编制科学合理的应急预案，除以上内容外，还应包括以下内容：

● 事故现场人员的撤出路线和防护、救护、转移措施，现场人员应急措施、防护、救护设备使用程序。

● 应急救援工作人员的队伍组成，以及工作人员的训练、培训、考核。

● 应急预案演练、检查、修正、存档。

● 建立应急救援组织的动员、召集、指挥机制。

(2) 以事故状态为依据建立灵活的应急反应系统

应急反应系统的建立，需要先对危险源进行分类分级评价，一旦事故发生时，需要结合对现场灾害事故模拟与评价的结果，针对事故发展的不同阶段给出不同的事故处理原则和预案，这里根据灾害事故的发展过程，将事故过程划分为5个事故阶段。

● 事故起始阶段：该阶段主要以事故报警、现场处理等为主题给出应急内容。

● 事故发展初期阶段：该阶段主要以组织救援、人员疏散等为主题给出各救灾单位的应急救援内容，该阶段是保证应急救援过程顺利完成和减少人员伤亡及财产损失的重要环节。

● 事故发展阶段：该阶段主要以预测事故的影响、现场应急准备等为主题。该阶段是做好应急救灾的基础，也是各单位能否主动开展救灾工作的关键。

● 事故处理阶段：该阶段主要进行火灾扑救，开展防爆、防中毒等关键工作，该过程是现场救灾指挥人员了解、掌握灾害情况和下达命令的时刻，应急救灾决策系统将提供有关灾害模拟分析数据以及事故处理原则、技术措施、处理方案等内容来辅助决策人员进行科学、正确的救灾决策，减少灾害损失。

● 事故后期处理阶段：该阶段主要以预防次生灾害的发生与恢复生产力为主题开展工作，同时进行事故记录和调查工作，编写事故报告等。

建立有价值的应急反应系统，其目的是将事故中的人、财、物及环境损失减低到最小程度，为果断地处理事故，以下反应步骤是必要的、有益的：①一旦事故发生，要尽快报警。②岗位人员要迅速戴好防护器具，切断与生产系统相连的有关阀门。③火灾发生起始，在消防队未到时，应利用岗位消防器材进行灭火。④命令事故发生部位和一定区域内停止一切产生明火的作业，所有电气设备及照明保持原状态，有组织撤离多余人员。⑤根据事故现场的风向、风速，对事故周围进行监测，视情况疏散人员，同时设岗封锁现场。⑥消防及抢险人员不仅要灭明火，还要对周围各罐进行水冷却和降温。⑦抢修与抢险都要严格按照《应急救援预案》执行，防止铁器碰撞等产生火花，导致二次事故。⑧视灾情转移周围其他危险化学品。

(3) 应急反应系统与社会资源的联动

建立科学合理的应急反应系统还应包括和社会救援机构的快速联动。石化企业重大化学灾害事故发生时，往往造成城市综合功能的破坏、社会秩序的混乱，急需调集各种社会救援结构与力量，甚至组织全社会力量进行救援。需要当地政府所辖的公安消防部门、化学系统、环保系统、卫生行政系统、红十字急救中心、交通管理部门、劳动部门、驻军武警等机构来共同完成社会联合救援工作。在实施救援过程中必须处理好各种救援力量之间的协同作战，才能充分利用现有的人力、物力、财力及其他社会资源，及时有效地将重大化学灾害性事故的危害程度减至最低。

科学合理地建立灾害事故应急反应系统主要是按照救援原则和内容，以及在灾害发生时应急反应的方法和步骤，协助企业建立科学的灾害事故应急反应系统，以便在灾害事故发生时，快、准、稳地启动应急反应系统，其内容包括以上所阐述的各救援单位的构成、单位组成、单位分工与职责、人员分工、救援步骤及方法等。同时，对现有的事故应急预案、有关规范标准以及典型灾害事故案例进行剖析、归纳整理，并在模拟演习与实践中持续改进和完善，这是建立适合本企业的科学应急反应系统的必要途径。

8. 对石化企业反事故演练方式的探讨

石油化工企业具有易燃、易爆、有毒、有害的特点，同时，企业生产流程长，操作难度大，时常出现突发性的紧急事故，如紧急停电、停水、停气等，甚至发生突发性危险化学品的泄漏、跑料等事故。在紧要关头如何沉着应战，迅速、准确、安全地将装置停下来，使其处于安全状态或及时恢复开车，对生产操作人员的技术素质提出了很高的要求，如果能正确及时地处理，可避免次生事故的发生，将给企业挽回很大的损失。反之，可能引发更大的灾难。如何提高生产操作人员的反事故能力、应变能力是各个石油化工企业安全教育中一个突出的课题，也是一个难题。

(1) 应建立一套完整的应急准备与响应控制程序

根据中石化企业标准 HSE 管理体系的要求，石化企业应建立应急准备与响应程序、事故管理与预防控制程序，目的在于建立健全一个企业应对突发事故的组织机构、资源配置、实施方案等。企业应该对突发事故进行分类、分级管理，建立应急预案手册，建立应急培训计划和演练要求等。

应急预案制定后，应经 HSE 管理委员会讨论批准，并报上级应急指挥中心备案。应急预案一经批准，应急管理部门应确保每一个职工和外部应急服务机构的有关人员熟悉和了解，并且要定期进行检查，主要针对在事故期间通信系统是否能正常运行，各种救护设施是否齐备、有效，撤离步骤是否适宜，事故处置人员能否及时到位等。同时还要按照应急预案定期组织演练，让企业领导和员工以及外部应急服务机构的有关人员熟练掌握应急预案，同时检验预案的可行性、合理性，对应急预案进行评估，修订完善。修改后的应急预案要及时通知到相关部门和人员。

(2) 采取灵活多样的演练方式，强化应急预案的实用性

对于公司级的应急预案，重点考察应急过程的组织机构到位情况、应急处理中各部门职责落实情况、应急管理指挥网络的有效性，以及一个企业或者组织的快速反应能力等，当然还有应急现场情况的正确反馈和判断、处置方案的正确选择等。一般每季度或者每半年举行一次。

对于一般生产装置的事故处理，重点考察生产操作人员的技术素质、操作技能、对事故的判断、应变能力等，因此考评的方式要达到提高准确性的目的，演练要分多次，方法更要灵活。具体有以下几种方式。

● 照本宣科法：即预先制订演练计划，根据指定的应急预案组织学习，事先分配和明确生产操作人员各自的职责和任务，然后模拟操作，考评人员现场观察打分讲评，这是最常用的一种方法，只要记忆好，演练起来就容易。优点：考核起来比较客观，可比性较强；缺点：缺乏对应变能力的考察。

● 随机抽题法：不告诉操作人员要演练什么内容，到了现场让他们随机抽取考题，然后按照应急预案开始演练。这要求生产操作人员有较高的技术素质，熟练掌握所有的应急预案。优点：可以督促生产操作人员加强业务学习，考核起来比较客观，可比性较强；缺点：对应变能力的考察不够全面。

● 随机应变法：石化企业发生的突发性事故的突出特点是不可预见性、多样性和复杂性，应急预案是不可能考虑到所有突发性事故的，或者处理方式考虑不到那么全面，而且往往时间非常紧迫，要求各操作人员判断准确，配合默契，指挥员指挥得当，尽可能地组织大家将突发事故造成的损失降低到最小程度。因此，针对多种多样的突发性紧急事故光靠现有的应急预案是远远不够的，所以应着重培养生产操作人员的应变能力。而在实际的培训或演练过程中，由于条件限制和客观局限性，无法模拟真实的过程，生产操作人员往往临场感不强，没有紧迫感，不能有效地体现于实际演练中。那么，应如何使反事故演练更真实呢？当然最好是在仿真装置中进行，然而对石油化工企业而言，做一套仿真系统投资太大，且不同的生产工艺需要不同的仿真系统，在现阶段是不大可能的。而随机应变法可以较好地培养生产操作人员的应变能力。

首先，由一套装置的工艺、设备、安全技术员对以往发生过的突发事故加以总结，按突发事故发生的时间顺序及按相应时间顺序将发生的现象分为一个个步骤，即发生突发事故时的第一现象是什么，1 分钟或 2 分钟后，又出现了什么现象，再过了 2 分钟后又出现了什么现象等分阶段地进行总结，归纳重点和关键点，制作成一张张卡片，应该采取的措施也要分步骤整理好，以便演练中检验用。

然后，组织相关人员组成评委小组，对该装置的某一班组进行演习考核，评委们先向该班组人员出示第一张卡片，说明反事故演练发生的场合，例如，可假设某个星期天的 22 时突然出现什么现象。此后，由该班组人员去判断发生了什么事，该按照什么程序处理，班组成员根据各自岗位和分工的不同各应该采取什么措施等，根据事故发生的时间进度从各种可能性中随机抽取出示第二张卡片、第三张卡片等，各岗位人员应该根据自己的任务分工不同回答自己岗位应采取的措施。

最后，由评判小组根据该班组回答的内容讲评该班组的反事故处理效果如何以及存在的不足，以便该班组进一步提高应变能力和事故能力。

(3) **随机应变法的优点**

总结上述三种方法，最值得推广的是随机应变法，这种方法主要有以下优点：

● 简单实用，条件要求不高，具有普遍适用性，针对不同工艺的装置均可进行，也可针对各种不同的事故进行演练培训，通用性强。

● 让生产操作人员用脑子去进行“操作”，杜绝下意识的操作，通过“联想”回忆平时操作过程中的具体步骤和具体操作位置、地点、操作方法等，可以有效避免由于无意识造成的误操作。

● 由于不像一般书面考试一样说明事故的结果是什么，而是一步一步给出装置当时出现的现象，就需要操作人员自己去判断发生了什么事，及时纠正、改变处理措施以适应事故的变化，具有一定的临场感，重点考察操作人员的应变能力与判断力，体现了突发事故的不确定性与多样性。

● 体现了一个班组的团队精神与工作配合的默契程度。由于石油化工装置绝大多数是由多人组成的班组操作的，如何相互配合、整体训练是一般书面考试无法考查的。班组中个人反事故能力都很强，但整体配合不默契，也不可能很好地完成反事故处理。

● 有利于系统操作的培训。在反事故演练中，可以让班组成员角色互换，锻炼班组成员对整个装置的熟练程度，也有利于培养出优秀的班组长和骨干，因为他们是每次突发事故的“前线指挥员”。

● 有利于基层单位及时总结反事故经验教训，做好反事故预案。通过对事故的全过程加以分析总结，也将提高技术员、安全员、主管领导等的技术水平、反事故能力，有利于整体提高车间等生产直接作业环节的反事故能力。

上述方法在有条件的单位也可进一步改进，如可以利用计算机动画、多媒体等手段，将装置突发事故的照片、录像片段、报警声音等加入到反事故演习中去，增强临场感。

应急预案的制定是为了将可能发生的事故损失降到最小程度，具体实施要靠人来实现。因此，加强对应急预案的演练，提高管理人员、操作人员的反事故应变能力、快速反应能力是保证石化企业安全生产的“三基”工作之一，企业应予以高度重视。